HIER+JETZT

Früh los
Im Gespräch mit Bergsteigerinnen über siebzig

Ein Porträtband von Patricia Purtschert
mit Fotografien von Véronique Hoegger

2010 hier + jetzt
Verlag für Kultur und Geschichte
Baden

Inhalt

9
Früh los – zum Einstieg

13
«Wenn du einmal pflotschnass warst,
dann macht es keinen grossen Eindruck
mehr auf dich, wenn du nur nass bist.»
Marianne Winkler, 74-jährig, Stallikon

39
«Mit dem Teufel persönlich wäre ich damals
in die Berge gegangen, wenn er nur auf
einer schweren Route vorausgeklettert wäre.»
Heidi Schelbert, 74-jährig, Wasen im Emmental

65
«Ich war nicht so ausgebildet im Bergsteigen,
dafür im Erleben.»
Charlotte Godel, 100-jährig, Basel

91
«Angst hatte ich nie.
Man ist so verbunden mit diesen Felsen,
mit diesen Bergen.»
Anna Gerber, 91-jährig, Zürich

109
«Auf dieser Tour fiel mir zum ersten Mal auf,
welchen Geruch die Berge haben.»
Pauline Lumpert, 78-jährig, Schwyz

135
«Glücksmomente gibt es viele beim Bergsteigen.
Aber nicht auf dem Gipfel!»
Ruth Steinmann-Hess, 73-jährig, Versam

161
«Der eine Bergführer ging gerne an die Grenzen.
Und bei mir wusste er: Die kommt immer mit.»
Ruth Bättig, 80-jährig, Lyss

187
«Die Berge werden steiler und die Skier schwerer.»
Irma Egler, 78-jährig, Lavin

213
«Wir hatten den Eindruck, nichts sei
unmöglich für uns zwei.»
Yvette Vaucher, 80-jährig, Genf

239
«Man kann ja fast die Füsse des Herrgotts berühren!»
Erika Bumann, 80-jährig, Saas-Fee

265
«Es sind andere Formen der Glückseligkeit,
die aus überstandenen Schwierigkeiten entstehen.»
Martha Liebich, 78-jährig, Einsiedeln

291
«Ich wollte nur einmal im Leben klettern.
Und dann hat es mir den Ärmel reingenommen.»
Elsbeth Köng, 89-jährig, Muri bei Bern

317
«Wenn es im Leben eine Entscheidung zu
treffen gab, dann habe ich mich immer fürs
Bergsteigen entschieden.»
Silvia Metzeltin, 71-jährig, Pura

343
Zur Geschichte des Frauenbergsteigens – ein Nachwort

356
Literatur

357
Dank

Früh los
— zum Einstieg

Eines schönen Herbsttages im Jahr 2006 sitze ich im Zug Richtung Basel. Der Wagen ist fast leer, also stelle ich meinen schweren Rucksack auf den Sitz neben mir und beginne zu dösen. Zwei Haltestellen weiter steigt eine ältere Frau ein und setzt sich zu mir ins Abteil. Sie geht an Stöcken und nimmt unter grossen Anstrengungen auf dem gegenüberliegenden Sitz Platz. Als sie meinen Rucksack erblickt, fragt sie: «Kommen Sie aus den Bergen?» — «Ich bin auf dem Rückweg von einer Trekkingtour», antworte ich. Sie sei oft in den Bergen unterwegs gewesen, sagt die Frau daraufhin und fügt an: «Als meine vier Kinder erwachsen waren, habe ich mir zu Weihnachten ein Lawinensuchgerät gewünscht. ‹Jetzt mache ich etwas für mich selbst›, sagte ich zu meiner Familie. Meine Kinder haben sich geweigert, mir den Wunsch zu erfüllen. Das sei zu gefährlich, meinten sie. Also gut. Da habe ich mir das Gerät selbst geschenkt.» Lange Jahre war sie danach mit einer Frauengruppe des Alpenclubs unterwegs. In den Alpen, in den Anden, im Himalaja. Als wir in Basel ankommen, hat sich mein Bild von meiner über achtzigjährigen Reisegefährtin gänzlich verändert. Nicht nur eine ältere Frau sitzt mir gegenüber, sondern auch eine Bergsteigerin, die über den Biancograt geklettert und auf das Matterhorn gestiegen ist. Ich weiss nicht, wo diese Frau wohnt und wie sie heisst. Aber die Begegnung mit ihr hat einen Stein ins Rollen gebracht. Sie hat mein Interesse für die Geschichten von Bergsteigerinnen geweckt. Für Frauen, die zu einer Zeit in den Bergen unterwegs waren, als das Bergsteigen noch weitgehend als Männersache galt.

Ein Jahr später, im Herbst 2007, sitze ich mit meinen Kolleginnen des SAC Baldern im Restaurant der Diavolezza. Wegen der stürmischen Winde haben wir am Morgen eine Tour auf den Piz Palü abgebrochen. Ungeduldig warten wir auf die Anzeichen eines Wetterumschwungs. Während der langen Nachmittagsstunden kommen wir auf Anekdoten zu sprechen, welche die älteren Sektionsmitglieder an manchen Clubversammlungen erzählen. Dazu sei bemerkt: Der SAC Baldern war bis 1980 die Zürcher Sektion des Frauen-Alpenclubs. Alle langjährigen Mitglieder sind deshalb Frauen. Und ihre Erzählungen kreisen nicht selten um die Herausforderung, als Frau in den Bergen unterwegs gewesen zu sein. Da ist beispielsweise von einer Bergsteigerin die Rede, die mit einer Männergruppe auf das Wetterhorn stieg. Sobald eine alleinige Umkehr unmöglich war und sie nicht mehr befürchten musste, von den Männern zurückgeschickt zu werden, hat sie sich hinter einem Stein versteckt und ihren Rock mit Hosen getauscht. Während es draussen vor der Diavolezza stürmt und schneit, beginne ich im Gespräch mit meinen Kolleginnen, das vorliegende Buch zu planen. Auf die Rückseite eines Tischsets aus Papier werden die Fragen notiert, die wir älteren Bergsteigerinnen gerne stellen würden. Es sind dieselben Fragen, die ich später an dreizehn ganz verschiedene Gesprächspartnerinnen richte: Wie erging es Frauen, die vor dreissig, vierzig, fünfzig oder mehr Jahren auf Gletschern und in Kletterrouten unterwegs waren? Wie haben sie sich organisiert? Und wie sind sie überhaupt zum Bergsteigen gekommen?

Mit diesen Fragen im Gepäck habe ich mich auf die Spur von Bergsteigerinnen begeben, die früh losgezogen sind. «Früh los» – die Doppeldeutigkeit des Titels steht für die beiden roten Fäden dieses Buchs. Einerseits ist es ein Buch über das Bergsteigen. Der Titel weist auf die morgendliche Aufbruchstimmung hin, die allen Alpinistinnen und Alpinisten so vertraut ist. Man steht vor der Hütte, die Luft ist kalt, das Morgengrauen zeichnet sich kaum ab, die Glieder sind noch müde, und zugleich kribbelt es im Bauch. Vorfreude mischt sich mit einem leichten Bangen: Bleibt das Wetter gut? Ist alles eingepackt? Bin ich den Anforderungen der Tour gewachsen? Kurz drauf geht es los. Die Beine kommen in Bewegung, der Atem findet einen Rhythmus, die Vorfreude setzt sich durch. Früh los.

Andererseits ist es ein Buch über Wegbereiterinnen. Einige von ihnen sind dies im alpinistischen Sinn – sie haben neue Routen eröffnet und Wände zum ersten Mal bestiegen. Alle aber sind Pionierinnen im gesellschaftlichen Sinn. Sie haben sich über Konventionen hinweggesetzt und gezeigt, dass Frauen klettern und Skitouren machen, vorsteigen, abseilen, Touren organisieren und leiten können. Sie sind daran beteiligt, dass sich allmählich ein Bild des Bergsteigens durchsetzt, zu dem Frauen selbstverständlich dazugehören. Denn der Alpinismus galt lange Zeit als eine «männliche Tätigkeit». Bergsteigerinnen wurden im 20. Jahrhundert nicht nur von steilen Wänden und tosenden Gewittern, sondern auch von gesellschaftlichen Vorurteilen herausgefordert. Alle Frauen, die in diesem Buch porträtiert werden, haben ihre Leidenschaft für den Alpinismus dennoch ausgelebt. Sie gehören deshalb zu den Bergsteigerinnen, die auch im historischen Sinn früh los sind.

Dreizehn Frauen haben mir von den Bergen erzählt, vom Klettern, von Skitouren und von der Passion für den Alpinismus. Zur Sprache kam dabei aber auch anderes: Eltern und Geschwister, Berufswahl, Arbeitsbedingungen,

Krieg, Frauenstimmrecht, Freundschaften, Partnerschaften, Ehe und Ledigsein, Familie, Kinder und Grosskinder, Jugend und Älterwerden. Viele dieser Umwege, die unsere Gespräche nahmen, habe ich mit aufgezeichnet. Sie erzählen etwas über die Person, über ihre Zeit und über die Umstände, die Frauen das Bergsteigen ermöglicht oder erschwert haben. Darüber hinaus, so habe ich festgestellt, werden in den Erzählungen über das Bergsteigen viele Facetten eines grösseren gesellschaftlichen Kontexts sichtbar. Die Geschichten der dreizehn Bergsteigerinnen eröffnen somit auch einen ganz eigenen Blick auf die Schweiz und auf das vergangene Jahrhundert.

Marianne Winkler, 74-jährig, Stallikon

«Wenn du einmal pflotschnass warst, dann macht es keinen grossen Eindruck mehr auf dich, wenn du nur nass bist.»

Marianne Winkler hat Kaffee gemacht, und auf dem Tisch steht ein selbstgebackener Beerenkuchen. Wir kommen schnell ins Gespräch, ein Wort gibt das andere. Und als sich im Verlauf des Interviews zeigt, dass ich keine Ahnung habe, wie man sich ohne Gstältli abseilt, zögert die Vierundsiebzigjährige keine Sekunde. Sie verschwindet im oberen Stock des Hauses, kommt mit einem Seil in der Hand zurück und zeigt mir in ihrem Wohnzimmer eigenhändig, wie das «Dülfern» funktioniert.

MW

Wie ich zum Bergsteigen gekommen bin? Zuerst ging ich mit einer Schulkollegin und ihrem Freund mit in die Berge. Das gefiel mir. Hatten sie keine Zeit, dann zog ich einfach alleine los. Dann gab es die beiden Schwestern in meiner Nachbarschaft, Hanne und Vrene. Wir waren damals, Mitte der 50er-Jahre, gut zwanzigjährig und haben beim Frauen-Alpenclub SFAC ein paar Touren mitgemacht. Eines Tages stiegen wir mit den Skiern aufs Leckihorn. Wir waren zwanzig Frauen, und vor uns lief der Tourenleiter. Da dachte ich: «Müssen denn zwanzig Hühner hinter diesem einen Mann hergehen! Können wir das nicht selber!» Diese Frage hat mich schon damals beschäftigt.

Als ich zum ersten Mal etwas verdient hatte, beschlossen wir, die beiden Schwestern und ich, einen eigenen Alpenclub zu gründen, den SFAC Etzliberg. Wir wohnten damals auf dem Etzliberg. Vrene war die Präsidentin, ich die Tourenchefin und Hanne das Mitglied. Fortan haben wir uns einige Jahre lang in den Hütten mit «SFAC Etzliberg» eingeschrieben. Das hat immer funktioniert. Niemand wagte zu sagen, er bezweifle es, ob es diese Sektion gebe.

Vom Bergsteigen wussten wir damals nicht viel. Wir stiegen beispielsweise auf die Dents du Midi, und schon sind zwei ins Seil gefallen! Wir wollten ein Schneefeld überqueren, und ich beschloss zu sichern. «Wartet doch, bis ich am anderen Ende bin», rief ich den beiden zu. Dann habe ich den Pickel eingesteckt und das Seil darum herum gewickelt. Erst kommt Hanne, und sie rutscht ab. Ich denke: «Na, die kann ich schon halten.» Und dann kommt Vrene, und auch sie rutscht ab. Da sagte ich mir: «So, jetzt musst du aber richtig festhalten.» Und es klappte. Eingeschüchtert haben uns solche Erfahrungen nicht, im Gegenteil. Ich war einfach froh, dass ich gesichert hatte. So lernte man diese Dinge.

Eines Tages fanden Hanne und ich, da wir nun ein wenig Geld besässen, könnten wir einen Bergführer engagieren und eine Tourenwoche unternehmen. Als wir uns fragten, wohin wir wollten, war die Antwort klar: «Aufs Matterhorn!» So fuhren wir am ersten Wochenende der Sommerferien nach Zermatt, stiegen in die Hörnlihütte und am nächsten Tag aufs Matterhorn. Damals blieben die Zermatter am Wochenende im Tal, und so waren nur etwa zehn Personen am Berg. Es ging tipptopp. Aber ich habe mir dabei einen schrecklichen Muskelkater eingehandelt. Und weisst du warum? Wir mussten ja sparen damals, und darum trug ich beim Skifahren und auf den Bergtouren dasselbe Paar Schuhe. «Kombischuhe» hiessen die. Dummerweise liess ich mir vorher Tricouni an die Absätze nageln, das sind kleine Eisen mit Zacken dran. Nun, das Matterhorn ist kein Berg für solche Schuhe. Rauf ging es gut, aber runter... Sobald es felsig wurde, musste ich auf den Zehen gehen, um nicht dauernd zu rutschen. Zum Glück war das Wetter die nächsten zwei Tage schlecht, denn ich konnte in der Rothornhütte vor Schmerz kaum die Treppen runtersteigen. Danach ging es wieder, und wir sind über den Rothorngrat gegangen. Das war wunderbar. Und dem Bergführer hat es auch gepasst mit den zwei Meitli, die so gut geklettert sind. Nur einmal hat er sich in der Hütte ein Plätzli gekocht. Da habe ich erst realisiert, dass wir in unserer Sparsamkeit vergessen hatten, ihn besser zu verpflegen. Der arme Mann hat von uns immer nur Hörnli und höchstens einmal ein kleines Büchslein Tomaten erhalten.

MW

Noch früher, bevor ich mit den beiden Schwestern unterwegs war, ging ich einmal alleine auf den Weissmeilen. Als ich am Nachmittag nach der Schule zur Gamshütte aufstieg, wurde ich von einer Gruppe Männer überholt, die mich mitnahmen. Am nächsten Tag fragten sie mich, ob ich mit ihnen kommen wolle, ich sei ja gut auf den Beinen. Ich schloss mich ihnen an. Die legten ein Tempo vor! Auf dem Weissmeilen liefen mir die Tränen hinunter vor Müdigkeit und Kälte. Aber ich gab nicht auf, und am Schluss sagte mir der Leiter, ich könne auf die Ostertour in die Monte-Rosa-Hütte mitkommen, wenn ich wolle. Natürlich wollte ich! Wir waren dann zwei oder drei Frauen und etwa zwanzig Männer. Ich als unschuldiges Mädchen wusste ja noch nicht viel von der Welt damals. Und dann bist du in diesen Massenlagern mit den vielen Männern, und die ziehen alle ihre Berghosen aus und stehen da in den langen weissen Birken. Das hat mich schon beeindruckt. Ich hatte noch nie einen Mann in den Unterhosen gesehen, nicht einmal meinen Vater. Es war eine ganz andere Zeit damals, und wir waren alle viel verklemmter.

Am anderen Tag stiegen wir auf den Castor, und tags darauf wollten wir auf die Dufourspitze. Die alten Knaben hatten aber etwas Mühe. Wir waren langsam unterwegs und schafften es nicht auf den Gipfel. Oben am Grat, wo wir das Skidepot eingerichtet hatten, sind viele umgekehrt. Schliesslich waren wir nur noch zu zweit. Der Leiter sagte zu mir: «So, jetzt ziehst du die Steigeisen an. Komm, ich helfe dir.» Dann hat er mir gesagt, ich müsse breitspurig gehen, damit ich nicht einhake. Und los ging's. Wenn du diese Steigeisen gesehen hättest! Das waren schwere, schmiedeiserne mit Lederriemen, die ich occasion für zwanzig Franken bekommen hatte, weil vorne links ein Zacken abgebrochen war.

Meinen Mann habe ich auf der Britanniahütte kennengelernt. Er erzählte mir, dass er oft in die Höhle gehe, ins Hölloch im Muotathal. Da wusste ich sofort, dass mir das auch gefallen würde. Und es wird mir gefallen bis ans Lebensende. Anfänglich ging man geführt in die Höhle, in den «Riesensaal», den «Wasserdom», vielleicht noch die «Schlange» hinunter. Bald aber zogen wir auf eigene Faust los. Später wurde der Zugang reglementiert, aber weil wir viele Touren geleitet hatten, wurde meinem Mann und mir die Erlaubnis belassen. Im Buch, das Alfred Bögli über diese Höhle verfasst hatte, befanden sich Pläne, die ich von Hand durchpauste. Mit denen sind wir losgezogen. Wir gingen jedes Mal ein wenig weiter und haben immer etwas Neues ausprobiert. Später wurde die Höhle von einem Trekkingteam gekauft. Seither dürfen wir nicht mehr rein. Darum begannen wir, nach Frankreich in Schachthöhlen auszuweichen. Da haben wir die Schachttechnik gelernt: Erst seilt man sich ab, und dann steigt man wieder auf. Es gibt dazu noch viele Geschichten, aber du bist ja nicht wegen den Höhlen da, sondern wegen den Bergen.

Viel gelernt habe ich auf der jährlichen Hochtourenwoche der Naturfreunde. Anfänglich hat sie ein Kollege geleitet, der wegen dem Militär viel vom Bergsteigen verstand, später mein Mann und dann ich selbst. Wenn du ohne Bergführer unterwegs bist, musst du keine schweren Routen machen. Wenn du führst, entscheidest du dich für leichtere Touren, die du auch bewältigen kannst. Aber du leitest sie selbst, so wirst du gut. Wenn ich hinten am Seil über einen schweren Grat gehe und mich hinaufziehen lasse, lerne ich nichts. Wenn ich hingegen eine einfachere Tour mache, auf der ich entscheiden muss, ob ich gehe oder nicht, wie ich die Seilschaft einteile, ob ich da hochkomme, ob man abseilen muss und wo es weiter langgeht … da lernt man vieles.

MW

Die Anfänge der Höhlentouren: Dölf und Marianne Winkler im Februar 1972.

Gipfelfoto von Kathrin und Kurt nach ihrer «Eiger-Nordwand-Tour», Juni 1974.

Col de la Gouille, der Sattel am Aufstieg zum Mont Vélan, Mai 1975.

Mit vierzig Jahren habe ich den J & S-Tourenleiterkurs im Skifahren besucht. Damit besass ich einen Ausweis. Das hatte einen grossen Vorteil, der mir vorher gar nicht bewusst gewesen war. Wir stellten damals bei den Naturfreunden jährlich ein Programm zusammen und haben bei dieser Gelegenheit die Touren unter uns aufgeteilt. Dabei hat sich immer gezeigt, dass mein Mann gerne dahin gegangen wäre und ich dorthin. Aber wir hatten ja die Kinder. Also wurde es ungefähr drei zu eins aufgeteilt: Er ging dreimal und ich einmal. Als ich Tourenleiterin wurde, änderte sich das. Da verpflichtete ich mich, dass ich auf den einen Berg gehen würde, dann auf einen anderen und schliesslich auf den dritten. Somit war klar, wer in dieser Zeit zu den Kindern schauen würde! Das hatte ich nicht so geplant, aber ich habe herausgefunden, dass es sehr hilfreich war.

Als wir kleine Kinder hatten, sassen mein Mann und ich eines Tages am Mittagstisch. Plötzlich sagten wir uns: «Wir gehen nicht mehr ans gleiche Seil. Wenn etwas passiert, dann ist wenigstens jemand von uns noch da.» Kathrin, unsere Tochter, meinte daraufhin treuherzig: «Dann wäre es mir lieber, der Vater fällt runter als die Mutter.» Ein kurzer Schreck, und dann musste auch der Vater innerlich zustimmen, der viel beschäftigt und beruflich oft abwesend war. Jedenfalls waren wir von da an immer in unterschiedlichen Seilschaften unterwegs.

Mit den Frauen des SFAC Zürich konnte ich mich anfänglich nicht identifizieren. Einmal nahm ich an einer Versammlung auf dem Uetliberg teil. Mein Eindruck war, dass ich mich da nicht engagieren könne, bei all den «alten Weibern». Dabei waren sie nur zehn Jahre älter als ich! Aber sie siezten sich alle, auch am Berg: «Frau Doktor, bitte noch ein wenig Seil. Machen Sie einen guten Stand, Frau Müller.» So klang das. Trotzdem ging ich oft mit dem SFAC auf Touren. Und mit der Zeit änderte sich dann auch der Umgangston. Bei den Naturfreunden war es anders, bei denen duzte man sich. Und im Gegensatz zum SAC waren die Frauen bei den Naturfreunden willkommen, und die Arbeiter ebenfalls.

Als Frau zu führen ... mmh, das war nicht immer einfach. Als Frau wurde dir erst einmal nichts zugetraut. «Gib mir das Seil, das musst du nicht tragen», hiess es da von Männerseite. Als ich dann aber nach einer oder zwei Stunden anbot, das Seil zu übernehmen – weisst du, wie gerne sie es mir abgegeben haben? Da war es plötzlich egal, dass es von einer Frau getragen wurde. Einmal, am Agassizhorn, auf einer Tour mit dem Titel «Nebengipfel im Berner Oberland», war einer dabei, der mir gar nichts zugetraut hatte. Dann kriegte er aber Angst, und ich sagte zu ihm: «Komm, ich gebe dir das Seil runter.» Er seilte sich an und war heilfroh. So hat man sich mit der Zeit als Frau seine Stellung geschaffen. Später war ich sehr akzeptiert. Aber weisst du, es gab immer Querulanten. Einer lief ständig weg. Aber ich wusste, wo ich mich in der Pause hinsetzen musste, damit er mir nicht abhaut. Und wenn er dann sagte, er steige nur schnell auf den Hügel, um zu schauen, wo wir hingehen, verbot ich es ihm. Auf diese Weise musste ich mich durchsetzen. Wenn wir auf dem Strässchen die Felle auf die Skier montierten, wusste ich, dass ich zuoberst sein und quer zur Strasse stehen musste. Sonst hauten sie mir ab. Manche taten es dennoch, und ich musste rennen, um sie einzuholen und ihnen klarzumachen, dass ich vorangehen würde.

Einmal ging ich mit den alten Knaben der Naturfreunde auf den Uri Rotstock. Danach stiegen wir im Schnee Richtung Musenalp ab, und es war sehr glitschig. Da beschloss ich: «Hier wird gesichert.» Da sind diese Männer schön am Seil hinuntergegangen. Ich habe oben gesichert und bin nachgestiegen. Das haben sie kapiert. Wenn meine Autorität fachlicher Art war, wenn sie Angst hatten und ich das Kommando übernehmen konnte, dann haben die Männer mich immer akzeptiert. Und später wurde ich sowieso anerkannt.

Mit dem SAC Baldern gab es manchmal lustige Szenen. Einmal, als ich mit einer Frauengruppe unterwegs war, fuhren wir von der Silberen nicht die Normalroute, sondern hinten hinunter. Da kamen uns zwei Männer entgegen, und einer fragte: «Wisst ihr denn, wo ihr hingeht?» Einige Frauen haben sich sehr geärgert, aber ich habe nur geschmunzelt und gedacht: «Ah ja, wieder einmal einer von der Art. Die meinen, jetzt seien die Frauen falsch gefahren.» Aber ich wusste genau, wo wir uns befanden. Die Männer haben immer Angst, wir Frauen wüssten nicht, wohin wir gingen. Die alten Chrobi sowieso. Dann kommt der Beschützertrieb ins Spiel. Bei solchen Episoden muss ich einfach lachen. Ärgern tu ich mich nicht. Höchstens, den Männern das Gegenteil beweisen. Dann werden sie schön ruhig.

Als der SAC begann, Frauen aufzunehmen, mussten wir uns als Frauensektion neu orientieren. Wir wollten uns nicht dem Uto anhängen, sondern eine eigene Sektion bleiben. Darum beschlossen wir, den Spiess umzukehren und auch Männer aufzunehmen. Der SAC Baldern ist bis heute frauenlastig geblieben. Mir gefällt das, aber vielleicht kommt irgendwann der Punkt, an dem wir einen Präsidenten zulassen müssen. Immerhin hatten wir schon einmal einen Tourenchef. Man muss schon schauen, dass die Männer auch Fuss fassen können. Am Anfang fragte ich einen Mann, warum er unserer Sektion beigetreten sei, wo er doch etwas alleine sei unter so vielen Frauen. Er antwortete: «Weisst du, hier muss man nicht ellbögle. Hier kann man einfach sein.» So ist es genau. Männer sind viel mehr auf Leistung aus. Sie wollen sich gegenseitig übertrumpfen. Frauen machen das weniger. Im Durchschnitt jedenfalls.

Mir war immer klar: Wenn du als Frau dein eigenes Geld hast, bist du eine freie Frau. Das ist der ganz entscheidende Punkt. Frauen können ihre Rechte leben, sobald sie auf eigenen Beinen stehen. Und wenn es darauf ankommt, dann kehre ich die Situation im Geiste um: Wenn ich der Mann wäre und der andere die Frau, dürfte ich dann das tun, was ich tun will? Wenn ich herausfinde, dass der Mann es machen könnte, dann darf ich es auch als Frau.

Mein schönstes Bergerlebnis? Da gibt es viele. Einmal, als ich noch nicht sehr erfahren war, gingen wir an Auffahrt zu sechst ins Mittelaletschbiwak. Ich habe die Tour geführt. Wir sind danach auf das Aletschhorn gestiegen, gänzlich in meiner Verantwortung. Auf den Gipfel sind wir zwar nicht ganz gekommen, die Zeit lief uns davon, aber wir standen auf dem frisch verschneiten Gipfelgrat. Es hat mich sehr gefreut, dass ich das geschafft und die Gruppe im Nebel wieder heil hinuntergebracht habe.

Und heikle Situationen ... ja, die gab es auch. Einmal, ganz zu Beginn, war ich mit Hanne unterwegs. Im Nebel, mutterseelenallein überschritten wir die Mittelgruppe in den Engelhörnern. Damals kletterten wir in den Kombischuhen, von denen ich dir erzählt habe. Man benutzte noch keine Schlingen. Auch den VP-Knoten, mit dem man ein Seil, das an einem Karabinerhaken eingehängt ist, bremsen kann, verwendete man noch nicht. Wurde es gefährlich, hat man einen Haken eingeschlagen. Ein paar Haken und einen Hammer hatte ich dabei, aber eben noch keine Schlingen. Es war sehr neblig, und ich stieg über einen grossen Chnolle – ich habe damals immer geführt, und Hanne kam nach –, als ich plötzlich merkte: «Das schaffe ich nicht! Rauf komme ich nicht, und runter kann ich auf keinen Fall mehr. Meine Hände werden steifer und steifer, und bald lassen sie den Felsen einfach los.» Schliesslich sagte ich mir: «Nun gibt es nur noch eines: Jetzt musst du es einfach probieren.» Ich nahm all meine Kräfte zusammen, versuchte es und kam hinauf! Sonst wären wir abgestürzt, das ist ja klar. Wenn der Vordere stürzt, dann ist es zu Ende. Das war mir immer klar.

Dann gibt es noch unsere Dom-Tour. Erst gingen wir auf einer Spezialroute über den Alphubel, das war ein Vierzehnstünder. Wir haben oben im Biwak übernachtet, und am nächsten Morgen sind wir vier Frauen aufs Täschhorn gestiegen. Danach fanden wir, dass wir eigentlich noch über den Dom und runter in die Domhütte steigen könnten. Im Abstieg vom Täschhorn, beim Übergang zum Dom, begannen wir zu sichern. Die eine fand: «Sichere doch hier. Und hier gleich nochmals.» Wir sicherten und sicherten und kamen überhaupt nicht mehr vorwärts. Schliesslich kam ein Schneegrat – wir waren ganz alleine unterwegs, und es war nicht gespurt –, und der Grat war auf einer Seite pfludiweich und auf der anderen steinhart. Diesmal war ich es, die eine Sicherung wollte. Danach wurde es schwieriger, denn wir gelangten an eine steile Eisflanke. Ich ging voraus, setzte eine Schraube und sagte: «Kommt, da hängen wir uns zusammen, damit halbieren wir das Risiko.» Schliesslich zog ein Gewitter auf, und es begann zu funken. Da sind wir vierzig Minuten lang in die Flanke gesessen. Das war das Beste, was wir tun konnten. Danach gingen wir weiter, aber es wetterleuchtete und sah nicht gut aus. Plötzlich hiess es: «Die hintere Seilschaft weint.» Also: Wieder zusammenhängen! Das nützt zwar nichts, aber es ist gut für die Seele… Kurz darauf ging mein Licht aus. Ich nahm einfach die Lampe derjenigen, die hinter mir war, und sie musste mir im Halbdunkeln nachklettern. Für mich war in diesem Moment klar: Wir müssen den Gipfel erreichen. Der Grat war nicht mehr schwierig, aber wir mussten uns sichern, weil wir müde und erschöpft waren. Schliesslich erreichten wir um halb elf Uhr nachts den Gipfel. Ich wusste, dass wir das schaffen müssen. Denn wenn wir uns auf dem Grat befinden, nachts im Gewitter, und danach im Schnee weitergehen müssen, dann schaffen wir es nicht. Damals war ich ganz nahe daran, einen

Pakt mit dem Himmel abzuschliessen: «Wenn wir da lebendig rauskommen, gehe ich nie mehr so hoch in die Berge.» Aber ich habe es schlussendlich nicht versprochen, ich habe nur daran gedacht.

Dann sind wir also glücklich auf den Gipfel gekommen. Ich war erschöpft, und jemand anderes musste vorausgehen. Man sah kaum noch Spuren. Ich hatte gehofft, dass wir einfach die Normalroute hinuntergehen könnten, aber die Spuren waren zu schlecht. Da blieb uns nur noch das Biwak, einfach da, wo wir gerade waren. So genau wussten wir allerdings nicht, wo wir uns befanden. Irgendwo über viertausend Metern. Das Wetterleuchten spendete nicht genügend Licht, um sich orientieren zu können. Man sah wohl die Berge, konnte aber weder die nähere Umgebung erkennen noch die Gletscherspalten oder den Weg sehen. Also haben wir an Ort und Stelle biwakiert.

Dummerweise fiel uns dabei ein Rucksack hinunter. Wir beschlossen, dass die eine das Biwak vorbereiten solle, während wir anderen drei den Rucksack suchen gingen. Wir hatten ja zwei Seile zur Verfügung. Also seilten wir eine von uns vierzig Meter ab. Sie fand keine Spur vom Rucksack. Also nochmals vierzig Meter. Da war immer noch nichts. Nun gaben wir es auf. Die andere hatte mittlerweile ein kleines Bänklein gemacht, auf das wir uns setzten. Den Kocher konnten wir wegen des Windes nicht in Betrieb setzen. So warteten wir. Gesprochen haben wir nicht viel. Alle haben es mit Fassung getragen. Niemand hat geschimpft, es war ein absolut friedliches Biwak. Ich muss einmal eingeschlafen sein, ich habe nämlich von einem ganzen Tisch voll feinem Essen geträumt.

Es war keine lange Nacht. Etwa um ein Uhr morgens haben wir das Biwak eingerichtet, und um halb fünf, als es zu tagen begann, brachen wir wieder auf. Wir stiegen die Normalroute ab bis zur Mulde des Hobärggletschers. Von da aus mussten wir auf einer steilen Schneeflanke zum Festijoch aufsteigen, um auf der anderen Seite zur

Domhütte zu gelangen. Das war hart! Als wir auf dem Joch ankamen, trafen wir auf Deutsche, die uns heissen Tee brachten. Der Hüttenwart hatte ihnen dies aufgetragen. Später, nach der Tour, fanden wir heraus, dass die eine immer Angst gehabt hatte, wir würden erfrieren. Die Zweite hatte tatsächlich einen weissen Zehen. Die Dritte sagte nichts. Und für mich war es seit dem Gipfel klar, dass wir da lebendig herauskommen. Die Lehre, die ich daraus gezogen habe: Man kann noch lange, wenn man denkt, man könne nicht mehr.

Ich habe immer sehr auf die Sicherheit geachtet. Lieber spät in der Hütte ankommen oder irgendwo biwakieren, als unvorsichtig zu sein. Vor allem gegen den Schluss, wenn man müde ist, darf man keinesfalls nachlässig werden. Manchmal muss man Glück haben... aber auch echli Nase. Es braucht beides. Einmal kletterten wir beim Aufstieg zum Lauterbrunner Breithorn über eine Eisplatte. Meine Tochter und ich schafften es, aber ich sagte zum Vordermann der nächsten Seilschaft, er solle sichern. «Nein, nein, das geht schon», meinte er. «Aber ich will, dass du hier sicherst», befand ich. Er hat widerwillig einen Keil eingehängt, nahm seine Frau nach, und... die rutschte aus. Sie wäre sechshundert Meter abgestürzt. Da hatten wir wirklich Glöggli. Das hat mich beeindruckt.

Ein andermal, als wir in der Dauphiné unterwegs waren, hatte ich einen am Seil, der nie kapiert hatte, dass er genügend Seil benötigt, wenn er über eine Spalte oder einen Schrund springt. Er lief am gestreckten Seil und sprang einfach los. Ich hatte es ihm zwei- oder dreimal erklärt, aber er verstand es nicht. Da kam eine geeignete Stelle, und ich dachte mir: «Warte du nur.» Ich als Seilletzte schaute zu, dass ich eine gute Position hatte, steckte den Pickel in den Schnee, schlang das Seil über die Achsel und wusste: Die Person hinter ihm fällt um. Und genau so war es. Er sprang über einen Schrund und riss diejenige, die hinter ihm lief, mit. Und siehe da, von da an ging es plötzlich. Er hatte es kapiert.

Einmal sind wir vom Wetterhorn her gegen die Rosenlaui abgestiegen. Im oberen Teil des Gletschers befindet sich eine Traverse, die voller Löcher ist. Ich hatte acht Leute dabei. Da sagte ich allen: «Jetzt geht ihr am gestreckten Seil! Ich will kein Seil mehr sehen, das den Schnee berührt!» In solchen Situationen habe ich mich durchgesetzt. Das muss man einfach können. Und wenn jemand mault, muss man klarstellen: Du bist Teil der Gruppe und darum mitverantwortlich. Allerdings gibt es auch solche, die am gestreckten Seil gehen und gleichzeitig umenandlauered. Das nützt nichts. Wenn du die Person vor dir nicht im ersten Moment erwischst, kannst du sie nicht halten, wenn sie stürzt. Ich konnte einen Sturz jeweils nur verhindern, weil ich, wenn es darauf ankam, das Seil in der Hand hielt, den Blick nach vorne gerichtet hatte und immer parat war. Sonst hätte es nicht geklappt.

Zum Glück ist nie etwas Grobes passiert. Beim Gleitschirmfliegen bin ich verunfallt, aber beim Bergsteigen nicht. Auch den Flaschenzug musste ich zum Glück nie anwenden. Ich wusste, dass ich ihn nicht gut beherrsche, darum habe ich aufgepasst! Lieber habe ich einen Umweg gemacht oder gut gesichert. Denn es ist ein ganz grässliches Gefühl, wenn man beide Füsse im Leeren hat. Das ist mir nur zweimal passiert. Einmal waren wir auf dem Sustenhorn und wollten über eine Spalte springen. Heidi Schelbert kam gut auf die andere Seite. Danach sahen wir aber, dass das Podestchen, von dem ich hätte abspringen sollen, nicht halten würde. Eins, zwei, drei, ich sprang ins Leere, und sie zog mich hinüber. Das war kalkuliert. Das andere Mal befanden wir uns unter dem Jungfraujoch im Nebel. Da wussten die anderen beiden auch, dass sie bereit sein mussten. Trotzdem versicherte ich mich: «Haltet mich gut!», bevor ich losging. Prompt gab der Boden nach. Da zogen sie mich zurück. Abgesehen von diesen zwei Erlebnissen bin ich nie runtergefallen.

MW

Nach dem Flug vom Mittelallalin, Juli 1992.

Dreckparadies im Muotathal, um 1988.

Mit Sohn Kurt auf dem Gipfel der Jungfrau,
September 2006.

Das Material hat sich unheimlich verändert in den letzten Jahren. Früher hiess es einfach «Strick um de Ranze», das war's. Gstältli gab es keine. Neben der damals üblichen Abseil-Sitzschlinge gab es eine spezielle Technik, um sich einzig mit dem Seil abseilen zu können. Entwickelt wurde sie vom deutschen Bergsteiger Hans Dülfer, darum nannte man sie «dülfern». Ich habe ein paar Jahre lang nur gedülfert, bis ich bei einem Überhang nach hinten gekippt bin und fast abgestürzt wäre. Zum Glück hat es niemand gesehen, ich hätte mich geschämt. Von da an habe ich mit dem Dülfern aufgehört. Und ob das Seil bei einem Sturz gehalten hätte? Hanne und ich wollten es einmal wissen. Wir seilten uns an, legten das Seil über eine Teppichstange und hängten uns daran. Da wussten wir sofort: So was hältst du nicht lange aus! Keine fünf Minuten. Das hat derart gezogen und einen fast erstickt. Und wenn man dann noch richtig hinunterfällt. Da wussten wir, dass wir nie stürzen dürfen.

Früher trugen wir auch diese Manchester-Knickerbocker. Waren die einmal nass, dann wurden sie drei Tage nicht mehr trocken. Unten zog man nur Socken und Schuhe an. Ich mit meinen Kombi-Skischuhen, was ich da kalte Füsse hatte! Wir trugen ausserdem kleine, schmale Gamaschen, und teilweise auch Wadenbinden. Als die hohen Gamaschen aufkamen, hatte man viel seltener kalte Füsse. Mit der Zeit gab es auch für Frauen lange Unterhosen, das war nochmals besser. In den Bergen war es damals kein Problem, als Frau mit Hosen unterwegs zu sein. Auch im Zug wurde es toleriert, weil man ja in die Berge fuhr. Aber ich wäre nie in Hosen zur Schule gegangen. In der Parallelklasse kam einmal eine mit Hosen zur Schule, die wollten sie gleich aus der Schule werfen.

Auch Sonnencrème benutzten wir damals nicht, weil es keine gab. Wir haben Nivea eingestrichen, aber die besass keinen Sonnenschutzfaktor. Wenn das Wetter schön war, besonders im Frühling, war das Gesicht abends voller Bläschen. Bis Ende Woche schälte sich dann alles. Es war *Heaven*, als das Tao Alpin mit Sonnenschutzfaktor vier aufkam! Auf Skitouren nahmen wir stets einen Rettungsschlitten mit. Es gab ja keine Rega. Eine Sonde hatten wir nicht und auch kein Lawinensuchgerät, nur die Lawinenschnur und eine Schaufel. Ausserdem eine Spitze für die Holzskier, damit man sie ersetzen konnte, falls sie brach. Und für die Skibindungen musste man Kabel mit dabeihaben, denn diese gingen ab und zu kaputt. Allerdings sind wir nicht so steile Hänge runtergefahren. Das ging mit den damaligen Kanten gar nicht. Darum war halt eine kleinere Tour so anspruchsvoll wie heute eine grössere.

Ende der 1980er-Jahre kam die erste Welle des Gleitschirmfliegens auf. «Können ältere Frauen auch Gleitschirm fliegen?», fragte ich einen Bekannten, der sich auskannte. Er schaute mich von der Seite an und meinte: «Seckle kannst du ja.» Eines Tages fuhr ich dann ins Lötschental und nahm an einem einwöchigen Gleitschirmkurs teil. Zum Schluss konnte ich ein oder zwei Höhenflüge unternehmen. Es war alles ein bisschen Jekami. Das Funkgerät funktionierte nie, jedenfalls nicht, wenn ich es in Händen hielt. Der Gleitschirmlehrer stand jeweils unten und hielt zwei Kellen in der Hand. Eine signalisierte die linke, die andere die rechte Bremse. Heutzutage wird das alles per Funk geregelt. Meinen ersten Höhenflug unternahm ich von Holz aus nach Elsigen bei Kippel. Er ging über sechshundert Höhenmeter, das ist recht viel, für einen allerersten Flug. Ob ich Angst hatte? Innert zwanzig Minuten ging ich dreimal in den Busch, und mein Herz klopfte vom Bauch bis zum Gurgeli. Es hat aber wunderbar geklappt. Später machte ich das Brevet und trat dem Gleitschirmclub bei. Danach war ich eine Weile lang mit Kollegen vom Club unterwegs, die mir Tipps geben konnten. Nach jedem Flug kam ich nach Hause und schrieb auf Zettelchen, was ich gelernt hatte. Manchmal wurde ich auch als Versuchskaninchen eingesetzt. Sie schickten mich los und beobachteten die Thermik. War sie gut, dann kamen sie nach. Beim Gleitschirmfliegen hat man gelernt, Frust zu ertragen. Es ist der frustrierendste Sport, den ich kenne. Du sitzt den ganzen Nachmittag auf dem Mäuerchen, träumst von Höhenflügen, und wenn du endlich starten kannst, bist du nach drei Minuten wieder unten, weil die Bedingungen schlecht waren. Umgekehrt kannst du aber auch Glück haben. Du hebst ab, singst da oben unter deinem Gleitschirm, und es ist einfach nur schön. Oder es gelingt dir, die Thermik auszunützen. Einmal habe ich es geschafft, über die Churfirsten zu fliegen. Es gab damals eine Regel, die besagte, dass man nach Walenstadt zurückfliegen muss, wenn man nicht über den Leist kommt. Ich machte mir vor dem Flug immer einen Plan, studierte die Karte und merkte mir: «Bei dieser Alp muss ich folgende Höhe erreicht haben, um weiterfliegen zu können.»

Die Kombination von Gleitschirmfliegen mit Hochtouren oder Skitouren hatte ich besonders gern. Ich stieg mit dem schweren Rucksack auf einen Berg, auf den Kärpf, Fanenstock, Bütlassen, Schild oder die Sulzfluh, legte oben den Gleitschirm aus und flog dann hinunter. Bei Skitouren hatte es entweder «Flügelischnee», oder es galt das Motto: «Nur Fliegen ist schöner». Das heisst: War der Schnee schlecht, bot sich das Runterfliegen geradezu an. War der Schnee gut und die anderen fanden, dass ich eine schöne Abfahrt verpasse, dann antwortete ich ihnen: «Nur Fliegen ist schöner.» Ab und zu mussten wir den Gleitschirm auch wieder hinuntertragen. Das passierte uns, als wir einmal im Sommer auf den Ortler gestiegen sind. Wir starteten um zehn Uhr nachts in der Peyerhütte, stiegen im Dunkeln hoch und standen vor dem Morgengrauen auf dem Gipfel. Es war noch dunkel, kalt und neblig, und es kamen Winde auf. Ein Flug war unmöglich. Schliesslich mussten wir alle den Gleitschirm wieder hinuntertragen. Einige waren frustriert, aber für mich als Hochtouristin war es eher eine abenteuerliche, schöne Tour mit einem schweren Rucksack gewesen.

Warum man das alles macht? Wir haben uns in der Höhle oft gesagt: «Da liegst du im Dreck, bist müde, hast kalt, es ist gruusig, du murkst dich durch, und das alles machst du freiwillig und als Privileg!» Aber man tut es einfach, ich weiss nicht warum... Mir gefällt, dass man sich bewähren und Hindernisse meistern muss. Einmal, da war ich in einer Wasserhöhle, und meine Pontonnière war nicht dicht. Das ist eine Gummistrumpfhose, die man unter dem Overall trägt und die bis unter die Achseln reicht. Langsam stieg die Nässe hoch. Und das Wasser in der Höhle ist kalt! Beim Rückweg, nach etwa acht Stunden, war ich total unterkühlt. Ich kam zum Punkt, an dem ich dachte: «Ich will nicht mehr weiter. Ich bleibe hier, ich kann nicht mehr. Lasst mich hier.» Gesagt habe ich nichts, weil mein Kopf noch funktionierte. Ich wusste, die anderen würden es mir nicht abnehmen, und ich gäbe mir eine traurige Blösse, wenn ich das aussprechen würde. Sobald wir aus dem Wasser waren und ich trockene Sachen anziehen konnte, ging es mir wieder gut. Aber dieses Gefühl zu kennen, dass ich nicht mehr will, dass es egal ist, dass ich einfach hier bleiben möchte, dass ich nicht mehr mag, das war wichtig. Das muss man einmal erlebt haben.

Ich habe alle Viertausender der Schweiz bestiegen, und fast alle ohne Bergführer. Weisst du, am Anfang habe ich mich einfach über jeden Viertausender gefreut, den ich erreicht habe. Aber am Schluss, als nicht mehr viele fehlten ... da habe ich schon bewusst auf dieses Ziel hingearbeitet. Da sagte ich mir zum Beispiel: «Diese Ostern leite ich eine Tour. Wir gehen in die Monte-Rosa-Hütte, ich muss nämlich noch auf das Nordend.» Das Nordend war der zweitletzte Viertausender, der mir fehlte. Doch als wir im Silbersattel waren, mochten die beiden Kollegen nicht mehr weiter. Da fand ich: «Und ich will auf dieses Nordend.» Ich sagte ihnen, sie sollten auf mich warten, und stieg ganz alleine auf den Gipfel. Das habe ich sonst nie gemacht. Es war nicht mehr schwer, man ging über einen Schneegrat und dann ein paar Felsen rauf. Das liess ich mir nicht nehmen.

Als ich alle Viertausender gemacht hatte, ging etwas zu Ende. Eine Motivation war weg. Das war eigenartig. Als hätte ich kein Ziel mehr. Ich bin weiter in die Berge gegangen, es fehlten mir ja sonst noch ein paar aussergewöhnliche Gipfel. Keine Viertausender, aber sonst schöne Touren. Den Biancograt, die Chardonnet und den Mittellegigrat habe ich in den letzten Jahren mit meinem Sohn Kurt, der Bergführer geworden ist, nachgeholt. Aber dennoch war etwas vorbei.

Heute Morgen habe ich ein Bild herausgesucht. Das ist Kurtli, mein Sohn. Er war damals in der zweiten Klasse, und Kathrin, meine Tochter, in der vierten. Sie hatten «Die weisse Spinne» gelesen, das Buch von Heinrich Harrer über die Eiger-Nordwand. Kathrin konnte das gerade knapp lesen. Danach spielten sie im Garten «Eiger-Nordwand». Sie holten unsere Pickel, unsere

Sturmanzüge und unsere Gamaschen. Beim grossen Apfelbaum fingen sie an, beim kleinen Apfelbäumchen befand sich der Hinterstoisser-Quergang. Sie setzten Schrauben in den Dreck, er musste ins Seil stürzen, und sie hat mit dem Pickel hantiert. Und das ist das Gipfelfoto, da stehen sie am oberen Zaun. Zwei Stunden lang spielten sie die Eiger-Nordwand-Besteigung, alles auf Schriftdeutsch, so wie es im Buch stand. Ich ging immer wieder hin und schaute ihnen zu. Aber so, dass die Kinder nicht beim Spiel gestört wurden.

Das Bergsteigen hat mir sehr viel gegeben. Ich war Primarlehrerin, habe aber nur stundenweise Schule gegeben. Eine berufliche Karriere gab es nicht. Kinder erziehen und den Haushalt machen, das zählte ja nicht viel. In den Bergen hingegen kriegte ich viel Selbstvertrauen. Das tat meinem Selbstwertgefühl gut. Und ich habe immer wieder gemerkt, dass ich eine gewisse Ruhe verströme. Die Leute haben meistens ein gutes Gefühl, wenn sie mit mir unterwegs sind. Ich kann ihnen Mut machen und ihnen vermitteln, dass sie keine Angst haben müssen. Aber das ist erst mit der Zeit entstanden. Am Anfang brach für mich eine Welt zusammen, wenn wir nicht auf den Gipfel kamen. Später habe ich mir das Motto zu Herzen genommen: Wenn du beizeiten umkehrst, kannst du wieder gehen.

Die Ruhe, die kommt erst mit der Zeit. Ich glaube, wenn du einmal Angst gehabt hast, einmal richtig gefroren hast, einmal richtig nass warst, einmal richtig müde gewesen bist, dann nimmst du alles ruhiger. Wenn du einmal pflotschnass warst, dann macht es keinen grossen Eindruck mehr auf dich, wenn du nur nass bist. Dann stellt sich diese innere Ruhe ein, diese grosse Gelassenheit.

Das Gespräch mit Marianne Winkler, Jahrgang 1934, fand am 23. Juli 2008 in Stallikon statt.

Heidi Schelbert, 74-jährig, Wasen im Emmental

«Mit dem Teufel persönlich wäre ich damals in die Berge gegangen, wenn er nur auf einer schweren Route vorausgeklettert wäre.»

Auf der Liste möglicher Gesprächspartnerinnen steht Heidi Schelberts Name ganz oben. Sie sei eine ausgezeichnete Bergsteigerin gewesen und habe viel für den SAC Baldern getan, sagt man mir. Wir verabreden uns zu einem Gespräch bei ihr zu Hause. Am Bahnhof Sumiswald werde ich von ihrem Mann abgeholt. Während wir durch die Emmentaler Hügellandschaft fahren, erklärt mir Albin Schelbert, wie er zu den Narben an seinen Unterarmen gekommen ist. Sie hätten früher zwei Wölfe besessen, erzählt er. Eines Tages stellten diese die Hierarchie zwischen sich und ihm auf die Probe. Von da an sei das Wolfsgehege nur noch von seiner Frau betreten worden. Denn dass sie die Leitwölfin war, ergänzt er, sei für die beiden Tiere immer unumstösslich klar gewesen.

HS

Wie ich mit dem Bergsteigen angefangen habe? In meiner Jugend gingen wir mit den Eltern ins Lötschental in die Ferien. Mein vier Jahre älterer Bruder sagte, er komme nur noch mit in die Familienferien, wenn er das Bietschhorn besteigen dürfe. Er hat zu diesem Zweck einen Bergführer angefragt, und der fand spontan, man könne die kleine Schwester gleich mitnehmen. So konnte ich als Vierzehnjährige mit meinem Bruder und dem Bergführer das Bietschhorn traversieren, den Nordgrat hinauf und den Westgrat hinunter. Ich wäre wahrscheinlich auch ohne dieses Erlebnis zum Bergsteigen gekommen, aber auf dem Bietschhorn hat es mich richtig gepackt. Nachher ging ich zwei Jahre lang mit dem Bruder ins Ötztal in die Ferien. Da haben wir einfache Hochtouren unternommen, ausgerüstet mit alten Steigeisen, einem langen Pickel und einem Seil, das wir im Hotel ausgeliehen haben.

Danach beschloss ich, das Bergsteigen richtig zu lernen, und nahm an einer Kletterwoche der Bergsteigerschule Rosenlaui teil. In den Engelhörnern kam ich allerdings auf die Welt, denn es stellte sich heraus, dass das Klettern etwas ganz anderes war als eine leichte Hochtour. Nachdem ich mir einige Grundkenntnisse angeeignet hatte, wollte ich alleine losgehen und bestieg mit einer Freundin und dem Wäscheseil meiner Mutter den Spitzmeilen, den Kleinen Mythen und den Höch Turm. Damals habe ich einfach alle mitgschleikt, die ich kannte. Später, während einer weiteren Kletterwoche, lernte ich Ruth Herren kennen. Sie wurde meine Kletterpartnerin, und wir beschlossen gemeinsam, dass das Klettern mit dem Wäscheseil etwas heikel sei. Damals habe ich in den Schulferien als Chasseuse gearbeitet, als Serviertochter für Patisserie und Zigaretten. Mit dem Verdienst habe ich mir ein gedrehtes, steifes Hanfseil gekauft. Das konnte man aufstellen, wenn es nass und kalt wurde! Aber von da an hatten wir ein richtiges Seil.

Meine ersten Kletterfinken erhielt ich von meinen Eltern. Sie hatten Sohlen aus Schnüren, denn Gummisohlen gab es damals noch nicht. Zum Rucksack kam ich folgendermassen: Früher wurden für junge Leute Tanzkurse veranstaltet. Da ging man einmal in der Woche hin, und zum Schluss wurde ein grosser Ball organisiert. Ich wollte allerdings nicht an diesem Ball teilnehmen und benötigte somit auch kein spezielles Kleid dafür. Stattdessen wollte ich einen Rucksack! Meine Eltern waren einverstanden mit diesem Tausch. Somit war ich also im Besitz der wichtigsten Dinge: Ich hatte einen Rucksack, Kletterfinken und das Seil, das ich mit meinem ersten Geld gekauft hatte. Wie das meine Eltern fanden? Meine Mutter hatte etwas Angst. Und ich war natürlich nicht nur mit Freundinnen unterwegs, sondern mit jeder Person, die bereit war, sich an mein Seil zu knüpfen. Wenn jemand besser war als ich, ging er voraus, wenn er schlechter war, kletterte er hintennach. Auf diese Weise war ich mit verschiedenen Burschte unterwegs, und das gab ein grosses Gerede. Meine Mutter musste sich einiges anhören, aber sie vertraute mir. Heute wäre das keine grosse Sache mehr, aber damals hiess es, eine solche Frau habe ein Gschleipf mit verschiedenen Männern. Vielleicht gab es Kletterpartner, die sich etwas anderes erhofft hatten. Aber die haben sofort gemerkt, dass ich nur in die Berge will. Diejenigen, die das gut fanden, kamen weiterhin mit, und die anderen kamen nicht mehr. Mit dem Teufel persönlich wäre ich damals wahrscheinlich in die Berge gegangen, wenn er nur auf einer schweren Route vorausgeklettert wäre! Seit der Traversierung des Bietschhorns war ich einfach angefressen. Damals hatte es «Tack!» gemacht, und ich war in die Berge verliebt.

Während des Studiums war es recht einfach mit dem Bergsteigen. War das Wetter einigermassen gut, dann bin ich jedes Wochenende und oft auch unter der Woche in die Berge gegangen. Mit der Zeit lernte ich alle grundlegenden Dinge. Etwa, dass ein Haken nicht immer hält, sondern dass man ihn kontrollieren muss. Damals habe ich mir auch einen Hammer mit einem Lederköcher gekauft. Das war ein kleines Ereignis: die Frau mit dem Hammer. Heute klingt das antiquiert, denn man klettert auf präparierten Routen und schlägt nicht mehr selber Haken ein. Damals aber war der Hammer ein Zeichen dafür, dass man selbständig unterwegs war.

Mit Ruth zusammen war ich dann auch in den Westalpen unterwegs. In unseren ersten Ferien, das war 1956, kletterten wir erst über den Festigrat auf den Dom, stiegen die Normalroute ab und wollten dann aufs Matterhorn. Wir hatten riesiges Glück, weil das Wetter eben erst besser geworden war. Es befanden sich nur sechs oder sieben Partien am Berg. Aber die Bergführer haben sich unheimlich über uns zwei Mädchen geärgert. Wir haben ihr Renommee gestört. Sie hatten ihren Gästen teilweise erzählt, dass das Matterhorn eine schwierige Tour sei und zwei Bergführer erfordere, einen, der vorne ziehe, und einen, der hinten stosse. Und dann kommen da zwei Mädchen an... Der erste Bergführer, der schon wieder heruntergestiegen kam, rief uns zu: «So, jetzt komme ich», und hängte unsere Sicherung aus. Immerhin haben sie uns nicht die Seile zerschnitten, wie sie das bei den Frauen gemacht hatten, die eine Generation vor uns unterwegs waren. Es gab allerdings auch andere Erfahrungen mit Bergführern. Als wir über die Normalroute aufs Zinalrothorn stiegen, war der Hüttenwart der Rothornhütte unheimlich freundlich zu uns. Er empfahl uns als Trainingstour den Südgrat aufs Triftthorn und gab uns hilfreiche Tipps für den Aufstieg. Das war ein Bergführer, der schwere Touren unternommen hatte und nicht nur jeden Tag aufs Matterhorn gestiegen ist. Sein Prestige nahm nicht Schaden dadurch, dass zwei Mädchen die Normalroute aufs Zinalrothorn in Angriff nahmen. Er hat sich sogar gefreut über uns.

Nach dem Lizenziat sagte ich mir: «Jetzt steht ein Bergsommer an.» Neben den Touren, die ich mit verschiedenen Freundinnen durchführte, wollte ich eine Woche lang mit einem Bergführer unterwegs sein und ganz schwere Touren unternehmen. Ruth, mit der ich immer noch unterwegs war, berichtete ich von diesen Plänen. Sie hatte in der Zwischenzeit Max Eiselin kennengelernt, der damals in Luzern die Expedition auf den Dhaulagiri vorbereitete. Ruth erzählte mir, dass dabei auch über bergsteigende Frauen gespottet wurde. Das hat sie sehr verärgert, und sie wehrte sich: «Meine Freundin und ich sind selbständig in den Bergen unterwegs, und sie besitzt sogar einen Hammer!» Albin Schelbert, der mit dabei war, glaubte ihr das nicht. Doch Ruth bestand darauf: «Doch, und ich habe auch einen Hammer. Denn wenn Heidi die Haken einschlägt, muss ich sie wieder herausnehmen.» Daraufhin fand Albin, dass er die Frau mit dem Hammer gerne kennenlernen möchte.

Mit Hilfe von Ruths Vermittlung wurde dann abgemacht, dass Albin nach der Expedition mit mir drei Wochen in die Dolomiten gehen würde. Als das näherrückte, kriegte er kalte Füsse. Er dachte, dass ich wohl doch nicht wirklich klettern könne. So schlug er vor, wir sollten erst die Biennale in Mailand besuchen. Ich sagte knurrend zu. In Mailand angekommen, wollte ich kein Geld für ein Hotel ausgeben. Aber in der Jugendherberge war kein Platz mehr. Da schauten wir auf den Stadtplan, und ich sagte: «Da ist ein Friedhof, da können wir übernachten.» Albin wollte das aber nicht. «Ein komischer Typ», dachte ich, denn auf dem Friedhof, wo es nachts keine Menschen hat, würde uns am wenigsten passieren. Schliesslich haben wir im Garten der Ausstellung übernachtet. Tags darauf besuchten wir die Biennale. Das Wetter war schön, und ich war sauer. Am übernächsten Tag erreichten wir nachmittags endlich die Vajolethütte. Von da aus sind wir noch gleichentags über den Piazriss auf die Punta Emma geklettert. Das war der Anfang. Danach machten wir viele schöne einfache Touren: die Marmolata-Südwand, die Überschreitung der Vajoletürme und die Tofana-Südwand. Später kletterten wir durch die Nordwand der Kleinen Zinne, und auf dem Gipfel hat es dann gefunkt: Wir fanden, dass wir eigentlich gut zueinander passen. Danach stiegen wir noch über die gelbe Kante auf die Kleine Zinne, das war meine erste Kletterei im sechsten Grad. Ja, in diesen Tagen hat sich vieles entschieden. Wir haben täglich eine Tour unternommen. Dabei merkt man schnell, ob man zueinander passt oder nicht. Einen formalen Heiratsantrag gab es nicht. Wir beschlossen einfach, dass wir weiterhin zusammen in die Berge gehen und sonst noch einiges miteinander erleben wollten. Später unternahmen wir zahlreiche schwierige Touren, die schwersten, die es zu jener Zeit gab. Die Südwand des Torre Trieste zum Beispiel oder den Pilaster an der Tofana, die Livanos-Route am Su Alto oder die Nordkante des Monte Agner. Wir kletterten alle Sechser, die damals bekannt waren, natürlich auch diejenigen in der Schweiz: im Furkagebiet die Südwände des Kleinen und Grossen Bielenhorns, die Türme des Salbitschijen, den Gandschijen, im Rätikon die Scheienfluh-Westwand, die Südwände des Grossen Drusenturms und der Sulzfluh oder die Nordwand von Badile, Cengalo und Fuori im Bergell.

Im ersten Jahr unserer Bekanntschaft schenkte mir Albin zum Geburtstag zwei selbst gemachte Reepschnur-Trittleiterchen. Sie hatten je vier Sprossen aus Holz, weil die weniger klapperten als Metallsprossen. Zudem hätte man das Holz beim Biwakieren verfeuern können. Natürlich nur, falls die Leiterchen am nächsten Tag nicht mehr benötigt worden wären. Das «Artif-Klettern», das technische Klettern, war damals die Spitze des Klettersports. Und es war nicht einfach zu lernen: Befindet sich das Leiterchen frei unter einem Überhang und man verteilt das Gewicht falsch, dann rutscht es weg, und man hängt wie ein Mehlsack in der Luft. Man muss das also üben. Deshalb habe ich in der Winde alte Haken eingeschlagen, rundherum und im richtigen Abstand, sodass man von einem Haken aus den nächsten gerade noch erwischen konnte. Danach habe ich mit zwei Leiterchen den Parcours absolviert. Einen Haken hatte ich extra locker eingesteckt, damit er nur hielt, wenn man ihn ganz gerade belastete. Wackelte man zu sehr, fiel er raus. Dadurch lernte ich, auch mit jenen Haken umzugehen, die nicht fest sitzen. Noch früher, als ich dreizehn- oder vierzehnjährig war, übte ich, schwere Rucksäcke zu tragen. Das war natürlich ein Blödsinn, denn so etwas kann man nicht trainieren. Es macht nur die Gelenke kaputt! Aber das wusste ich damals nicht. Den Rucksack füllte ich mit Konservenbüchsen statt mit Steinen. Die hätte ich ja wegwerfen können. So bin ich, mit zwanzig Kilo Konserven auf dem Rücken, auf den Uetliberg und wieder hinunter gestapft.

Eine der schwersten Touren, die wir unternommen hatten, war der Titlis-Pfeiler. Ich glaube, wir führten die dritte Begehung durch. Dabei mussten wir unter ganz üblen Umständen biwakieren, weil in der zweitletzten Seillänge vor dem grossen Band, auf dem man bequem übernachten kann, ein Haken herauskam und ich pendelte. Der einzige Ausweg, den es da gab, war: Zurück zum Stand! Also musste ich wieder runtersteigen. Albin befand sich oben in einem Schlingenstand und musste ebenfalls zurückklettern. Wir haben dann auf einem Band von vielleicht fünfzehn Zentimetern Breite übernachtet. Wir konnten halbwegs sitzen, die Füsse in einer Trittschlinge, und wussten, dass man eineinhalb Seillängen weiter oben bequem schlafen könnte. Aber es war zu dunkel, um weiterzugehen. Am nächsten Tag zog bereits um vier Uhr nachmittags ein Gewitter auf, und wir mussten kurz unter dem Gipfel erneut biwakieren. Am darauffolgenden Morgen, als wir nur noch die letzten schweren Seillängen vor uns hatten, war alles vereist. Da war ich schon auf der Nase! Aber wir kamen schliesslich wohlbehalten oben an.

HS

Der Titlis-Pfeiler stellt heute noch eine der schwersten Routen dar, weil sie nicht eingerichtet ist. Und sie führt durch Hochgebirgskalk, der ist wahnsinnig brösmelig. Albin musste teilweise ganz kurze Haken einschlagen und sie mit Holz verdübeln. Die nahm ich im Nachstieg alle wieder heraus, auch jene, die gut hielten. Wir wollten nicht, dass es hiess: «Schelberts haben die Route gemacht, jetzt ist sie einfacher, nun befinden sich Haken drin.» Die mussten raus, das ging gegen die Ehre, etwas stecken zu lassen. Bei den Erstbegehungen haben wir an strategischen Orten Haken drin gelassen, damit erkennbar war, dass die Route gemacht worden ist. Aber nur jene, die gut sitzen, hat man belassen, die anderen musste man mitnehmen. Damals wurden die Routen nicht im «Plaisir-Stil» vernagelt. Im sechsten Grad musste man oft zwanzig Meter frei vorausklettern. Da war keine Zwischensicherung, und der untere Haken würde vielleicht nicht halten … ein Sturz wäre, mit anderen Worten, eine Katastrophe gewesen. Man durfte einfach nicht fallen, das war lebensgefährlich. Während der ganzen Zeit, in der wir miteinander unterwegs waren, ist Albin kein einziges Mal gestürzt.

In der Torre-Trieste-Südwand haben wir ebenfalls zweimal biwakiert und sind dabei fast verdurstet. Wir hatten nur einen Liter Wasser dabei. Albin, der vorauskletterte, trug keinen Rucksack, und ich musste bereits den Biwaksack tragen, die langen Unterziehhosen, die beiden Pullover und die Windjacken. Zu essen gab es praktisch nichts, das ging ja noch, aber nichts zu trinken, das war hart. Wir hatten zuvor in der Hütte mit Heinz Steinkötter gesprochen. Er kletterte dann extra über die Normalroute, einen Fünfer, auf den Gipfel, um uns eine Büchse Apfelsaft hinzustellen. Das war unglaublich kameradschaftlich von ihm. Er hatte uns vor dieser Begegnung noch nicht einmal gekannt.

Angst ... Angst hatte ich nur vor schweren Quergängen. Die sind nämlich hundsgemein: Vor der schweren Stelle steckt ein Haken. Damit ist der erste Kletterer perfekt gesichert. Aber nach der schweren Stelle kommt normalerweise keine Sicherung mehr. Und wenn ich Albin bat, einen Haken einzuschlagen, dann antwortete er immer, er müsse weiter. Damit hatte ich die schwierige Stelle ungesichert vor mir und fürchtete mich vor einem Pendel. Albin hat nie begriffen, dass er an einer solchen Stelle einen Haken einschlagen muss. Das gab jedes Mal einen Ehekrach!

Im Fels hat Albin meistens den *Lead* übernommen. Beim Abstieg hingegen habe oft ich entschieden. Im ekligen Gelände kam er weiter, während ich schneller merkte, dass etwas nicht mehr stimmen konnte. Grundsätzlich haben wir aber immer gemeinsam entschieden, ob wir beispielsweise trotz einem aufziehenden Gewitter weitergingen oder nicht. Es hiess nie: «So wird das jetzt gemacht», wenn die andere Person nicht wollte. In einer solchen Situation haben wir miteinander gesprochen und waren uns entweder einig, oder jemand hatte in der Diskussion die kräftigere Meinung und die besseren Gründe. Krach gab es niemals. Das heisst, Krach gab es nur im Quergang.

Erstbegehungen haben wir einige durchgeführt: am Gross Ruchen den Südpfeiler, eine Route in der Südwand des Cavardiras, die Ostplatten am Trotzigplanggstock, die Südwand am Turm des Balzetto, zwei Erstbegehungen am Chalbersäntis und je eine am Müeterlishorn und am Spitzberg. Das wurde seinerzeit in den «Alpen», der Zeitschrift des SAC, publiziert. Man musste jeweils angeben, wo die Route sich befand und wie schwierig sie war. Am Bishorn und an der Nordwand des Schreckhorns eröffneten wir neue Eistouren. Wir haben uns immer nach möglichen neuen Routen umgeschaut und ab und zu etwas Schönes entdeckt. Manchmal klappte es auch nicht, und wir mussten umkehren, weil eine Route doch nicht so gemacht werden konnte, wie wir das unten geplant hatten.

HS

Sonnenbaden mit Bruder Jürg vor dem Ramolhaus
im Ötztal nach Tour über Hintere Schwärze und Hohe
Wilde, 1950.

«Die Frau mit dem Hammer», Rosenlauistock-Westkante
in den Engelhörnern vor dem Rosenlauigletscher, 1956.

Eugen Bender, Albin und Heidi Schelbert (v. l.),
vermutlich in den Kreuzbergen, um 1964.

Als Kletterteam organisierten wir uns ganz pragmatisch: Albin war besser, also kletterte er überall im Vorstieg, wo es schwierig war. Auf diesen Touren bin ich im Nachstieg geklettert. Sobald wir uns im vierten Grad befanden, haben wir uns abgewechselt. Mit der Zeit schien mir, dass ich auf diese Weise unselbständig werde, und ich begann, jedes Jahr mindestens vierzehn Tage mit Freundinnen des SFAC Zürich auf Hochtouren und Klettertouren zu gehen. Dabei haben wir recht anspruchsvolle Sachen unternommen. Wir haben beispielsweise die Lenzspitze und den Nadelgrat überschritten, das ist noch nicht so schwierig. Nachher gingen wir auf die Schönbielhütte und machten von dort aus die Dent Blanche, das ist ein rechter Steiss. Von der Weisshornhütte aus traversierten wir darauf das Weisshorn und stiegen von der Tracuithütte aus über ein paar Höger zum Mischabelbiwak. Und von dort aus haben wir dann das Täschhorn und den Dom überschritten. Und das alles in zehn Tagen! In späteren Ferien kamen das Schreckhorn, die Traversierung des Lauteraarhorns, die Überschreitung Wellenkuppe–Obergabelhorn–Arbengrat oder rassige Routen im vierten und fünften Grad in den Dolomiten an die Reihe.

Zur Baldern, damals noch der SFAC Zürich, kam ich wegen einer Bekannten meiner Mutter, die dort Mitglied war und mich aufforderte mitzukommen. «Warum eigentlich nicht», fand ich, und habe mich angemeldet. Auf meiner ersten Tour stiegen wir mit einem Bergführer auf den Bös Fulen. Ich kriegte gleich eine Seilschaft zugeteilt und ging voraus. Wir erreichten den Gipfel etwa eine Stunde vor den anderen. Ich war ein wenig enttäuscht, dass die Tour nicht schwieriger war, und fand: «Dafür brauchen wir keinen Mann, das können wir selbst.» Von da an habe ich stets Kletter- und Skitouren angeboten. Als das Zentralkomitee des SFAC nach Zürich kam, übernahm ich die Tourenleitung und organisierte Leiterinnenkurse. Denn es war mir ein grosses Anliegen, dass die Frauen in den Bergen selbständig unterwegs sein können.

Ich habe mich immer sehr dafür eingesetzt, dass Frauen sowohl im Beruf als auch in den Bergen selbständige Personen sind. Diesbezüglich wurde ich ein wenig enttäuscht. Es war manchmal harzig. Wenn man sich die Geschichte der Baldern anschaut, dann zeigt sich, dass es früher mehr Frauen gab, die selbständig unterwegs waren. Sie haben keine schweren Touren gemacht, aber sie haben sie eigenständig durchgeführt. Als ich im SFAC begann, Touren anzubieten, musste ich erst darum kämpfen, weil es hiess: «Das ist eine Route im vierten Grad, dafür benötigt man einen Bergführer.» Ich antwortete darauf: «Ich will keinen Bergführer. Wir sind ein Alpenclub, wir machen das selbständig.» Mit der Zeit wurden dann alle Touren, die ich eingegeben habe, akzeptiert. Zudem bildete sich eine kleine Clique, die sich immer einfand, wenn ich eine Tour anbot. Dabei ergaben sich sehr gute Bekanntschaften. Mit Dorothee Landolt, Marianne Winkler und Dorothee Dietschi stieg ich beispielsweise von der Baltschiederklause aus über den Blanchet-Grat aufs Breithorn, danach gingen wir über die Ostrippe aufs Bietschhorn und kletterten von der Lötschenhütte aus über den Gitzigrat aufs Balmhorn. Im Anschluss daran stieg ich noch mit Marianne in die Fründenhütte und den Galletgrat hinauf auf das Doldenhorn. Das waren einfach grosse Namen! Und wir waren alleine und unter recht schwierigen Verhältnissen unterwegs. Danach waren wir schon sehr stolz.

Stolz war ich auch auf die Überschreitung des Weisshorns, das ist ein ganz grosser Mocken. Als Berg gefällt mir das Weisshorn noch besser als das Matterhorn. Geht man den Nordgrat hinunter, erreicht man das Bishorn und hat somit gleich einen zweiten Viertausender bestiegen. Ich erinnere mich daran, dass wir an jenem Tag die Einzigen waren, welche sich an diese Überschreitung wagten. Die Bergsteiger, die auf dem Gipfel standen, haben ganz schön gestaunt, dass diese vier Meitli – wir waren zwei Zweierseilschaften – den Nordgrat in Angriff nahmen.

HS

Abseilen in den Engelhörnern, 1970.

Heidi Schelbert und Gaby Steiger brechen auf zum Gelmerhorn, 1970. Am nächsten Tag steht die Überschreitung des Kleinen und Grossen Gelmerhorns auf dem Programm.

Seilaufnehmen nach einer Tour in den Tannheimer Alpen, um 1968.

Im Quergang in den Tannheimer Alpen, eventuell in der Roten Flüh, um 1968.

Der SAC habe nach 1979 endlich begonnen, Frauen aufzunehmen, sagen Sie? Also halt, halt! Gegen diese Darstellung wehre ich mich! Das klingt so, als ob der SAC sich alleine entschieden und von da an gnädigst Frauen aufgenommen hätte. So war das nicht! Wir haben fusioniert: Der Frauen-Alpenclub hat mit dem SAC fusioniert. Wir haben gemeinsam einen Vertrag aufgesetzt, in dem festgelegt war, dass die SFAC-Sektion Zürich zur SAC-Sektion Baldern wird und von da an Männer aufnimmt. Und andere SAC-Sektionen haben beschlossen, Frauen aufzunehmen. Wir waren somit gleichberechtigte Partner. Historisch ist es schon so, dass der SFAC gegründet worden ist, weil der SAC die Frauen ausgeschlossen hatte. Aber später gab es zwei selbständige, gleichwertige Clubs, die sich für eine Fusion entschieden haben. Dieser Punkt ist mir ganz wichtig.

Nach der Fusion war der Widerstand noch stark spürbar. Viele ältere SAC-Männer wollten nicht, dass Frauen auf ihre Touren mitkamen. Sie waren gerne unter sich und befürchteten, dass es Frauen geben könnte, die besser seien als sie. Davor hatten sie schreckliche Angst. Als wir bei der Baldern begannen, Männer aufzunehmen, war ich noch immer Tourenleiterin. Haben sich auf meine Touren Männer angemeldet, dann habe ich die Seilschaften gemäss meinen Kenntnissen gebildet. Dabei gab es auch solche, bei denen eine Frau vorausging und ein Mann hinterher. In meiner Seilschaft hatte ich damit nie Probleme; die Männer, die bei mir am Seil waren, haben nicht gemuckst. Aber es gab Frauen, die keinen Mann am Seil mehr haben wollten, weil diese die ganze Zeit reklamiert hatten. Ich bin in solchen Fällen eine schwierigere Variante geklettert, sodass derjenige, der motzte, ins Schwimmen kam. Dann wurde er ruhig. Solchen Männern musste ich zeigen, dass ich am Berg besser war als sie. Hätte ich einen Mann dabei gehabt, der besser war als ich, dann wäre alles in Ordnung gewesen. Dann hätte er eine Seilschaft gekriegt. Aber wenn diejenigen motzen, die nicht gut sind, muss man ihnen klarmachen, dass sie nicht gut sind. Das hat eigentlich immer funktioniert.

Zu jener Zeit wäre es, mit Ausnahme des Bergführerberufs, wohl nicht möglich gewesen, das Bergsteigen zum Broterwerb zu machen. Reinhold Messner war wahrscheinlich der Erste, der die Vermarktungsmöglichkeit von schweren Touren durch Bücher, Vorträge und Sponsoring genutzt hat. Das wäre vorher schwierig gewesen. Dazu kommt, dass ich aus Freude bergsteigen wollte. Wäre das mein Beruf geworden, hätte ich immer in die Berge gemusst ... und das wollte ich nicht. Aber das Bergführerpatent wollte ich machen, nicht für den Beruf, sondern damit ich den Ausweis hatte. Auf meine Anfrage hin sagte man mir, ich könne die Bergführerausbildung nicht machen, weil ich nicht militärdiensttauglich sei. Da meldete ich mich beim Frauenhilfsdienst an, dem FHD, und zwar bei den Tauben, der Übermittlung durch Brieftauben. Da konnte man am ehesten draussen arbeiten. Für die Bergführerausbildung reichte das aber nicht aus, wie man mir sagte, weil es nur ein Hilfsdienst sei. Für das Bergführerpatent hätte ich voll militärdiensttauglich sein müssen. Da stand ich vor einem Problem: In den FHD tritt man zwar freiwillig ein, aber ein Austritt ist nicht mehr möglich. Es gab allerdings eine Regel, die besagte, dass der Ehemann seiner Ehefrau die Tätigkeit beim FHD verbieten konnte. Also habe ich Albin gesagt, er müsse mir das Militär schleunigst untersagen! Auf diese Weise kam ich wieder los.

Es gab sonst noch so ein paar eigenartige Dinge, die ich als Frau erlebt habe. Als ich ein Stipendium für ein Jahr in Princeton erhielt, forderte ich eines für Verheiratete an, damit Albin mitkommen konnte. Das ginge nicht, hiess es darauf, denn damit würde ich meinen Mann aushalten, und das sei unmoralisch. Es war nicht genau so formuliert, aber darauf lief es hinaus. Ich wandte ein, dass mein Mann mir den Aufenthalt verbieten würde, wenn er nicht mitkommen könne. Darauf erhielt ich als Kompromiss ein Stipendium, dessen Betrag zwischen dem lag, was Ledige, und dem, was Verheiratete erhielten. Solche Geschichten erlebte man damals ... Ein anderer Vorfall betraf ein Haus, das wir gemeinsam bauten und das uns beiden gehören sollte. Auf der Bank sagte man uns, dass wir keine gemeinsame Hypothek aufnehmen dürften. Albin könnte mich übervorteilen, hiess es, weil er als Mann grundsätzlich mehr von Wirtschaft verstehe – obwohl ich Ökonomieprofessorin und er Künstler war und überhaupt nichts von Wirtschaft verstand! Schliesslich mussten wir unsere Entscheidung auf der Vormundschaftsbehörde bestätigen lassen. Sonst hätten wir die Hypothek nicht erhalten. Frauen sind damals in der Schweiz schon anders behandelt worden als heute. Das hat sich auch beim Stimmrecht ausgewirkt: Ich habe den Studenten zwar beigebracht, wie sie vernünftigerweise in Wirtschaftsfragen abstimmen sollen. Aber selber abstimmen durfte ich nicht.

Abgesehen von solchen Dingen konnte man sich als Frau aber viel Freiheit nehmen. Man musste einfach den Mumm dazu haben. So wie damals, als ich mit verschiedenen Burschte in der Hütte übernachtet hatte und meine Mutter sich einiges anhören musste. Es wurde mir nicht verboten, und ich wurde nicht eingesperrt. Ich konnte es tun, aber ich erhielt viele scheele Blicke dafür. Aber das war mir wurst, absolut wurst. Wenn man sich als Frau eine Art Teflonhaut zulegen konnte, gab es eigentlich keine Schwierigkeiten. Ich bin meinem Elternhaus auch dankbar dafür, dass ich so selbständig erzogen worden bin. Es war für mich immer klar, dass ich keinem Mann den Tschumpel machen wollte, sondern einen guten Beruf lernen und auf eigenen Füssen stehen würde. Ich wollte auch nie heiraten... bis ich Albin kennengelernt habe. Er wollte ebenfalls nie ein Meitli, er hat sich nur für die Berge und nicht für Frauen interessiert. Ich bin seine erste Freundin, und er ist mein erster Freund. Es war einfach ein Zufall, dass es sofort gegeigt hatte zwischen uns.

Beruflich hatte ich Glück, da ich zur geburtenschwachen Vorkriegsgeneration gehörte und genau dann mit der Habilitation auf den Markt kam, als man die Universitäten zu vergrössern begann. Das war eine unheimlich günstige Situation. Die Ökonomie befand sich in einer Ausbauphase, und es war wenig Nachwuchs da. Ich habe meine Habilitation mit zweiunddreissig gemacht und danach ein Jahr in Princeton angehängt. Das war eine *all male University*, was ich gar nicht gewusst hatte. Ich war die einzige Frau – als *Visiting Scholar* –, aber das hatte mich nicht gestört. Ich konnte viel profitieren von diesem Aufenthalt. Als ich zurückkam, erhielt ich eine Lehrstuhlvertretung in Konstanz. Da kriegte die Uni Zürich kalte Füsse und hat mich im selben Semester zur Assistenzprofessorin gemacht. Danach erteilte mir die Uni Konstanz einen Ruf als ordentliche Professorin. Im folgenden Semester hat mich die Uni Zürich befördert. Das war 1968. So wurde ich mit vierunddreissig Jahren Professorin.

Das Bergsteigen und der Beruf haben sich in einem gewissen Sinn ergänzt. Es gab ab und zu im Beruf eine schlechte Woche, wenn meine Vorlesung nicht gut ankam oder wenn ich im Computer einen Zusammenhang ausrechnen wollte, den es einfach nicht gab. Dann unternahm ich eine tolle Bergtour, und alles war wieder in Ordnung. Oder umgekehrt, wenn die Tour nicht gelungen war und es danach im Beruf toll lief, dann hob sich das wieder auf. Natürlich kam es auch mal vor, dass es in beiden Bereichen schieflief. Das war dann besonders unangenehm.

Früher hiess es, die Frau gehe nicht voraus beim Klettern: Das kann sie nicht, das will sie nicht, und das macht man nicht. Wenn man einen Freund hatte, dann durfte man erst recht nicht den Vorstieg machen, sonst war der beleidigt. Diese Erziehung wirkte in unserer Generation noch sehr stark nach. Viele gleichaltrige Frauen haben sich ihr einfach unterworfen. Ich wollte das nicht. Für mich war das eine Sache des Kopfes, nicht des Körpers. Ein Beispiel: Unter unseren Hunden gab es eine Hündin namens Racy, die mit Abstand nicht die stärkste war. Aber sie war die Chefin. Und sie wusste das. Wenn wir die Hunde in den Auslauf liessen, stand sie jeweils in einer Ecke, an der alle vorbeimussten, zeigte einen Zahn und stellte ihre Haare ein wenig auf. Und alle Rüden sind ganz platt an ihr vorbeigekrochen. Wenn einer nicht gehorchen wollte, tat sie schnell so, als würde sie ihn besteigen. Dann war sofort wieder Ruhe. Einen Kampf hätte sie niemals gewonnen. Aber sie war hundertprozentig davon überzeugt, die Chefin zu sein. Und sie hat das derart ausgestrahlt, dass es alle Hunde akzeptierten. So ist das auch in den Bergen. Wenn du mit der Überzeugung kommst: «Ich leite diese Tour. Ich kann das. Ich weiss, was wir tun. Und ich weiss, wo es hingeht», dann parieren alle. Aber sobald du denkst: «Der ist vielleicht besser, der weiss vielleicht mehr, der gehorcht mir vielleicht nicht», dann ist Schluss. Du musst überzeugt von dir sein. Gerade Frauen unterschätzen sich oft. Das ist vielleicht ein bisschen sicherer, aber es bringt dich nicht vorwärts. Es sichert dich auf einem Durchschnitt ab. Wenn du aber vorwärtskommen willst, musst du wissen, was du kannst.

Meine Mutter erzählte immer, dass ich schon als ganz Kleine gesagt habe: «Heidi alleine.» Ich wollte einfach selbständig sein. Und ich bin ehrgeizig, das gebe ich zu. In einem gewissen Sinn muss man ehrgeizig sein, um schwere Touren zu machen, sonst nimmt man die nötigen Anstrengungen nicht in Kauf. Aber mindestens so wichtig ist die Freude. Ich finde Klettern etwas unheimlich Schönes. Und ich wollte mir selber bestätigen, dass ich klettern kann. Darum hat es mich immer ein wenig gemopst, dass Albin die ganz schweren Routen im Vorstieg machte und ich sie nur im Nachstieg klettern konnte. Mit Freundinnen habe ich allerdings Viererrouten mit Fünferstellen gemacht. Ich hätte mich aber nicht an eine Route gewagt, die für mich ein Fragezeichen war, ich wagte mich nur an solche, die ich zuverlässig konnte. Hätte es damals schon Kletterhallen gegeben, dann hätte ich vielleicht mehr ausprobiert. Aber so, wie es damals war... in den Dolomiten gab es viele Seillängen im vierten Grad ohne eine einzige Zwischensicherung. Da musste man jede Stelle wirklich beherrschen, weil man bis vierzig Meter über dem letzten Haken ohne Sicherung geklettert ist. Dieser Nervenkitzel reichte mir.

Etwas, auf das ich seinerzeit sehr stolz war, ist die Begehung des Salbit Süd. Zum ersten Mal war ich als Seilerste 1956 an diesem Grat. Das war noch nicht gerade die Meisterprüfung im Klettern, aber der Gesellenausweis war das schon. Damals steckten etwa acht Haken, heute sind es wohl über dreissig. Als ich zum dritten Mal mit Frauen dort war, am Knabenschiessen-Montag um 1980, hatten wir ein ganz tolles Erlebnis. Marianne Winkler war mit ihrer Tochter dabei, ich kletterte mit Dorothee, und die beiden Töchter von Guido Masetto, der seinerzeit die Erstbegehung gemacht hatte, waren ebenfalls da – ein reiner Zufall. So waren wir drei Frauenseilschaften am Salbit Süd und sonst gar niemand!

Wir waren meistens die einzige Frauenseilschaft in der Hütte. Aber wir sind eher bewundert und eigentlich nie angefeindet worden. Schwieriger fand ich es, wenn ich mit Rolf, einem Studienkollegen, unterwegs war. Rolf war besser im Eis und ich besser im Fels, und so ging ich im Fels voraus. Wenn noch andere Seilschaften unterwegs waren, war das für ihn sehr schwierig. Denn damals galt: Wenn in einer gemischten Seilschaft die

Frau führt, dann ist der Mann ein Schwächling. Die Leute haben uns schief angeschaut und Bemerkungen gemacht. Das war eine grosse Abwertung für ihn und hat viel Charakter gebraucht, dass er das überhaupt mitgemacht hatte. Falls es nicht noch Eisstellen gab, bei denen er vorausgehen und sich rehabilitieren konnte, mussten wir jeweils schnell in die Hütte rennen, um zu zeigen, dass wir eine richtig zackige Seilschaft waren.

Ich habe auch mit dem Institut für empirische Wirtschaftsforschung, an dem ich arbeitete, Bergtouren unternommen. Das erste Mal war ich mit einem Seminar am Altmann-Ostgrat unterwegs. Das ist nur ein Dreier, aber ziemlich steil, exponiert und schön gestuft. Ich hatte vier Seile und hängte alle zusammen. Natürlich erklärte ich allen genau, was sie am Stand machen mussten. Es gab dann so viele eingehängte Stände, dass gar nichts passieren konnte. Ich war praktisch auf dem Gipfel, als der Letzte unten zu klettern begann! Die Studierenden haben noch jahrelang von diesem Erlebnis gesprochen. Ein andermal waren wir im Ferienhaus eines Kollegen in Wildhaus. Wir haben uns zwei Tage mit Ökonomie beschäftigt und am dritten Tag eine Tour unternommen. Am Zwinglipass kamen uns ein paar ältere Mitglieder des SAC entgegen. Erst fragten sie uns, ob wir vom Jugend und Sport seien. Ich sagte: «Nein, nein, ich bin doch dabei.» Sie meinten dann: «Im Jugend und Sport hat es auch Meitli.» Da haben sich die Studenten fast zu Tode gelacht. Kurz danach kamen wir in den Schnee, und ich begann zu spuren. Da riefen sie uns nach: «Aber nein, lasst doch nicht das Meitli spuren.» Damals war ich etwa vierzigjährig, aber die SAC-ler waren wohl kurzsichtig!

Als wir fünfundfünfzig waren, Albin und ich, gelang uns ein toller Übergang vom Klettern zu einem neuen Hobby: Wir sind damals auf die Schlittenhunde gekommen. Und wurden ganz angefressen. Wir sind Rennen gefahren und haben gewonnen, obwohl wir in einem Alter eingestiegen sind, in dem andere ans Aufhören denken. Das war toll! Mit den Hunden haben wir auch Hochtouren gemacht, Albin mit dem Schlitten und ich mit der Pulka. So waren wir auf der Pigne d'Arolla, dem Dammastock, auf dem Sattel des Grossen Fiescherhorns, auf der Ebnefluh, der Signalkuppe, auf Wildhorn und Wildstrubel, im Grialetschgebiet und auf vielen Voralpengipfeln. Das hat uns derart gepackt, dass wir das Klettern nicht so vermisst haben.

Heute unternehmen wir lange Kanufahrten in Kanada und Alaska. Dabei sind wir drei Wochen ganz alleine auf dem Fluss unterwegs. Ein Buschpilot setzt uns jeweils an jener Stelle ab, wo man mit dem Kanufahren beginnen kann. Wir nehmen unsere paar Sachen mit, und was wir nicht dabei haben, das haben wir eben nicht. Circa drei Wochen später holt uns ein Flugzeug an der Flussmündung ins Eismeer wieder ab. In der Zwischenzeit gibt es nur uns beide, das Kanu und unser Gepäck. Und es hat Grizzly-Bären, das ist fantastisch! Einmal hat sich einer auf unser Zelt gesetzt, als wir drin waren. Auf diese Weise entdecken wir immer wieder neue sportliche Aktivitäten. Denn wenn man älter ist, fällt einem das Klettern schwerer, man wird gstabig, ist nicht mehr so beweglich. Und irgendwann sind die Knie derart kaputt, dass es gar nicht mehr geht. Dann geht man halt wandern und Schneeschuh laufen. Oder eben Kanu fahren. Man muss das tun, was man noch kann, und sich daran freuen. Und nicht zu sehr dem nachtrauern, was vorbei ist.

Das Gespräch mit Heidi Schelbert, Jahrgang 1934, fand am 4. August 2008 in Wasen statt.

Charlotte Godel, 100-jährig, Basel

«Ich war nicht so ausgebildet im Bergsteigen,
dafür im Erleben.»

«Bei mir um die Ecke wohnt eine 100-jährige Bergsteigerin?» Ich schüttle ungläubig den Kopf. Kurz darauf steige ich die gewundenen Holztreppen hoch in den dritten Stock zur Wohnung von Charlotte Godel. Sie führt mich in ihr Wohnzimmer und stellt mir ihre beiden Wellensittiche vor. Später, als wir im Gespräch sind, begrüsst sie eine Meise, die sich auf der Fensterbank niedergelassen hat und die sorgfältig ausgelegten Körner aufpickt. Sie denke halt nicht nur an die Vögel im Käfig, erklärt mir die Hundertjährige, sondern auch an diejenigen draussen.

CG

Zum Bergsteigen gebracht hat mich Hans, mein damaliger Bräutigam. Er hatte zwei Freunde, die beide Mitglieder des SAC waren. Mit denen begann er in die Berge zu gehen. Damals musste man mindestens drei Dreitausender gemacht haben, bevor man dem SAC beitreten konnte. Das war eine Grundbedingung. Da sagte Hans: «Komm doch mit, wenn du denkst, dass du mithalten kannst.» Wir waren zuvor oft wandern, im Jura oder in den Voralpen. Der erste grössere Berg war dann der Titlis. Seine zwei Freunde wollten mich allerdings nicht mitnehmen. Sie fanden, ich solle unten in der Bergstation warten. Da sagte ich zu ihnen: «Dann haue ich euch ab! Ich will auch mit.» Sie entgegneten: «Meitli und Frauen gehören nicht auf den Berg. Und du bist doch gar nicht ausgerüstet.» Denn ich trug einen Rock, Sie sehen es ja auf den Fotos. Ich habe mir nämlich gesagt: «Ich bin kein Mann, ich gehe so in die Berge, wie ich bin.» Und ich habe mich durchgesetzt. Hans hat auch gesagt: «Wenn du gerne mitkommst, gehen wir miteinander in die Berge.» Der erste hohe Berg war also der Titlis. Der war nicht so schwierig. Die Walliser, die waren dann schon giftig, das waren Hörner.

Mir gefiel das Bergsteigen. Ich hatte einfach Ausdauer, und die Bergwelt ist für mich, obwohl ich da nicht mehr hingehen kann, noch immer ein Buch mit sieben Siegeln. Sie ist unerschöpflich. Und immer wieder war es ein Abenteuer, auf so einen Hoger zu steigen.

Ich war jeweils die einzige Frau auf diesen Touren. Im Zug haben mich die Reisenden komisch angeschaut, wenn ich mit drei Männern unterwegs war. Sie dachten was weiss ich. Ich zog damals immer einen Rock an, damit man auch sah, dass ich eine Frau bin. Dazu trug ich schwere Bergschuhe, für den Schnee und fürs Eis. An den Absätzen hatten wir spezielle Häkchen befestigt, damit man nicht gerutscht ist. So genau weiss ich das aber nicht mehr, denn ich bin einfach mitgetrampelt. Mir ging es um die Blumen. Wie weit oben es noch lebende Pflanzen hat! Es ist erstaunlich, was unter einem Felsen, wo es kaum Humus gibt, noch blühen kann.

Ich hatte eigentlich nie Freundinnen, die mit in die Berge kamen. Dorli hatte Angst, dass man runterfalle. Und Trudi fand, mit fremden Männern ginge sie nicht mit. Da habe ich ihr geantwortet, dass man die alle kennenlerne mit der Zeit und dann seien sie nicht mehr fremd. Auch sonst begegnete ich selten anderen Frauen in den Bergen. Und wenn, dann blickten sie mich böse an! Weil ich nicht konform angezogen war. Die anderen waren sehr bergsporttüchtig bekleidet. Und ich war halt eine Städterin. Ich ging sogar im Rock Ski fahren. Denn ich fand, wenn ich nicht so unterwegs sein kann, wie ich bin, dann lasse ich es gleich sein. Ich war übrigens auch keine Kanone beim Skifahren. Wenn etwas im Weg lag, dann bin ich mit Sicherheit reingefahren. Vor allem in die Misthaufen, die habe ich jeweils aufgegabelt. Und wenn die anderen «links!» riefen, dann bin ich umso mehr nach rechts gefahren.

Langgletscher mit Täschhorn, um 1932.
Blumen pflücken beim Trübsee, um 1932.

Die Kleidung für die Berge bezog ich jeweils bei meiner Freundin. Sie führte den Laden der Basler Webstube am Münsterberg. Da kaufte ich die Webstubenröcke. Die haben sich bewährt in den Bergen, sie waren wetterfest. Darunter trug ich dicke, handgestrickte Hosen. Nicht Strumpfhosen, sondern Hosen mit Beinen bis zu den Knien. Knieschoner hatte ich auch dabei. Wissen Sie, ich besass keine Ausrüstung. Sportartikelläden gab es damals noch nicht. Und ich hätte es auch gar nicht vermocht, eine Ausrüstung zu kaufen. Erst später begann man, sich den neuen Verhältnissen anzupassen. Ich weiss noch, als wir einmal nach Obertrübsee gingen, und einer bemerkte: «Oho, in einer Montur kommt sie nun, in einer Montur!» Das hat er gesagt, weil ich Hosen trug. Ich antwortete ihm: «Ich bin nicht im Militär.» Vorher ging ich immer im Rock und nahm eine Pelerine mit. Wenn es nötig war, habe ich sie untenrum statt über den Hals angezogen. Ich war ein unerhört komisches Geschöpf! Und ich habe mich foutiert deswegen.

In der Hütte schlief ich nicht gerne auf dem Stroh. Denn auch wenn man lange Hosen trug, sind sie raufgerutscht, und das Stroh hat gestochen. Darum habe ich jeweils ein Leintuch erhalten. Das heisst, ich weiss gar nicht, ob es ein Leintuch war, es war halt einfach ein Stück Stoff. Ich war jeweils so müde, dass mir das wurst war. Die Hauptsache war, dass ich mein kleines Kissen im Rucksack hatte. Die Hütten waren übrigens durch einen Vorhang unterteilt. Auf einer Seite schliefen die Männer und auf der anderen Seite die Frauen. Ich kann mich aber nicht mehr erinnern, in welchen Hütten das so war. Nicht überall.

Ich hatte einen sehr lieben Mann. Der war schon vor der Hochzeit lieb zu mir, und nach der Hochzeit erst recht. Er hat dafür gesorgt, dass ich, wenn immer möglich, in einem Bett schlafen konnte. Manchmal kriegte ich eines von der Familie des Hüttenwarts. Die Schlafgelegenheiten befanden sich damals meistens nicht im Haupthaus. Das hatte ich nicht gerne. Es machte mir Angst, wenn die Schlafräume abseits gelegen waren. Ich war halt eine verschleckte. Die Berge hatte ich schon gern, aber das Drum und Dran nicht immer. Vor allem das Schlafen. Die Masse. Ein Teil hat geschnarcht, und ein Teil hat gar nicht gut gerochen. Ich war kein Pedant, aber ich war vielleicht keine hundertprozentige Alpinistin. Vor sechzig Jahren, oder nein, es ist mehr, es ist achtzig Jahre her ... damals war es noch ganz anders. Heute sind die Alphütten ausgebaut. Die Schlafstätten sind besser und hygienischer. Und ich war halt eine Städterin, kein Bergfex. Ich wäre lieber erst am Morgen in aller Herrgottsfrühe in die Berge gefahren. Das hätte mir besser gefallen: Denn den Morgen kommen sehen, das ist etwas vom Schönsten, was es gibt.

Hochtour im Wallis, 1932. Charlotte (2.v.l.) wie immer im Rock, Hans (1.v.r.).

Stiebende Abfahrt in Engelberg.

Fredi und Lotteli beim Zvieri auf der Sulzmatt, Sommer 1935.

Am Mattmarksee, um 1932.

Wie das mit dem Bergsteigen war? Also, geklettert bin ich nicht gross, nur am Seil, wenn ich gut angebunden war. Ich machte das nicht so gern. Über die Gletscher ging ich hingegen schon. Davor hatte ich weniger Angst, obwohl ich in die Spalten hätte fallen können. Aber man ging ja am Seil. Das musste eine bestimmte Anzahl Meter auseinander sein, und man durfte es nicht am Boden schleipfe. Die Bergführer haben gebrummelt, wenn man mit dem Seil nachliess. Es musste immer oben bleiben, auf der Höhe der Hand. Ich besass einen schönen Pickel, einen leichten, kein so schweres Stück. Wie wir uns das Seil umgebunden haben, weiss ich nicht mehr. Jedenfalls war ich angeseilt … und es hat mir gar nicht gefallen! Es hat mir nie gepasst, dieser Schnurgürtel. Ich war eine renitente, wenn ich nicht dahin gehen konnte, wo ich wollte. Aber eben, der Berg ist ja keine Allee. Und die Walliser Führer waren hornstössig wie die Geissen, so haben wir denen gesagt, hornstössige Geissen. Ich war vielleicht ein Lästermaul. Aber ich ging ja nicht wegen denen in die Berge. Die Berge gefielen mir in ihrer Urgewalt, ihrem Urwuchs. Das gefiel mir.

Ich bin in Riehen aufgewachsen. Da gibt es den Tüllinger Hügel und die Chrischona. Als Hans dem Alpenclub beitrat, hätte er drei Berge angeben sollen, die er bestiegen hat. Da sagte ich ihm: «Schreib: der Tüllinger Berg, der Chrischona und der Wartenberg.» Das hat er getan, und das fanden die vom SAC so herrlich, dass sie meinten: «Der Mensch hat Humor, der gehört zu uns.» Mich wollte der SAC nicht, nein. Aber ich sagte: «Ich will euch auch nicht!» Ich hatte ja gute, sichere Leute zum Bergsteigen, Hans und seine beiden Freunde. Vom Frauen-SAC wusste ich nichts. Der SAC war eine Sache für die Männer. Wissen Sie, erst nach dem Frauenstimmrecht hat man begonnen, den Frauen überall ihren Platz einzuräumen. Vorher waren sie immer im Hintergrund.

Als junge Frau habe ich mich mit meiner Freundin für die Frauenrechte engagiert. Es hiess, wir seien Suffragetten. Aber ich fand einfach, dass Frauen und Männer gleich viel zu sagen haben sollten. Wenn die Frauen in den Arbeitsprozess eingereiht werden und verdienen müssen, sollten sie auch das Recht haben zu reden. Viele schauten uns schräg an deswegen, als ob man eine Schraube locker habe. Aber diese Menschen dachten nicht an das Wohl der Allgemeinheit. So richtig konnte ich mich nicht für die Frauenrechte engagieren. Ich musste ja arbeiten. Aber wenn ein Lauf für das Frauenstimmrecht stattfand, bin ich mitgegangen. Da habe ich sehr mitgemacht. Wissen Sie, als Schneiderin habe ich in viele Familien hineingesehen. Und ich habe gesehen, wie die Frauen manchmal gar nicht wie Frauen behandelt worden sind, sondern wie Dienstmägde: «Du könntest jetzt noch dies» und «du könntest jetzt noch das». Aber wir sind nicht die Mägde unserer Männer. Es war ja eigentlich ein Unrecht, dass man die Frau so lange unterdrückt hat. Frauen haben viel Gutes getan. Aber die Männer wollten einfach die Herrschaft ausüben. Ich sage es Ihnen in altem Deutsch: «Die Frauen wurden geächtet und geknechtet.» Wenn die Frau einen Fehler machte, wurde es aufgebauscht, und der Mann durfte alles. Er durfte alles, der alte Adam, aber Eva ist erwacht! Ich habe mich immer für alles eingesetzt, was ich nicht rechtens fand. Das hat sich nicht nur auf meine kleine Welt bezogen. Ich war auch mit Martin Luther King eins, der sich gegen die Unterdrückung der Schwarzen einsetzte.

Vielleicht hat man es in der Anfangszeit falsch angepackt, das mit den Frauenrechten. Man hat mehr die Ellbogen benützt als den Kopf. Man hätte reden können. Und auch wenn sie uns erst nicht zugehört hätten, die Männer, hätten sie mit der Zeit hinhören müssen, denn Wörter bleiben hängen. Ich war nicht eine Frauenrechtlerin, um gegen die Männer zu sein. Ich fand einfach, die Frauen dürfen auch mitreden. Wir müssen nicht immer am Schüttstein stehen und den Feglumpen in der Hand halten. Wir haben auch einen Kopf, und wir wissen auch etwas. Ich selber konnte vieles so tun, wie ich es wollte. Ich war Schneiderin und zog die Leute schön an. Das gefiel ihnen. Da haben sie mir küderled, wenn Sie wissen, was das heisst. Sie haben mir mit Worten flattiert. Die wollten ja schöne Röcke und Blusen von mir.

Die anderen fanden, ein Frauenkränzlein mit Gesang wäre idealer gewesen für mich. Aber ich war halt gerne in der Natur. Und ich ging ja nicht wegen den anderen, ich ging wegen dem Berg. Weil mir der Weg gefallen hat. Es waren ja Alpwege, und manchmal gab es überhaupt keine Wege, von Weg konnte dann keine Rede sein. Mir gefiel die Natur; ich fand immer, man komme der Schöpfung da am nächsten. Ich glaube, ich bin bergsteigen gegangen, weil es uns gezeigt hat, dass da noch etwas Mächtigeres ist. Ich war keine Frömmlerin, auf keinen Fall. Aber die Natur hatte für mich eine grosse Schöpferkraft.

Die anderen haben oft gesagt, sie hätten die Natur gar nicht gesehen. Sie sind nicht mit den Augen gewandert, sondern mit den Füssen. Aber die Augen sollten auch mitmachen. Dann sieht man vieles am Weg: einen schönen Stein, ein Pflänzchen. Einmal habe ich, zum ersten Mal in meinem Leben, in einem Bergbach den Gletscherhahnenfuss gesehen. Da war es um mich geschehen: Ich ging ins Wasser rein. Ich dachte, ich könne ihn schnell nehmen. Denkste, der Chog war hart. Der liess sich nicht pflücken – es musste mir jemand mit dem Messer zu Hilfe kommen. Aber ich habe ihn gefunden. Und es war für mich immer wie ein Goldfund, wenn ich auf ein Pflänzchen gestossen bin. Der Gletscherhahnenfuss, mit seinem roten Stiel und diesem Blümchen, ist eine Wunderpflanze. Wie eine Seerose im Bergbach. Und kennen Sie das Alpen-Vergissmeinnicht, den Himmelsherold, der ganz unten am Boden wächst und wie Honig riecht? Als ich das fand, bin ich niedergekniet und habe gedankt dafür. Es lag verborgen unter einer Steinplatte. Dieses Blau... das ist nicht von dieser Welt, diese Farbe!

Wissen Sie, ich war nicht so ausgebildet im Bergsteigen, dafür im Erleben. Mir war das Erlebnis wichtig. Der Freund von Hans hat einmal gesagt: «Diesen Weg bin ich schon zehnmal gegangen, aber das habe ich noch nie gesehen.» Da habe ich ihm gesagt: «Ja, du hast nach dem Weg geguckt, aber nicht links und nicht rechts.» Ich finde, neben dem Weg sieht man sehr viel Schönes. Sehen Sie, ein Gletscher, das ist ein gewaltiges Erlebnis. Und wenn du da reinfällst! Einmal habe ich dem Bergführer gesagt, ich wolle die Eiseskälte spüren: «Ich will das jetzt wissen. Dieses Gefühl muss doch schmerzhaft sein.» Das ist es auch. Er hat mich in eine Spalte runtergelassen, und ich war fünf Minuten unten. Das kam mir vor wie eine Ewigkeit. Da habe ich am Seil gerüttelt: «Raufziehen wieder, bitte!» Und er zog mich hoch. Ich war froh, als ich wieder oben auf dem sicheren Boden stand. Ich wollte einfach erleben, wie es sich anfühlt da unten. Es ist eine Grabeskälte. Und es ist mächtig. Gletscher sind für mich etwas unerhört Gewaltiges.

Die Verbindung mit der Natur hatte ich schon als Kind. Mit dem Grossvater und mit dem Onkel gingen wir oft in den Wald und schauten, wo die Rehe schliefen und wo die Hasen lebten. Einmal haben wir einen Fuchs auf der Chrischona gesehen. Der Kerli hat geguckt! Diese Augen, das ist mir geblieben, ich sehe dieses Fuchsgrindli noch immer. Es war ein schönes Gesichtchen, aber in seinen Augen war das Feuer. Riehen war damals noch ein Bauerndorf. Wir waren keine Bauern, wir hatten nur Hühner und ein Schwein. Mein Grossvater war Küfer. Er hat Weinfässer gemacht, und Züber und Büttene für die Wäsche. Damals gab es noch keine Waschmaschinen. Man legte die Wäsche vierundzwanzig Stunden in eine Lauge ein. Es gab ovale Büttene aus Tannenholz und andere, Gnötschzüber sagte man denen, aus Eichenholz. In denen wurde die farbige Wäsche eingeweicht. Wenn die Leute Züber benötigten, sind sie zum Grossvater gekommen. Er hat auch die Melkkübel gemacht, die sie in den Ställen benutzten. Und ich sass jeweils in den Fässern drinnen und musste mit meinen kleinen Armen das Holz halten, bis der erste Reif drum herumgelegt war. Am Schluss war jeweils nur noch ein kleines Türchen offen. Aber ich wusste ja, dass der Grossvater mich nicht drin lassen würde. Er sagte dann: «Gib mir deine Ärmchen.» Dann hat er meine Arme genommen, und ich war wieder draussen. Für uns Kinder war das keine Arbeit, wir haben es als Spiel betrachtet.

Meine Mutter hatte zwei Kinder und war alleinstehend. Ihr Mann war nicht mein Vater, aber der Vater von meiner Schwester. Er war Italiener. 1914 ging er in den Krieg und kam nicht mehr nach Hause. Meine Mutter arbeitete in der Bändel-Fabrik. Da hat man für ganz bescheidene Löhne für die reichen Herren Bändel gewoben. Damals trugen die Kinder noch Haar-Lätsche, schöne Seidenbändel. Meine Mutter hat die Bobinen gemacht, das sind die Spulen mit dem Faden drauf, mit denen gewoben worden ist. Sie hatte es schwer als alleinerziehende Mutter. Aber der Grossvater stand in der Not zu seiner Tochter. Er fand, sie sei kein schlechtes Menschenkind, auch wenn sie ein Buschi hatte, ohne verheiratet gewesen zu sein. Er sagte immer, sie sei am kleinen Finger noch besser als alle anderen am ganzen Leib. Wissen Sie, ich habe die ganze Veränderung miterlebt, von da an, als man ein Mädchen fast gekreuzigt hat wegen einer unehelichen Schwangerschaft bis heute, wo das gang und gäb ist. Die Mädchen stehen heute nicht mehr derart am Pranger wie damals meine Mutter.

Sie müssen sich vorstellen, ich war ein Uneheliches. Die Koryphäen der Gemeinde haben gnädigst auf mich heruntergeschaut, auf dieses Kind. Und als das Kind in die Schule kam, war es eine sehr gute Schülerin. Wenn deren Kind ein schlechteres Zeugnis hatte als ich, war das ihnen ein Dorn im Auge. Ich habe keine nette Zeit erlebt mit den sogenannten ehrbaren Töchtern und Menschen. Aber ich habe das gestrichen aus meinem Leben. So wie man die Laternen nach der Fasnacht versorgt. Ich habe es rausgeworfen. Aber ich hatte sehr darunter gelitten. In meiner frühen Kindheit war das wie ein Makel. Als uneheliches Kind war ich abgestempelt, und die anderen Kinder durften nicht mit mir spielen. Wenn Sie das am eigenen Leib erlebt haben: diese Schäbigkeit, diese Niedrigkeit, diese Kurzsichtigkeit. Diese Leute haben ja keinen Verstand, die können nichts mit sich selbst anfangen, dann lassen sie das an den anderen ab. Man war früher nicht nur bigott, man war vaterländisch dumm.

Und ich hatte leider Gottes immer Freundinnen aus habeligen Häusern. Die Mutter hat mir gesagt: «Bring mir doch die nicht nach Hause. Ich habe ja nichts.» Doch diese Kinder fanden, dass sie schöne Sachen zu hören bekommen, wenn sie bei uns am Tisch sitzen und die Mutter zu erzählen beginnt. Kinder haben noch ein anderes, unverdorbenes Aufnahmegerät im Kopf. Und meine Mame war der Liebling meiner Klassenkameraden. Sie hat jeweils gesagt: «Kind, weisst du, du brauchst nicht viel. Ein Quäntchen Glück reicht aus.» Das Quäntchen war das kleinste Gewicht, das die Apotheker benützt haben. Ich weiss nicht, ob sie es heute noch verwenden. Es war also ein undefinierbar kleines Gewicht. Und eben, man braucht nur das. Ein Quäntchen Glück.

Damals mussten wir noch sehr weite Strecken zu Fuss gehen. Das Tram kam in Riehen bis zur Kirche, aber wir hatten kein Geld dafür. Es hiess immer: «Ihr habt Füsse und Beine, also geht zu Fuss.» Später sind wir miteinander ins Konzert, meine Freundin und ich. Weil wir kein Geld besassen, sind wir während dem Konzert auf den Stiegen gesessen. Und danach mussten wir zu Fuss nach Hause, weil wir kein Geld fürs Tram hatten. Aber es war schön. Wissen Sie, ich möchte es nicht missen. Es hatte seine Versponnenheit, es war ein wenig wie im Märchen. Und wir waren ja selber märchenhaft, weil wir ohne Geld ins Konzert gegangen sind. Meine Mutter würde sagen: «Kind, du bist so geboren, du wirst so zerfallen.» Man sah halt die Gefahr nicht. Man hatte vor nichts Angst. Vor dem Teufel, ja, wenn der plötzlich um die Ecke käme. Aber sonst, nein, hatte ich keine Angst. Ausser wenn ich übers Wasser musste, über einen Bach. Denn einmal, als wir auf dem Lucendro waren, bin ich in die Reuss gefallen. Wahrscheinlich war ich müde. Und da waren die Blümchen auf der anderen Seite. Ich wollte die und dachte: «Jaja, du kannst doch über das Reusslein springen.» Und das Reusslein sagte: «Du kommst zu mir!» So lag ich plötzlich im Bach. Meine beiden Begleiter standen oben und fragten, was ich mache. Und ich sagte: «Ich warte darauf, dass ihr mich rauszieht!» Danach musste ich pflätternass bis nach Hospental gehen. Es war kalt, und die Sachen waren an mir angefroren. Später bin ich nie mehr über einen Bach gesprungen. Ich habe schon auch etwas dazugelernt.

Schauen Sie, diese Foto wurde im Wallis bei einem Bergsee aufgenommen. Am Mattmarksee. Heute ist er gestaut. Und da hinten geht es rüber nach Italien. Da war ich noch frech und jung, noch keine Dreissig. Und da, das ist am selben Ort, haben wir etwas zu essen gekriegt. Wir besassen einen Spritkocher. Metawürfel gab es noch nicht. Denken Sie, das ist mindestens siebzig Jahre her, wenn nicht mehr. Meistens gab es damals Maggisuppe, Flädlisuppe. Im Wallis konnten wir ab und zu in ein Haus oder eine Hütte gehen. Einmal hat uns eine Frau reingelassen. Erst bin ich erschrocken, als ich ihr knochiges, herbes Gesicht sah. Sie hat sich dann aber als sehr warmherzig entpuppt. Sie bat uns runter in ihre Stube. Wir antworteten, dass wir nass und dreckig seien. Da meinte sie: «Das ist dem Herrgott egal.» Man ist viel Menschlichkeit begegnet, sehr viel echter Herzlichkeit. Diese Walliser Frau hatte selber gar nichts, aber wir durften bei ihr unsere Suppe kochen! Dabei musste sie das Holz unten im Wald sammeln und auf dem Rücken in einem geflochtenen Korb, der Tschiffere, rauftragen. Sie hat uns dann gesagt: «Ihr könnt auf dem Trächu kochen.» Und ich habe gesagt: «Ja, was ist das?» Das war der Herd, der Trächu. Da musste man noch Walliserdeutsch lernen! Wir haben ihr dann unsere Suppenreste angeboten. Da meinte sie: «Vergellt's Gott. Jetzt habe ich ein Nachtessen.»

Oben beim Mattmarksee gab es einen Weg, der über einen Pass nach Italien führte. Während des Zweiten Weltkriegs haben Schmuggler dort Zucker und Kaffee auf dem Buckel und mit Maultieren nach Italien getragen. Was sie in die Schweiz gebracht haben, weiss ich nicht, das war geheim. Es waren junge Menschen, eigentlich gar keine Verbrechertypen. Die müssen das wegen des Verdienstes gemacht haben. Der Zoll an der Schweizer Grenze hat nichts gesagt, aber sie mussten schauen, dass sie nach Italien rüberkamen. Es waren Italiener, wilde, wetterfeste Burschen, die nichts gescheut haben. Wir sind ihnen unterwegs nie begegnet, die hatten ihre eigenen Wege und ihre eigenen Zeiten. Aber wir sahen sie unten im Schmuggellokal. «Chez

Mathilde» hat es geheissen, das Café und die Wirtschaft, denn die Frau, die es geführt hatte, hiess Mathilde. Sie war eine Walliserin, eine stattliche, schöne und intelligente Frau. Bei ihr haben die Schmuggler ihre Ware bezogen.

Die Leute in den Bergen waren teilweise sehr offen. Und andere haben die Türe zu und nicht wieder aufgemacht. Sie dachten, wenn wir nur hier heraufkommen, um zu spazieren, dann sind wir Tagediebe. Der Tourist war damals nicht in Mode. Die Einheimischen haben uns eigentlich für verrückt gehalten. Sie haben uns gefragt, was wir in den Bergen suchen gingen, ob es dort oben Gold gebe. Sie mussten ja zusehen, dass die Kuh genug zu fressen kriegt. Sie wurden auch wütend, wenn wir durch ihre Wiesen liefen. Obwohl wir immer erst fragten, ob wir eine Abkürzung nehmen dürften. Da hiess es, wir seien dumme Cheibe, oder in der Innerschweiz hiess es, wir seien Löli. Vielleicht haben sie gemeint, wir seien reich, weil wir in die Berge kamen. Die haben ja nicht gefragt, wie wir dahin gekommen sind. Mit der Eisenbahn fuhren wir jeweils zum Ausgangsort. Und manchmal ging es weiter mit einem Kuhlift. Das war nur ein Brett. Für die Kühe oder Geissen wurde eine Kiste draufgestellt. Auf das obere Brett haben sie als Gegengewicht ein Fass mit Wasser geladen, damit das obere Brett das untere hochzieht. Das war ganz primitiv. Und es gab keine Sicherheit. Ich sagte dann immer: «Ich steig da nicht rauf, ich gehe lieber zwei Stunden zu Fuss.» Da hatte Hans jeweils seine liebe Not mit mir, wenn ich so gebockt habe.

Hans arbeitete bei «Wagons-Lits», der internationalen Schlaf- und Speisewagengesellschaft. Er war Kontrolleur und hat dafür gesorgt, dass es den Gästen gut geht und der Service klappt. Weil er so viel in Europa herumgereist ist, wollte er in seiner Freizeit immer in die Berge. Mir gefiel das ebenfalls. Dreissig Jahre lang gingen wir nach Untertrübsee in die Ferien und ebenfalls dreissig Jahre lang nach Saas-Fee. Wir waren treue und anhängliche Menschen. So kamen wir in die Familien rein. Mit der Zeit waren wir keine Gäste mehr: «Dir sid Fründe», hat es geheissen. Ich habe heute noch Kontakt mit einer Frau, die damals in Untertrübsee auf der Alp war. Lustig war, dass wir evangelisch waren und diese Orte alle stockkatholisch. Aber ich ging trotzdem in die Kirche. In den grossen katholischen Kurorten hatten die Evangelischen jeweils eine kleine Kapelle. Das war in Engelberg so und auch in Saas-Fee. Die Hauptkirche war aber die Pfarrkirche. Einmal sagte ich zum Pfarrer: «Ist der Herrgott katholisch? Wissen Sie das mit Sicherheit?» Er konnte mir nichts entgegnen. Da sagte ich zu ihm: «Aber ich kann Ihnen eine Antwort geben, und deshalb darf ich in die Kirche: Eine Kirche ist ein Haus Gottes. Und der Herrgott ist nicht reformiert, nicht muslimisch, nicht katholisch, er ist der Herrgott.»

Summa summarum war es schön in den Bergen. Es war im Grunde genommen eine sorglose Zeit, obwohl man aufpassen musste. Ich wurde nur gefährlich, wenn es um Pflanzen ging. Da konnte ich auf Abwege geraten. Die schönsten Edelweisse waren ja immer dort, wo man nicht hingelangte. Da wurde ich oftmals frech und kriegte einen warnenden Zuruf. Aber das hielt mich nicht zurück. Ich brachte von jeder Tour ein Blümchen zurück. Das habe ich immer gepresst. Als ich das erste Edelweiss sah, kriegte ich Tränen. Ich kam nicht zu ihm hin, aber ich hatte es gesehen, oben im Fels. Stolz sass es da! Und ich dachte: «Du Chrott sitzt da oben, und ich komme nicht an dich ran.» Ich bin vielleicht ein Schwärmer. Meine Mutter hat immer gesagt: «Kind, du bist ein Fantast, du lebst in einer anderen Welt.» Aber ich war Schneiderin, und ich war so oft mit dem Hochmut, der Eleganz, dem Gesehen-Werden der Leute konfrontiert, dass ich zum niederen Hahnenfuss eine engere Verbindung hatte als zu diesen Mode-Affen. Sie waren meine Einnahmequelle, aber ich sah nicht ein, wofür die eigentlich lebten. Ich war halt ein Naturkind. Mir gefiel es in einer Alphütte. Und wenn es da noch Geissen oder Schafe hatte, war das für mich das Paradies auf Erden. Wissen Sie, ich habe die Heidi-Bücher von vorne nach hinten und von hinten nach vorne gelesen: «Heidis Lehr- und Wanderjahre» und «Heidi kann brauchen, was es gelernt hat». Ich konnte sie fast auswendig. Und ich habe das selbst erlebt. Ich kam mir vor wie das Heidi. Den Grossvater hatte ich damals nicht mehr, den Öhi. Aber die Landschaft, die Atmosphäre, die grosse Stille, die hat mich beeindruckt als junges Menschenkind. Wenn man stundenlang gelaufen und keinem Menschen begegnet ist. Vielleicht hat irgendwo ein Murmeltier hervorgeschaut oder sogar, wenn man Glück hatte, ein Hirsch.

Ich kenne die Berge ewig lange – und doch erst seit kurzem. Was sich verändert hat, ist der Tourismus. Heute kann man fast alles mit den Bahnen erreichen. Es gibt nicht mehr so viel Neuland und unberührte Gebiete, wo man auf einem Stein sitzen kann, und unten weiden dreissig Gämsen. Heute dürfen sie mit diesen kleinen Motorfahrzeugen überall durchfahren. Strassen wurden gebaut. Für diejenigen, die nicht zu Fuss in die Berge können, bin ich froh. So können sie an einen schönen Ort fahren. Aber es kostet auch viel, es kostet viel Natur.

Wissen Sie, manchmal, wenn ich nicht schlafen kann, dann kommen Gedanken aus der Vergangenheit. Dann befinde ich mich plötzlich wieder in einer Geissenherde. Oder ich erlebe noch einmal eine Begegnung mit einem Menschen, der schon lange nicht mehr hier ist. Solche Erlebnisse werden immer wieder wach. Auch die Erinnerungen an die Berge kehren zurück. Die Berge sind wie eine Schöpfungsgeschichte. Wir sind jedes Jahr auf den Gornergrat gefahren, und da sass ich stundenlang und habe all die Riesen um mich herum betrachtet. Es ist ein wunderbares Gefühl zu wissen, dass das kein Mensch gemacht hat. Es ist Gottes Sprache, überall, sein Handwerk. Sie haben es mir angetan, die Berge, ich habe sie geliebt. Ich liebe sie heute noch, aber ich kann sie nicht mehr erschauen. Aus der Bahn oder dem Auto heraus ist das nicht dasselbe. Das tut eher weh. Ich habe genügend Angebote von Menschen, die mich mitnähmen, aber ich habe Angst, dass ich absacken könnte, in die Erinnerung, die schmerzt. Und dann bin ich ungeniessbar. Dann bin ich nicht mehr das fröhliche Lotteli, dann bin ich der andere Mensch, der Sehnsucht hat. Es ist ja alles noch vorhanden, alle Gefühle sind ja noch da. Ich würde langi Zyt nach dem Hans kriegen. Wir haben gemeinsam so viel Schönes erlebt.

Die Fotos von mir, die können Sie mitnehmen. Ich habe niemanden, der Interesse daran hat. Was ich Ihnen erzählt habe, das sind alles Tatsachen. Das ist die Welt der schönen und ungetrübten Erinnerungen. Und wissen Sie, die Berge haben keinen Beginn und kein Ende: Man kann überall bergsteigen, es gibt keinen Anfang, oder der Anfang ist überall. Und ein Ende gibt es auch nicht. Und am spannendsten ist es sowieso, wenn man sich verläuft...

Die Gespräche mit Charlotte Godel, Jahrgang 1908, fanden am 23. September und am 13. November 2008 in Basel statt.

«Anna Gerber», 91-jährig, Zürich

«Angst hatte ich nie.
Man ist so verbunden mit diesen Felsen,
mit diesen Bergen.»

Sie habe nichts Besonderes vorzuweisen, antwortet sie auf die ersten Versuche, sie zu einem Gespräch zu bewegen. Dem widersprechen die Geschichten, die ich von ihr gehört habe: «Anna Gerber» sei in den 1940er- und 1950er-Jahren mit einer Gruppe bekannter Bergsteiger unterwegs gewesen und habe anspruchsvolle Erstbegehungen durchgeführt. Nach mehreren Anfragen zeigt sie sich schliesslich bereit, mich zu einem Gespräch zu treffen, unter der Bedingung allerdings, dass sie anonym bleibt. Nein, nicht bei ihr zu Hause in Zürich will sie mit mir reden, sondern in Basel. Schliesslich habe sie ein Generalabonnement der SBB, meint die Einundneunzigjährige, und warum nicht unser Gespräch für einen Ausflug nutzen.

AG

Meinen Namen müsst Ihr nicht nennen. Ich bin nicht für die Öffentlichkeit, ich bin nur ein wenig für mich in die Berge gegangen. Ich hatte es nötig, als Ausgleich zur Arbeit. Ich war Sekretärin, und es war ziemlich streng auf dem Büro. Mein Chef unternahm oft Reisen ins Ausland. Danach musste er Berichte schreiben. Er hat sie mir jeweils diktiert und ging dann fürs Abendessen nach Hause, während ich geschrieben hatte. Danach kam er wieder. Ab und zu sass ich bis um zwölf Uhr nachts da. Einmal an einem Sonntag, als ich mit den Skiern auf den Tödi ging, hat er mich angerufen, weil einer vom Verwaltungsrat krank war. Ich war nicht da, und er wurde wütend. Janu, er hat sich nachher wieder abgeregt. Der hätte diesen Bericht doch nicht am Sonntag schreiben müssen, das hätte am Montag auch noch gereicht! Aber er meinte halt, ich müsse immer schön für ihn paratstehen. Ich brauchte es darum für den Ausgleich, samstags und sonntags in die Berge zu gehen. Danach hat es mir nichts gemacht, wieder die ganze Woche hindurch zu arbeiten.

Früher war es Mode, ins Welschland zu gehen und Französisch zu lernen. So zog ich nach Genf, um bei einer Versicherung zu arbeiten. Da blieb ich zwei Jahre, 1936 bis 1938. Ich war damals Mitglied im Kaufmännischen Verein, und die hatten einen Club Montagnard. Von Genf aus war es ein Leichtes, ins Savoyische zu gelangen. Da gibt es viele Gipfel, die nicht so schwer sind. So habe ich mit dem Bergsteigen angefangen. Im April 1938 kam ich nach Hause und begann in Schlieren zu arbeiten. In Zürich gab es einen Frauen-Alpenclub, dem bin ich beigetreten. Mit den Naturfreunden ging ich auch ab und zu mit. Ich hatte sonst kein Hobby. Und ich brauchte es einfach, draussen zu sein. Erst ging ich mit dem Club auf Touren, bis ich den Kehr kannte und wusste, wie das alles so geht in den Bergen. Wir haben mit Führern Touren unternommen und sind da schon fast auf viertausend Meter hochgestiegen. Die sind ja nie schwer, diese Viertausender in der Schweiz, jedenfalls nicht die Normalrouten. Und danach, ja danach ging das Klettern los. Wie es angefangen hat, weiss ich nicht mehr... jedenfalls traf man auf den Touren ab und zu Leute. Da habe ich einen kennengelernt, der so äxtrani Sachen gemacht hat. Mit dem war ich dann oft unterwegs. An der Auffahrt ging man meistens in die Ibergeregg, oberhalb von Schwyz. Da lernten wir das Klettern. Oder auch auf dem Uetliberg. Im unteren Teil gab es einen schönen Stein mit Platten und Rissen, da hat man ein wenig trainiert. Aber eigentlich nicht lange. Man hat gleich Touren gemacht, so kommt man am besten hinein. Waren es schwere Routen, hat man Haken eingeschlagen. Aber meistens hat man am Anfang noch nicht so verrückte Sachen gemacht.

Es war einfach schön, das Klettern. Klettern, klettern, klettern. Ja, das war schön.

Nein, im Vorstieg geklettert bin ich nicht. Das hat mich nicht so gedünkt... als Frau vorausgehen... ich hätte es schon gekonnt, aber ich habe es nicht gemacht. Das hätte mich geniert, mit einem Mann hintendran. Auch Haken habe ich nicht eingeschlagen. Es wäre mir nicht in den Sinn gekommen, dies zu tun. Ich habe geschaut, dass ich sonst durchkomme. Ich war viel alleine unterwegs. Klettertouren bis zum vierten Grad habe ich alleine gemacht, mutterseelenallein. Klettern im vierten Grad ist ja nicht schwierig, da kann man sich immer noch festhalten. Vielleicht war es manchmal etwas gewagt, aber es ist nie etwas passiert.

Alleine zu klettern, ist nicht jedermanns Sache. Einige getrauen sich nicht. Aber ich war immer gerne alleine unterwegs. Jetzt sowieso. Ich gehe immer noch in die Höhe, aber ich bin nicht mehr so schnell. Das hat schon vor langer Zeit begonnen. Bereits Ende der Sechzigerjahre habe ich es gemerkt. Ich konnte nicht mehr so geschwind laufen wie sonst. Jedes Jahr ging es ein wenig langsamer. Bei den Skitouren mit den Naturfreunden bin ich jeweils eine Viertelstunde später auf den Gipfel gekommen als die anderen. Danach habe ich aufgehört und bin alleine gegangen, auch auf Skitouren. Alleine habe ich noch viel unternommen. Gerade wenn ich mit dem Auto unterwegs war, hat ja die Zeit keine Rolle gespielt. Das Auto hat gewartet, bis ich wieder kam. Das Postauto hingegen wartet nicht. Auf die höheren Berge konnte ich nicht mehr, aber auf die Grashöger schon. So Übergänge und Höhenwege habe ich nie gemacht, das hat mir nicht zugesagt. Ich musste auf einen Gipfel steigen.

Sobald man nicht mehr so gut gehen kann, hat man zu lange bis zum Gipfel. Ich bin dann jeweils auf die Vorgipfel gestiegen, immer alleine. Ich konnte es den andern nicht antun, dass sie so langsam laufen müssen. Im ersten Moment war das schwierig. Aber ich kann mich einfügen. Darum hat es mir nicht so viel ausgemacht. Es geht einfach nicht mehr, da macht es keinen Sinn, wenn man jammert. Man muss sich hineinschicken und unternehmen, was man noch kann. Auf die Grashöger, das ging noch lange. Vor drei Jahren gab ich das Auto auf. Von da an musste ich mit dem Postauto gehen, wenn ich höher hinauf wollte. Oder mit der Bergbahn. Ich bin auf den Titlis gefahren und noch ein paar Mal dem Grat entlang auf den Gipfel gestiegen. Alleine. Und der Gemsstock! Ich fahre jedes Jahr mit der Bahn auf den Gemsstock, da kommt es einem wieder in den Sinn, wie man damals unterwegs war. Wenn ich denke, dass wir früher mit den Skiern von Andermatt aus losgegangen sind. Erst ins Unteralptal, da konnte man in einer Militärbaracke, einer feuchten Hütte, übernachten. Am nächsten Morgen ging man zum St. Annaberg, schnallte die Skier auf den Rucksack, stieg zu Fuss rauf, dann runter und wieder hoch auf den Gemsstock. Danach konnte man den Nordgletscher hinunterfahren. Aber bis dahin musste man die Skier buckeln. Und jetzt fährt man da einfach mit der Bahn hoch, zieht schnell die Skier an und fährt runter. Ich sag's ja, was wir zu Fuss gehen mussten! Das war verrückt.

Früher trug man Bergschuhe mit Kappennägeln, und danach kamen die Tricouni-Nägel auf. Die standen vor und waren ganz scharf, gut im harten Schnee oder im Eis. Später gab es Vibramsohlen, das ist das gäbigste. Da musste man bei den Hochtouren keine Kletterfinken mehr mitnehmen. Und man konnte gut klettern mit denen. Mit den Nägeln an den Schuhen war es hingegen problematisch in den Felsen. Damals hatten wir auch noch Hanfseile, und wenn es regnete, waren die sehr schwer. Man hat sich nur um den Bauch herum angeseilt, so ganz einfach. Ich habe mich oft gewundert, was geschehen würde, wenn ... aber wir sind nie gefallen, uns ist nie etwas passiert.

Ab und zu benötigten wir viel Zeit, gerade wenn wir ohne Führer unterwegs waren. Wir hatten zwar diese Büchlein mit den Routenbeschreibungen, aber am Mont Blanc und im Wallis, gerade auf den speziellen Routen, musste man schon aufpassen. Die Beschreibungen waren nicht immer genau. Später begingen wir auch Routen zum ersten Mal. Aber nur so Rippenzeug. Der eine ist jetzt in den Führern drin, der Gross Schijen am Oberalppass, die Südkante da rauf. Dort haben wir einiges gemacht. Am Mittagsstock sind wir Rippen hochgeklettert, die im Führer nicht beschrieben waren und von denen wir annehmen konnten, dass noch niemand vorher da war. Wir haben einiges zum ersten Mal gemacht, die Südkante des Höhlenstocks etwa. Es war einfach schön, das Klettern.

Ab und zu musste man eine Route suchen und kam dann spät auf den Gipfel. Einmal sind wir auf dem Peutereygrat zum Mont Blanc hochgestiegen. Erst kam man auf einen Viertausender, dann ging es wieder runter und erst dann auf den Mont Blanc zu. Im Führerbüro hatten sie uns gesagt, dass der Abstieg vom ersten Gipfel – ich weiss nicht mehr, wie er heisst, er hatte einen riesigen Schrund – zum Abseilen eingerichtet sei. Aber wir mussten lange suchen, bis wir die Stelle fanden. Da verloren wir viel Zeit. Und als wir endlich unten waren, mussten wir wieder rauf. Die

Felsen waren vereist, weiss der Gugger, und wir kamen in ein Gewitter. So gelangten wir erst abends um acht auf den Hauptgipfel. Wir wollten auf der Normalroute den Grat runter, aber es war alles verschneit. Es gab keine Spuren, man hat nichts mehr gesehen. Wir sind ein Stücklein gegangen, aber dann haben wir uns doch nicht so recht getraut und sind wieder zurück auf den Gipfel. Dort sassen wir unter dem Rucksack und warteten bis am nächsten Morgen. Als man wieder etwas sah, ging es besser. Auf diese Weise kam man halt später an, weil man alles suchen musste und keinen Bergführer dabei hatte. Aber es war schön.

Was wir damals zu Fuss machen mussten! Wenn man bedenkt, dass es keine Postautos gab. In die Göscheneralp musste man vom Bahnhof aus losziehen. Und die Sustlihütte: Nach dem Krieg haben die Polen die Strasse auf den Sustenpass gebaut. Vorher musste man von Wassen aus zu Fuss zur Sustlihütte. Wir benötigten jeweils fünf oder sechs Stunden am Samstag, um zur Hütte zu gelangen. Am Sonntag ging es dann auf den Gipfel und wieder zurück zum Bahnhof. Man musste laufen, laufen, laufen. Von der Göscheneralp sind wir oft zum Bahnhof gerannt, damit wir den Zug noch erreichten! Damals waren noch nicht so viele Leute unterwegs. Und Frauen sowieso nicht. Meistens war man alleine. Wenn ich denke, gerade am Salbitschijen-Südgrat, der ist doch so schön. Am Anfang war man da mutterseelenallein, die einzige Gruppe auf dem Gipfel. Und in den letzten Jahren, in denen ich noch klettern ging, kam eine Seilschaft nach der anderen. Ich kann mich erinnern, dass einer, der in der Seilschaft hinter uns kletterte, immer ausgerutscht ist. Ich hatte Angst, dass er runterfällt. Alles hat sich halt ein wenig verändert. Die müssen das Klettern ja lernen. Aber sie sollen doch schauen, dass sie sicher sind, nicht wahr?

Damals musste man am Samstagmorgen noch arbeiten. Einige gingen sogar noch am Samstagmittag zur Arbeit. Um halb sieben Uhr abends gab es einen Schnellzug, mit dem ist man dann ins Urnerland gefahren. Man hat immer ein wenig dieselben Leute angetroffen. Das war schön, in diesem Zug, weil man sich kannte. So ging man zum Beispiel in die Lidernenhütte. Es wurde spät, bis man oben war, weil man ja immer vom Bahnhof aus losgehen musste. Damals gab es am Sonntag auch noch die Sportzüge und das Sonntagsbillett. Wir haben einmal festgestellt, dass das Stöcklikreuz die billigste Skitour war. Mit dem Sonntagsbillett nach Pfäffikon, dann musste man zu Fuss rauf, nach vorne, nach hinten, aufs Stöcklikreuz und dann nach Lachen runterfahren. Das war nicht weit weg von Zürich und die billigste Skitour, die man damals machen konnte.

Frauen, die ein bisschen in die Berge gingen, gab es schon. Aber eben, das Spezielle, diese Klettereien, das war etwas anderes... In den Kletterrouten hat man damals keine Frauen angetroffen. Es kam dann nadisna auf. Nachdem ich mit dem Klettern begonnen hatte, ging ich nicht mehr mit dem SFAC. Ich hatte keine Gemeinsamkeit mehr mit denen. Wissen Sie, das Gschwätz. Was die Frauen alles schwätzen. Wenn ich ab und zu eine Tour mitgemacht habe und man warten musste, bis jemand mit dem Führer über eine schwere Stelle war, dann mussten diese Frauen schnurre, schnurre, schnurre. Das hat mich genervt. Dann ging ich nicht mehr mit. Alleine, da hat man seine Ruhe. Da kann man sich auch einmal umschauen. Jetzt sowieso, wo es nicht mehr so schnell geht. Da geniesst man die Aussicht. Früher hatte man keine Zeit dafür. Man musste immer schauen, dass man auf den Gipfel kam.

Ich weiss nicht, woher diese Liebe zu den Bergen kam. Sie ist einfach gewachsen. Ich habe nicht gerne Menschenansammlungen. Auch in der Schule hatte ich nie Freundinnen. Ich war immer ein wenig für mich. Das ist meine Art, da kann man nichts dagegen machen. Das ging mir auf die Nerven, die vielen Leute.

AG

Meine Mutter hatte immer Angst, wenn ich in die Berge ging. Aber ich erzählte ihr nie, wie schwer es war. Wenn man wieder nach Hause kommt, ist es ja gut gegangen. Nur einmal ist etwas passiert, in der Dauphiné. Als wir zu dritt mit den Skiern auf einen Viertausender gestiegen sind. Wir wollten den Gletscher rauf, danach auf den Vorgipfel und schliesslich auf den Gipfel. Als der Erste schon auf dem Schnee stand, ich ebenfalls hochgestiegen bin und der dritte noch in den Felsen war, kam auf einmal ein Schneerutsch runter. Ich habe die Kappe verloren und der Kamerad die Brille. Danach war der Rutsch ja unten, und wir konnten weitergehen. Das war das einzige Mal, als uns etwas geschehen ist. Man hatte damals eben einen gewissen Respekt vor den Bergen. Wenn man sah, dass etwas nicht gut gehen könnte, sind wir umgekehrt.

Es gab einige Hütten, in denen Männer und Frauen getrennt schliefen, etwa die Kröntenhütte. Bei den anderen … da war alles durcheinander. Aber es gab keine Probleme. In den Hütten hatte es oft wenig Leute, das war schön. Wir haben nie richtig gekocht. Man brachte ein wenig Maggisuppe zum Znacht mit. Am Morgen gab es Nescafé, Kondensmilch, ein wenig Anken, Confiture, Brot, Käse und Wurst. Das nahm man mit, und damit kam man aus, fürs Znacht und den ganzen Tag. Es gab kein Geköch. Manchmal, zu Stosszeiten, hatte es ordeli Leute. Da kriegte man heisses Wasser vom Hüttenwart. Man konnte ihm Suppe geben oder von seiner Suppe nehmen, das ging alles einfach zu und her. Später konnte man in der Hütte eine Flasche Wein kriegen. Und noch später erhielt man dann das Morgen- und sogar das Nachtessen. Eine Pension quasi. Das ist halt nicht mehr dasselbe, wissen Sie. Das gefiel mir nicht mehr. Gerade in den Bergen sollte man einfach essen. Aber ich gehe schon jahrelang nicht mehr in die Hütten. Wenn man allein kam, wurde man sowieso angestarrt.

Angst hatte ich nie. Ich habe auch jetzt noch keine Angst. Man ist so verbunden mit diesen Felsen, mit diesen Bergen. Und eben, wie schon gesagt, man hatte damals den Respekt. Wenn man sah, dass die Verhältnisse nicht gut waren, ist man nicht weitergegangen. Einmal, in der Dauphiné, waren die Felsen alle vereist. Na gut, entweder musste man die Steigeisen anziehen und mit denen kratzen oder umkehren. Solche Situationen gab es, und dann hat man halt kapituliert. Dafür passierte auch nichts.

Jaja, es war schön in den Bergen. Aber gälled Sie, wenn man denkt, als ich nach der Lehre mit dem Bergsteigen begann, da hatte man zweihundertfünfzig Franken Lohn. Und damit musste man Bergschuhe, eine Windjacke und Berghosen kaufen, diese Bündner mit dem guten Stoff. Jedes Stück kostete etwa achtunddreissig oder neununddreissig Franken, jedes Stück! Mit zweihundertfünfzig Franken Lohn, da können Sie sich denken, dass das Geld bis Ende Monat immer alles draufgegangen ist. Erst später kamen bessere Zeiten.

Wir gingen überall hin, in die Dolomiten oder nach Jugoslawien oder in das Mont-Blanc-Gebiet. Manche Routen haben wir mehrmals gemacht. Zum Beispiel den Salbitschijen-Südgrat, da ist man doch jeden Herbst hingegangen. Das hat einfach dazugehört. Und die Kreuzberge im Alpstein oben, Hundstein-Südwand, da ist man auch jeden Herbst hingegangen. Das Matterhorn haben wir ein paar Mal gemacht, Zmuttgrat, hinten runter, vorne rauf, alles ohne Führer. Bernina, den Biancograt rauf. Die Viertausender im Berner Oberland, klar. Einmal wollten wir aufs Schreckhorn und dann zu den Lauteraarhörnern traversieren. Aber da ging so ein kalter, bissiger Wind, dass wir nicht rüberkamen. Später ging ich dann mit Paul Etter da hoch. In der Schweiz habe ich alle Viertausender gemacht. Ausser im Mont-Blanc-Gebiet, da hat mir noch einer gefehlt. Ich weiss nicht mehr, wie er heisst. Auf dem war ich jedenfalls nicht. Das heisst: Wir waren da, hatten aber schlechtes

Wetter und mussten umkehren. Aber sonst war ich auf allen. He ja, und als die Schweiz fertig war, musste man ins Ausland...

Später war ich oft mit dem deutschen Alpenverein unterwegs. Die schönste Kletterei war in Kenia, Tansania, in der Gegend. Ein Fünftausender in der Nähe des Kilimanjaros, da geht es einen Grat hoch. Das war die schönste Klettertour im Ausland. Und die schönste Tour in der Schweiz, ach, was soll ich sagen? Wissen Sie, mir hat alles gefallen. Aber der Salbitschijen, das war damals der Inbegriff des Kletterns. Heute gibt es ja viele andere, schwerere Routen. Das habe ich allerdings nicht mehr mitgemacht. Heute machen sie nur noch zwei, drei schwere Seillängen, und dann fertig. Ich musste auf den Gipfel, nicht nur eine Wand rauf. Ob er schwer oder leicht war, das hat keine Rolle gespielt. Ich musste einfach auf den Gipfel und dann wieder runter. Einen Sechser habe ich schon geklettert, zum Beispiel im Österreichischen, in diesen Kalkbergen: Predigtstuhl und Ellmauer Halt. Aber wir kletterten ja nicht nach dem Grad. Auch das technische Klettern hatte ich auf der Latte. Es ging auch ohne Hilfsmittel; man hat immer eine Lösung gefunden. Und diese Anseilerei, und was weiss ich welche Haken sie dabei hatten... als das aufkam, da habe ich zu klettern aufgehört. Das habe ich nicht mehr mitgemacht. Diese schweren Wände, die sie machen, ein oder zwei Seillängen lang. Das hat mir nicht imponiert. Mir ging es nicht um die Schwierigkeit, sondern um den Berg. Und dass man die Route noch mit den Händen und Füssen machen kann.

Ob ich eine hervorragende Kletterin war, wie Sie behaupten, weiss ich nicht. Jedenfalls ging es mir ring. Ich hatte niemals Mühe. Wenn man jung ist, geht alles ring. So geht das eine Weile, und dann ist es vorbei. Dann kommt eine andere Menschengeneration. Die Jungen, die gehen heute in die Kletterhallen. Aber das ist nicht z'Berg gehen. Es ist gut, damit sie wissen, wie sie es anstellen müssen. Falls sie es umsetzen können. In der Natur ist es dann vielleicht ein wenig anders. Nein, nein, ich bin froh, dass ich nicht mehr klettern kann. Ich war gerade zur richtigen Zeit unterwegs. Jetzt hat es zu viele Leute. Und es wird übertrieben. Wenn sich alles ans Klettern wagt, was doch nicht fähig ist. Aber die heutige Generation kennt nichts anderes. Sie wachsen auf damit und machen ihre Kurse. Und dann geht es darum, wer am schnellsten die Wand raufgeht. Das ist doch Humbug! Das ist nichts für mich. Der eine will den anderen übertrumpfen. Das gab es damals nicht. Ja gut, ein bisschen ehrgeizig waren wir schon auch. Vielleicht auch zu sehr. Ich habe dem Herz vermutlich zu viel zugemutet. Man ist doch nicht so kräftig wie die Männer. Und mit einer Frau bin ich eigentlich nie unterwegs gewesen. Ah doch, einmal gab es eine, die aufs Bishorn wollte. Das ist ein Viertausender im Wallis, vor dem Weisshorn. Das ist ja nicht schwer. Also ging ich mit ihr aufs Bishorn, damit sie einen Viertausender hatte.

Im 1964 ging das los, mit diesen Reisen des deutschen Alpenvereins. Das war gut organisiert. Es kam immer ein Führer mit, und dazu ein Einheimischer. Lima, Peru, da machten wir schöne Klettertouren. Und auf dem Ararat. Ich ging überallhin, wo es Berge hatte: Mexiko, Indien, Kilimanjaro, Elbrus. Auch Russland, du mein Trost. Der Führer des deutschen Alpenvereins lief zur Hütte hoch, und wir durften keinen Schritt vor ihm gehen. Schön in seinem Tempo, und ja nicht näbetuse. Irgendwo sind wir mit der Seilbahn rauf und gingen dann einen Bergweg hoch. Auf einmal tönte es durch einen Lautsprecher, wir müssten sofort umkehren. Sie haben uns zurückgepfiffen. Es hatte Nebel, und wir durften nicht weiter. Das war Russland in den Siebzigerjahren. Man durfte nichts riskieren. Auf dem Elbrus haben sie uns immer von der Hütte aus beobachtet, damit wir ja nicht zu weit gingen.

Der Uschba im Kaukasus, der hätte mich auch interessiert. Aber der war noch nicht freigegeben. In Indien war ich erst am Kolahoi, und später in Nepal. Vom

Everest Basislager aus haben wir auch einen Hoger bestiegen, einen Fünftausender. Und auf dem Island Peak waren wir. Das ist ein Sechstausender, mein erster Sechstausender. Ja, diese Höhe. Wir waren etwa auf viertausend, da konnte eine Frau nicht mehr atmen. Ein Träger musste dann mit ihr runter, zurück nach Lukla. Nachts rannte einer aus dem Zelt und hat geschrien, er bekäme keine Luft mehr. Und ein anderer hatte ständig Kopfweh. Das war eine Aufregung. Später ging ich nach Sikkim. Dort stiegen wir auf einen Pass, der über fünftausend Meter hoch war. Da sah man an die Wand des Kangchendzöngas, ein Achttausender. Und dann eben Bolivien. Der Huyana Potosi war mein zweiter Sechstausender. Mit 63 Jahren wurde ich pensioniert. Da reiste ich nach Bolivien und stieg auf diesen Sechstausender. Das war der letzte hohe Berg.

Auf diesen Auslandreisen waren alle Teilnehmer Deutsche. Ich war immer die einzige Schweizerin. Und meistens waren es nur Männer. Da kam man sich einfach freier vor als in der Schweiz, wenn man mit der ganzen Sektion unterwegs war. Und wie gesagt, die Frauen haben mir auf die Nerven gegeben. Das Geschwätz, das die immer hatten. Aber so war es schön, und ich war immer mehr oder weniger für mich. Die Männer schwätzen ein bisschen weniger. Bei den Frauen … es gab immer Frauen, die sich überschätzten, die meinten, sie könnten es, und dann hatten sie ein Geknorz und ein Getue. Bei den Männern gab es das weniger. Und ich war natürlich nur mit den Guten unterwegs. Das ist ja klar.

Was sich alles verändert hat! Die Routen sind viel stärker gesichert als früher. Ich ging oft alleine auf den Haggenspitz und auf den Kleinen Mythen. Auf einmal sehe ich Haken. Da, wo ich frei hinaufklettere! An einem Ort hatte es sogar einen Holzkeil, damit man einen Haken schlagen kann. Man muss doch wissen, was man kann, oder? So eine Eiger-Nordwand hätte ich nie im Sinn gehabt. Ich hätte es gewiss fertiggebracht, warum nicht. Ich hatte Ausdauer und alles. Aber das war gar nicht aktuell für mich, das kam nicht in Frage, diese grossen

Gefahren. Ich weiss, was ich kann. Was ich sicher kann, das habe ich gemacht. Und ich empfand immer eine tiefe Befriedigung dabei. Ja, das gab mir Auftrieb. Nachher konnte ich wieder die ganze Woche arbeiten. Im Büro habe ich nie etwas erzählt, chönd Sie dänke, ich bin alleine dagesessen. Wem hätte ich etwas erzählen sollen? Ich hatte keine Sprechstunden! Und Freundinnen hatte ich keine, ich war doch schon in der Schule alleine gewesen.

Vor acht Jahren starb meine Schwester. Jetzt bin ich ganz alleine. Verheiratet war ich nie, nein, nein. Ich bin nichts für den Haushalt, als Hausfrau wäre ich nicht geeignet gewesen. Ich ging lieber ins Büro arbeiten. Das hat mir mehr zugesagt. Dass wir Frauen kein Stimmrecht hatten, das hat mir nichts ausgemacht. Wegen mir müssten die Frauen nicht abstimmen können, wenigstens ich nicht. Mit der Politik habe ich mich nie befasst. Es war vielleicht ein Nachteil, dass man uns so ... aber es hatte ja andere, die etwas dagegen unternommen haben. Und dass Frauen weniger verdienten, hat mich auch nicht gestört. Es war normal, es war einfach so, was will man denn. Es hatte keinen Wert, sich daran aufzuhalten. Ändern kann man es nicht. Und es hat immer gereicht, wir konnten immer drei Wochen im Jahr in die Ferien. Am Mont Blanc haben wir ab und zu im Heuschopf übernachtet. Damals ging es einfach zu und her, man ging nicht ins Grand Hotel zum Übernachten. Der Luxus gehörte einfach nicht zu den Bergen. Diejenigen, die mit Führer unterwegs waren, gehörten zu einer anderen Kategorie. Die muss es ja auch geben. Ich habe zwar auch ab und zu einen Führer genommen. Das war später, als das mit den Kameraden alles ein wenig nachgelassen hatte. Einige sind gestorben, andere nicht mehr in die Berge gegangen. Da habe ich für diejenigen Touren, an die ich mich nicht alleine wagte, Paul Etter als Bergführer genommen. Mit ihm war es schön, er war wie ein Kamerad. Andere Führer hingegen wahrten eine gewisse Distanz, und das ist nicht dasselbe.

AG

Zu meiner Zeit musste man als Frau nicht mehr mit dem Rock in die Berge. Ich habe von Anfang an Hosen getragen. 1938 habe ich mir die ganze Ausrüstung angeschafft. In Pontresina war einer, der Bergschuhe machte. Die haben gut gepasst. Man trug damals nur das Beste. Auch die Kleider waren nicht altmodisch. Die Jacken und Hosen waren aus guten Stoffen. Die konnte man lange tragen. Man hat nichts anderes gehabt und ist damit ausgekommen. Es gab nicht diese Auswahl, wie sie heute besteht. Aber es ging. Es war gewiss auch kalt. Aber die Ausrüstung war gut und sicher und ein wenig reeller als heute. Es ging alles einfacher zu und her. Heute ist alles aufgebläht und High-Tech, nur das ist noch etwas wert. Nein, ich bin froh, dass ich meine Zeit durchgemacht habe.

Seit einem Jahr sehe ich nicht mehr so gut. Ich würde gerne jeweils auf der Karte die Namen von Bergen nachschauen. Dafür habe ich eine spezielle Lampe. Ich halte die Zeitung so, dass das Licht darauf fällt, und schaue dann durch eine Lupe. Auf diese Weise kann ich noch ein wenig lesen. Aber mit der Karte ist es schwierig. Auf der Fünfzigtausender ist alles fein und klein eingezeichnet. Die Wege und die Kurven sehe ich nicht mehr. Das hätte nicht auch noch kommen müssen, diese Einschränkung mit den Augen.

Auf meinen Reisen habe ich oft Dias gemacht, einen Haufen, ich weiss nicht, wie viele Tausende. Die habe ich alle in den Kübel geworfen. Den Projektor, das Tischchen und die Leinwand habe ich verschenkt. Ich habe alles fortgeschafft, bis auf die Bilder von Namibia. Die habe ich behalten, weil ich sie zusammenziehen wollte, sodass ich nur noch einen Satz besitze. Aber ich bringe es nicht fertig. Jetzt sowieso nicht, wo ich nicht mehr gut sehe. Ja nu, dann werfe ich die auch noch fort.

Das ist halt so, wissen Sie, wenn es einen packt, dann kann man nicht mehr anders. Samstags und sonntags musste man einfach z'Berg gehen. Das ist in einem drin. Und es ist schön, diese Grate raufklettern, das ist etwas herrlich Schönes. Ich ginge immer noch, wenn ich noch gehen könnte. Aber eben. Ich glaube, es ist mein Herzmuskel. Ein Teil ist verhärtet. Darum geht alles viel langsamer. Trotzdem bin ich noch unterwegs gewesen. Etwa in den Flumserbergen. Da kann man mit der Gondelbahn den Maschgenkamm hoch und dann auf den Promenadenweg und danach hinten auf den Leist. Das ist ein Bergweg, ziemlich stotzig zwischendrin. In diesem Frühjahr habe ich gemerkt, dass es ein wenig zu viel war. Ich bin nur ganz langsam raufgegangen und habe wieder und wieder ein Bein hochgehoben. Ganz langsam.

Jetzt gehe ich nicht mehr. Es geht einfach nicht mehr. Auf dem Trottoir oder auf den Strassen schon. Aber diese Bergwege, die so unregelmässig sind, das braucht einfach Kraft. Man glaubt es gar nicht. Wenn ich von uns zu Hause zum Friedhof hochgehe, dann mache ich auf dem Trottoir Zickzacklinien, damit ich im selben Tempo gehen kann. Wenn es steiler wird, muss ich langsamer gehen. Man soll sich anpassen, gut, also. Jetzt geht es halt nicht mehr hoch rauf. Dafür hat man Seilbahnen. Dieses Jahr war ich auf dem Gornergrat. Da hat man, wenn man raufkommt, den Monte Rosa vor sich, dann kommen der Lyskamm und das Breithorn, das sind drei Massive, gerade just vor einem. Und auf der einen Seite von Zermatt ist die ganze Kette bis zum Weisshorn, und auf der anderen Seite der Dom. Diese Gipfel waren alle in den Wolken. Und die drei Massive da vorne, im Süden – es war wunderbar: blauer Himmel, Sonnenschein –, die waren ganz weiss, wahrscheinlich hat es am Tag vorher geschneit. Und weil der Föhn drin war, standen sie gleich vor mir. Ich hätte sie fast anfassen können. Das habe ich noch nie erlebt, so gross und nahe waren die Berge. Wunderbar schön war das.

Das Gespräch mit «Anna Gerber» (Pseudonym),
Jahrgang 1917, fand am 9. Oktober 2008 in Basel statt.

Pauline Lumpert, 78-jährig, Schwyz

«Auf dieser Tour fiel mir zum ersten Mal
auf, welchen Geruch die Berge haben.»

Hauptplatz Schwyz. Über dem Talkessel ragen die markanten Zacken des Kleinen und Grossen Mythen in den Himmel. «Was Bergsteigerinnen aus dieser Gegend wohl zu erzählen haben?», frage ich mich während der Arbeit an diesem Buch immer wieder. Denn ich bin unweit von Schwyz aufgewachsen, und die Mythen gehören zu den Kulissen meiner Kindheit. Mein Vater bietet an, bei einem Kollegen des SAC Mythen nachzufragen. Die Suche nach einer lokalen Bergsteigerin ist erfolgreich: Kurz darauf überquere ich den Hauptplatz in Schwyz, betrete eine Seitengasse und befinde mich nach wenigen Schritten vor der Haustür von Pauline Lumpert.

PL

Ich habe vier Schwestern und drei Brüder. Gemeinsam mit den Eltern waren wir eine zehnköpfige Familie. Meine Mutter brachte erst einen Buben und neun Monate später Drillinge zur Welt. Eines dieser drei Mädchen bin ich. Am Wochenende ging der Vater jeweils raus in die Natur mit uns, damit die Mutter entlastet war und zu Hause die jüngeren Kinder hüten konnte. Oft machte er mit uns kleinere Bergtouren auf die Haggenegg, Holzegg, um den Lauerzersee oder Richtung Sattel. Wahrscheinlich haben wir deshalb das Wandern im Blut, denn wir gingen oft und gerne in die Höhe. Und der Vater hatte die Gabe, uns die Freude an den Bergen zu vermitteln. Manchmal liefen wir auch von Schwyz übers «Sächzähni» nach Brunnen und fuhren mit dem Tram zurück – damals fuhr noch eine Strassenbahn von Brunnen nach Schwyz. Das gefiel mir, weil der Vater mit uns in Brunnen immer eingekehrt ist. In der Wirtschaft hat er einen Mocken Käse, einen Süssmost und ein Brot bestellt, alles eigenhändig zerschnitten und unter uns aufgeteilt.

Wir eineiigen Drillinge hatten allerdings ein Handicap, weil uns die Leute ständig anstarrten. Wir fielen überall auf, weil wir genau gleich aussahen. Darum fiel es mir als Kind schwer, mich in eine Menschenmenge zu begeben. Lieber ging ich opsi, in die Berge. Schön war es allerdings auch auf dem Wasser. Im Sommer mietete der Vater jeweils bei einem Kollegen ein Schiffchen auf dem nahen Lauerzersee. Er hatte seine eigene Art, uns das Schwimmen beizubringen: Er nahm ein Kind nach dem anderen, drehte es um und warf es ins Wasser. Prustend und schniefend kamen wir wieder heraus. Der Vater machte es mit allen gleich, mit den Mädchen und den Buben. So verloren wir die Angst vor dem Wasser und lernten noch vor der ersten Klasse schwimmen. Auch beim Wandern ging es so zu und her, man lief von zu Hause aus einfach los. Damals hatten wir kein Geld, um was weiss ich wohin zu reisen.

Als wir grösser wurden, kaufte uns der Vater Skier und band uns Tannästchen unter die Bretter. Derart ausgerüstet konnten wir auch im Winter auf die Haggenegg steigen. Die Skier mussten wir uns jeweils teilen. Wir Drillinge hatten zwei Paar zur Verfügung. Auf diese Weise konnten immer zwei oder drei Kinder mit dem Vater unterwegs sein, und die anderen gingen am darauffolgenden Sonntag mit. Mit der Zeit, als wir grösser wurden, sparten wir Geld, um uns eigene Skier kaufen zu können. Als ich fünfzehn war, unternahm ich mit meinem neun Monate älteren Bruder eine Skitour auf den Brünnelistock. Aber ich war alles andere als ein Hirsch im Tiefschnee. Als wir wieder zu Hause waren, befand mein Bruder, er würde mich nie mehr mitnehmen. Einige Telemärkler waren mir gelungen, die restlichen Male bin ich im Schnee gelandet – wahrscheinlich weil ich den Christiania versuchte. So nannten wir damals, noch bevor das Wedeln aufkam, das Schwingen. Nach dieser Erfahrung schwor ich mir, nur noch Ski fahren und nochmals Ski fahren zu gehen. Auf dem Hügel bei unserem Haus übte ich, sooft es ging. Als im nächsten Jahr der erste Skilift eröffnet wurde, sparte ich jeden Batzen für das Skifahren. Oft lief ich dem Lift entlang nach oben, damit ich eine Abfahrt mehr machen konnte. Schliesslich nahm mich mein grosser Bruder wieder mit – und dieses Mal freute er sich über meine Skikünste.

Mein Vater war sehr streng und darauf erpicht, dass wir selbständig wurden. Heimlich nannten wir ihn den «General». Im Militär war er zwar nur Wachtmeister, aber er war dermassen auf Zack! Für uns Kinder hat er jeweils Stundenpläne erstellt – «Nachttöpfe leeren», «Treppen wischen» hiess es da beispielsweise. Der Vater hatte aber auch eine andere Seite: Wenn er beim Wandern merkte, dass wir müde wurden, zauberte er irgendwo hinter einem Findling eine Schokolade hervor. Er hatte die Gabe, uns zum Gehen zu motivieren. Und noch mehr Eifer kriegten wir, wenn wir dachten: «Vielleicht läuft er noch bis zur nächsten Wirtschaft und kehrt mit uns ein.» Das hat er ab und zu getan. Später habe ich mich darüber gewundert, dass unser Vater, der ein so sparsamer Mann war, regelmässig mit uns in die Beiz ging. Wir waren ja stets vier oder fünf Kinder, die versorgt werden wollten. Fast jeden Sommer durften wir auch mit ihm eine Woche lang in eine SAC-Hütte. Morgens um vier Uhr hiess es da jeweils aufstehen und auf einen Hoger steigen.

Wenn wir mit dem Vater unterwegs waren, sangen wir immer Marschlieder. Zu Hause spielte er Geige, Klavier und Handorgel, allerdings nur aus dem Stegreif. Aber er konnte alles spielen. Manchmal brachten wir ein Lied aus der Schule mit oder hatten ein neues Stück am Radio gehört, zum Beispiel «Zwei Sportler ziehen Hand in Hand» oder «Hoch auf dem gelben Wagen». Ihr Jungen kennt diese Stücke vermutlich nicht mehr. Kamen wir mit einem neuen Lied, sass der Vater ans Klavier und sagte: «Singt das nochmals.» Er spielte es dann so lange, bis es richtig tönte. Als ich aus England zurückkam, war das Klavier verkauft. Mit dem Geld war eine Tiefkühltruhe gekauft worden. Von da an wurde bei uns zu Hause nicht mehr musiziert.

Mein Vater hat auch ein paar Hochtouren unternommen. Er war zum Beispiel mit Kollegen auf dem Jungfraujoch. Als er ganz jung war – er ist 1897 geboren –, gab es noch keinen Schwyzer Alpenclub. Sobald die Sektion gegründet wurde, ist er eingetreten. Er wurde beinahe neunundneunzigjährig und wurde für fünfundsiebzig Jahre SAC-Mitgliedschaft geehrt. Meine Mutter war eine der ersten Frauen im Tal, die Skier besassen. Und sie war die erste, die Skihosen trug! Als sie bereits vier Kinder hatte, ging sie noch mit dem Vater auf den Stoos Ski fahren. Bei diesem Ausflug hat sie sich den Arm gebrochen. Daraufhin hiess es in Schwyz: «Jetzt hat diese Frau so viele Kinder, geht Ski fahren und trägt erst noch Hosen!» Da hat Mutter aufgehört mit dem Skifahren. Sie hatte auch keine Zeit mehr dafür. Stattdessen ging sie Schlittschuh laufen, was sie bereits in jungen Jahren getan hatte. Wenn der Lauerzersee gefroren war, liefen wir oft mit unserer Mutter über das Eis auf die Insel Schwanau. Dazu benützten wir Kufen, die wir an den Schuhen befestigen konnten. Diese wurden dabei oft beschädigt – wir hatten alle Rillen in den Absätzen vom Schlittschuhlaufen. Als wir deswegen neue Schuhe benötigten, schritt der Vater ein: «Das reicht. Es werden keine Kufen mehr an die Schuhe gemacht! Sonst gehen sie alle kaputt.»

Als ich sechzehn war, begann ich auf dem Kreiskommando des Kantons mit einer kaufmännischen Lehre. Ich musste damals immer früh schlafen gehen, weil meine Mutter fand: «Geht ins Bett, ihr müsst eure Nerven schonen.» Sie war es aber selbst, die müde war und Feierabend wollte. Mir fiel ein solch kontrolliertes Leben schwer. Nach der Lehre hätte ich als kantonale Angestellte eine feste Stelle erhalten. Mein Vater, der Staatskassier war, hatte alles schon eingefädelt. Ich konnte das ständige Gehorchen-Müssen aber nicht mehr ertragen und ging für ein Jahr nach England. Bevor ich zurückkehrte, schrieb mir eine der Drillingsschwestern, dass der Vater uns beiden einen Urlaub in Saas-Fee bewilligt habe. Dort konnten wir für wenig Geld bei einem Bekannten im Hotel wohnen und uns einen Bergführer mieten.

Mit diesem Bergführer, Cäsar Zurbriggen, stiegen wir auf den Portjengrat und auf das Weissmies. Er nannte uns immer die beiden Geisslein. Auf dieser Tour fiel mir zum ersten Mal auf, welchen Geruch die Berge haben. Fels hat diesen Schwefelduft. Als ich die Berge roch, musste ich sofort wieder in die Felsen rein! Ich war wirklich «Felsen-angefressen». Das habe ich auch gemerkt, als ich zum ersten Mal mit zwei Kollegen und einer Freundin unterwegs war. Wir stiegen auf den Höch Turm im Muotathal und gelangten beim Furggeli an eine Stelle, an der wir einige Meter klettern mussten, ohne die Füsse abstellen zu können. Nur die Finger hatten Griffe, die Füsse musste man an die Wand stemmen. Das nannte man damals «auf Adhäsion klettern». Ich kann mich genau daran erinnern, wie wir uns auf diese Weise in den Felsen gehalten hatten. Ich war noch kaum bergerfahren. Aber damals hat die Freude am Bergsteigen begonnen. Und im Grunde genommen war der Vater schuld, weil er uns die Liebe zu den Bergen eingepflanzt hatte.

Als ich siebzehn Jahre alt war, fand in Schwyz eine Gruppe kletterfreudiger Mädchen zusammen. Eine nahm uns mit in den Schijen bei der Ibergeregg, wo es schöne Kletterfelsen gibt. Dieses Mädchen, das etwas älter war als wir, hat uns das Klettern beigebracht. Sie zeigte uns, wie man mit den Fingern einen Griff sucht und wie man mit den Füssen an den Fels herangeht. Wir Mädchen durften damals der Jugendorganisation des SAC nicht beitreten. Deshalb beschloss diese junge Frau, Gritli Steiner, mit einigen anderen zusammen: «Wir gründen einen Frauen-Alpenclub, genauso wie die Frauen im Urnerland es getan haben.» Daraufhin fanden in der Buchdruckerei, wo Marie-Theres und Silvia Kälin zu Hause waren, Dutzende von Sitzungen statt. Wir waren eine Gruppe von zehn Mädchen. Erst haben wir dafür geworben und kurz darauf wirklich den Frauen-SAC in Schwyz gegründet. Ich war damals achtzehn, mein erster Ausweis ist auf 1948 ausgestellt. Die Hauptdrahtzieher waren Gritli Steiner, Silvia Kälin, ihre Schwester Marie-Theres, Dorli Raschle und Käthy Truthmann. Mit ihrem Elan haben sie uns alle mitgerissen: Wir hatten grosse Freude am Klettern und wollten unseren eigenen Alpenclub haben. Nach der Gründung unternahmen wir jeden Monat eine Tour. Gemeinsam mit einer Kollegin habe ich während vieler Jahre den Tourenplan für den SFAC geschrieben. Wir tippten ihn mit der Schreibmaschine und vervielfältigten ihn mit Matrizen – damals gab es ja noch keine Fotokopierapparate. Anfänglich haben wir ihn auch selbst ausgetragen, um das Porto zu sparen. Später kündigten wir unsere Touren im monatlich erscheinenden SAC-Blättchen an. Mein Mann Robert hatte uns den Tipp gegeben. Später gab es dazu einen Antrag an der Generalversammlung des SAC Mythen, der von den Männern angenommen wurde. Von da an wurde uns Frauen, lange vor der Fusionierung der beiden Clubs, in der SAC-Publikation eine eigene Seite zur Verfügung gestellt.

Klettern am Rigidalstock mit Edi, 1955.
Titlis-Abfahrt, um 1955.

Päuly Annen und Robert Lumpert kurz vor der
Verlobung am Bielenhorn, 1958.

In meiner Kindheit war es üblich, sonntags in die Kirche zu gehen. Es galt als Sünde, den Kirchgang zu unterlassen. Bevor wir als junge Mädchen in die Berge gingen, besuchten wir darum immer erst die Fünf-Uhr-Messe. Klettern war mein Hobby, Geld für etwas anderes besass ich nicht. Wenn es regnete, habe ich jeweils die Bergschuhe vors Gartentor getragen, damit mich meine Mutter nicht hören und mir das Klettern verbieten konnte. Sie mochte es überhaupt nicht, wenn ich trotz Regen opsi gehen wollte. Oftmals hörte der Regen aber während der Frühmesse auf, und wir – meistens war ich mit Dorli Raschle und zwei Burschten unterwegs – konnten die Kletterei in Angriff nehmen. Manchmal antwortete ich der Mutter auch, wir würden nur auf die Haggenegg gehen. Was sie nicht wusste, war, dass wir über die Haggenegg den Kleinen Mythen bestiegen!

Ich kannte den Kleinen Mythen in- und auswendig. Ich beging diese Route sogar einmal allein mit meinem jüngeren Bruder, der leicht behindert ist. Dabei wäre er um ein Haar abgerutscht. Ich habe ihn im letzten Moment an den Haaren gepackt. Er wäre nicht weit hinuntergefallen, aber es war dennoch gewagt. Ich hätte mindestens eine Reepschnur mitnehmen sollen. Nach diesem schwierigen Start klappte es allerdings tipptopp. Und er ist bis heute stolz darauf, dass er auf den Kleinen Mythen geklettert ist.

Robert, mein ehemaliger Mann, war ein sehr guter und erfahrener Bergsteiger. Und er war bekannt dafür, dass er am liebsten auf die Berge gerannt ist. Er hat nie Touren geleitet; lieber war er allein oder mit solchen Bergsteigern unterwegs, die ebenso schnell waren wie er. Wer nicht mitkam, hatte es schwer um ihn herum. Darum haben viele Kollegen auf seine Anfrage hin, ob sie am Sonntag mit ihm in die Berge oder auf eine Skitour kämen, immer erst gefragt: «Kommt 's Päuly auch mit?» 's Päuly, das bin ich. War ich dabei, dann sind sie mitgegangen. Ich habe nämlich einen richtigen Bergschritt, nicht zu schnell und nicht zu langsam. Gelernt habe ich das in Engelberg, wo ich nach meinem Englandaufenthalt zwei Jahre lang gelebt hatte. Eine Witfrau, die ein Geschäft in Luzern besass und mit meinen Eltern bekannt war, bat mich damals, ihre beiden Kinder in Engelberg zu betreuen. Erst wollte ich nur den Winter dort verbringen, doch dann wurden fast zwei Jahre daraus. In dieser Zeit lernte ich Edi kennen, einen jungen Bergführer. Wir begegneten uns im Trachtenverein. Als ich zum ersten Mal dahin ging, fragten mich die jungen Männer: «Kommen Sie mit uns auf den Titlis, kommen Sie mit uns klettern?» Denn die Engelberger Mädchen gingen selten in die Berge. So begann alles. Wann immer Edi Zeit hatte und meine mir anvertrauten Kinder in der Schule waren, rief er mich an und fragte, ob ich noch schnell mit ihm auf den Jochpass oder ins Brunni steigen würde. Eine Gage hat er nie verlangt – ich hätte sie auch nicht zahlen können. Er freute sich einfach, dass er mit jemandem trainieren konnte.

In Engelberg war ich manchmal auch alleine in den Bergen unterwegs. Besonders in der Gegend des Rigidalstocks bin ich gerne herumgeklettert. Einmal habe ich mich allerdings verirrt. Plötzlich hing ich über einem Loch und wusste nicht mehr ein oder aus. Ich konnte mich weder fallen lassen noch irgendwo festhalten. Das war eine vertrackte Situation, und ich hätte abstürzen können. Irgendwie schaffte ich es, meine Hände richtig zu platzieren, auf die andere Seite und schliesslich zurück auf den Weg zu gelangen. Auf dem Rückweg kamen mir zwei Männer mit einem Seil entgegen. Die beiden haben mir von unten zugesehen und dachten, ich sei verunglückt. Der eine war ein Bekannter von mir und alles andere als ein Bergsteiger! Er hatte keine Ahnung vom Klettern und wollte mich retten. Das hätte noch gefehlt, wenn der mich suchen gegangen wäre. Zum Glück waren sie noch nicht einmal beim Einstieg, als ich auf die beiden traf.

In Engelberg gibt es keinen Berg, den ich nicht bestiegen habe: Vom Sätteler, Spitz Mann, Rigidalstock, Spannörter bis zum Krönten stand ich auf allen Gipfeln. Die anspruchsvollste Kletterei, die ich dort unternommen hatte, war der bekannte Schlossbergriss. Ich weiss nicht, wie viele Grade man dem heute geben würde. Damals war das jedenfalls eine hochstehende Kletterei. Als wir kürzlich mit den Veteranen auf der Fürenalp unterwegs waren, wurde der Schlossberg wunderschön vom Sonnenlicht ausgeleuchtet. Da sagte ich zu einem Kollegen: «Schau mal dort drüben, das ist der Schlossberg. Und diesen Riss bin ich einmal hochgeklettert.» Er hat daraufhin gerufen: «Schaut mal alle her, 's Päuly Lumpert ist diesen Riss hochgeklettert.» Er hat mich überhaupt nicht ernst genommen. Niemand hat es mir geglaubt. Da beschloss ich, nichts mehr zu erzählen. Es ist lange her. Damals hätte man es mir vielleicht geglaubt, aber heute, als alte Frau, nimmt man mir das nicht mehr ab. Obwohl es genau so war.

PL

Päuly (vorne) mit Schwester Heidi im Aufstieg zum Portjengrat, 1951.

Tourenwoche im Puschlav, SFAC Schwyz. Über die Isla Persa Richtung Rosegtal, 1975.
Auf dem Pers-Gletscher. Päuly Lumpert sitzend mit weissem Hut.

Mit zweiundzwanzig Jahren nahm ich in Luzern einen Job als Bürolistin an. Edi, der Bergführer aus Engelberg, sandte mir oft Eisenbahnbillette, damit ich mit ihm bergsteigen gehen kam. Er war auch für das Militär als Bergführer tätig. Einmal musste er zwölf Offizieren im Gebirgs-WK das Abseilen beibringen. Er schickte mir eine Fahrkarte für Meiringen, wo ich mit einem Militärwagen abgeholt und zum Hotel Steingletscher gefahren worden bin. Am anderen Morgen zogen wir in aller Früh Richtung Sustenhorn los. Auf dem Weg befand sich ein riesiger Felsen, an dem Edi mit den Offizieren das Abseilen üben wollte. Mir war gar nicht wohl unter diesen vielen Soldaten. Vorgestellt hat er mich ihnen als seine Kameradin – wir hatten ja kein enges Verhältnis, Edi und ich. Er war einfach ein flotter Bergführer, nicht einer, der eine Frau gesucht hatte. Wir waren wirkliche Freunde, die miteinander in die Berge gingen. Jedenfalls sagten alle zwölf Offiziere, dass sie sich nicht hinuntertrauen würden. In diesem Moment begriff ich erst, dass Edi mich aus diesem Grund hatte kommen lassen! Ich hatte keine Angst vor dem Abseilen, im Gegenteil. Wir haben das in Engelberg oft getan, und es machte mir grossen Spass. Ausserdem waren das keine Viertausender, sondern bloss einige Hundert Meter Felswand, wie konnte man sich da fürchten? Edi schickte mich als Erste los. Ich gümpelte mit Vergnügen den Fels hinunter und hatte richtig den Plausch. Als die Offiziere das sahen, wollten sie es auch versuchen. Bis zum Abend hatten sie es alle geschafft. Und keiner hätte es nachher noch zugegeben, Angst gehabt zu haben.

An einem gemütlichen Abend des SAC Mythen lernte ich Robert kennen, meinen zukünftigen Mann. Schon am nächsten Tag trafen wir uns zum Skifahren. Und für den kommenden Sonntag lud er mich auf eine Skitour ein. Von da an waren wir ständig miteinander unterwegs. Da ich damals in Luzern arbeitete, gab es kein Wochenende, an dem ich nicht samstags mit Skiern in unserer Firma aufkreuzte. Montags kam ich dann jeweils mit braungebranntem Gesicht wieder ins Geschäft. Wie oft wurde ich ausgelacht, wenn ich am Samstag in der Bergmontur und mit dem Rucksack erschienen bin! Weil ich tagsüber arbeiten musste, erreichten wir die Hütte oftmals erst nachts. Einmal war sie derart zugeschneit, dass wir sie kaum finden konnten. Wir räumten den Schnee weg, bis Robert merkte, dass wir dabei waren, das Klohäuschen auszugraben. So begannen wir beim anderen Dach zu grübeln, bis wir endlich den Eingang freilegen konnten. Mit Robert hatte ich einen neuen Bergführer gefunden. Wir verliebten uns und heirateten später. Verlobt haben wir uns auf dem Pazolastock. Noch als Ledige kletterten wir gemeinsam in den Engelhörnern, über den Jegigrat, auf den Simmeler, die Kingspitze, das Allalinhorn und das Strahlhorn und genossen die Eismeerabfahrt beim Eiger. Heute ist der Gletscher dort derart stark zurückgegangen, dass man ihn nicht mehr befahren kann.

Mein grösstes Bergerlebnis war die Besteigung des Eigers mit Robert und zwei Kollegen. Schon der Anstieg auf die Mittellegihütte erwies sich als anspruchsvoll. Die Hütte hat sechzehn Plätze, aber als wir ankamen, waren bereits zwanzig Personen da. Schlussendlich waren wir dreissig Gäste. Wäre noch einer mehr gekommen, er hätte in die Pfanne sitzen müssen! Jeder Ort wurde als Bett benützt: Auf dem Tisch schliefen sie, und unter dem Tisch schliefen sie. Mich nahmen meine Begleiter in die Mitte, aber es war so eng, dass ich nur auf der Seite liegen konnte. Nachts wechselte ich deshalb ans Fussende. Es war mir egal, ob es stank, Hauptsache war, dass ich mich auf den Rücken legen konnte. Um zwei Uhr morgens zogen dann die Ersten los. Robert fand: «Wir nehmen uns Zeit und gehen erst um vier Uhr los. Wir wissen nicht, wie diejenigen vor uns klettern. Falls sie Mühe haben, stecken wir nur hinter ihnen fest.» Und siehe da, es hatte in der Tat Leute dabei, die keine Ahnung vom Bergsteigen hatten!

Die Kletterei auf dem Mittellegigrat gefiel mir ausserordentlich gut. Ich bin sonst keine Gratkletterin, ich bevorzuge Wände. Dieser Grat aber besteht aus zahlreichen Kaminen mit schönen Griffen. Schliesslich erreichten wir die Stelle, an der die Nordwand aufhört. Da sagte ich: «Jesses, da bleibe ich, bis ich tot bin. Hier komme ich nicht durch.» Robert antwortete: «Dann nehme ich dich auf den Buckel.» Und ich rief: «Nein, dann bin ich ja noch höher oben!» Obwohl ich sonst eine gute Kletterin war, stellte es für mich eine riesige Herausforderung dar, diese Stelle zu passieren. Es war einfach wahnsinnig gäch, und der Grat schmal und eng. Und damals, Mitte August 1958, also vor genau fünfzig Jahren, lag sehr viel Schnee auf dem Grat. Aus Platzmangel konnten wir nur eng aneinandergeschmiegt die Aussicht geniessen.

Schliesslich hatten wir das Gröbste überwunden und erreichten den Abstieg. Und was für ein Abstieg! Seither denke ich oft an die Nordwandbezwinger: Die haben jeweils noch ein Geschenk vor sich, wenn sie die Westflanke hinuntersteigen müssen. Wir mussten Stufe um Stufe ins Eis schlagen. Und es standen noch so viele Bergsteiger oben – ich weiss nicht, wie die alle nitzikamen. Jedenfalls fielen mir zwei junge Männer auf, und ich sagte zu meinem Mann: «Schau dir mal die beiden an, die können kaum gehen vor Angst. Ihr ganzer Körper zittert. Die darf man doch nicht sein lassen ... die fallen noch herunter.» Da hat Robert die beiden Schlotteri-Burschte an unser Seil genommen und sie erst weiter unten, wo es Richtung Eiger-Gletscher geht, wieder losgeseilt. Ach ja, und dann gab es noch etwas Spezielles: Damals hing der Stefano Longhi in der Eiger-Nordwand, der italienische Bergsteiger, der mit Claudio Corti zusammen verunglückt war. Das musste ich mir natürlich anschauen. Mit dem Feldstecher konnte man das Seil, den Kopf und den Rucksack deutlich erkennen. Bald darauf haben sie ihn aus der Wand geholt. Diese Eigertour war das Höchste, was ich je gemacht habe. Als wir unten ankamen, war ich überglücklich. Ich ging auf dem Heimweg in die Kirche und dankte Gott dafür, dass alles gut gegangen war. Damals war ich noch nicht verheiratet und wohnte in Luzern bei einer Schlummermutter. Am Abend erzählte ich ihr: «Jesses, ich darf Ihnen fast nicht sagen, wo ich heute war: Auf dem Eiger.» Sie und ihr Mann gaben keine Antwort. Die dachten wohl, ich sei nicht ganz richtig im Kopf.

Wie es damals war, als Frau bergsteigen zu gehen? Wenn ich mit den Skiern ankam, wurde ich sofort akzeptiert. Es war ja klar, dass ich fahren kann. Und wissen Sie, wenn man in den Bergen aufwächst, so wie ich hier in Schwyz, dann ist es selbstverständlich, dass die Frauen z'Berg gehen. Das war für uns wahrscheinlich normaler als für diejenigen, die in der Stadt leben. Gerade in Mutters Kreisen ging man oft wandern. Auch meine Schwiegermutter war jedes Wochenende mit ihrem Mann unterwegs. Darum sind ihre Söhne grosse Bergsteiger geworden. Zudem muss ich Robert ein Kompliment machen. Er hat mir beim Bergsteigen immer grosse Sicherheit vermittelt. Er hat mir schlicht und einfach alles zugetraut.

Wir bestiegen zahlreiche Berge, darunter mehrere Viertausender. Einige, etwa das Balmhorn oder der Eiger, sind nur wenige Meter niedriger. Mit den Skiern stiegen wir auf den Piz Palü, den Piz Roseg oder das Rinderhorn. Von Brunnen aus, wo wir unseren Wohnsitz hatten, unternahmen wir herrliche Skitouren in der Gegend, auf den Blüemberg, den Galenstock oder den Rotondo. Manchmal fuhren wir ins Tessin und bestiegen die Pesciora oder den Cristallina. Als unsere Tochter und unser Sohn grösser waren, unternahmen wir mit ihnen Bergtouren aufs Steghorn oder auf den Wildstrubel. Robert, von dem ich heute getrennt lebe, hat mir durch diese Bergtouren eine wunderbare Zeit beschert. Er war für mich der beste Bergführer der Welt.

Später hat mir die Schwiegermutter die Kinder oft abgenommen. Sie tat das aber nur, wenn ich mit Robert etwas unternahm. Wollte ich mich mit anderen Frauen treffen, half sie mir nicht. Als ich die Kinder hatte, war mir das Klettern allerdings nicht mehr so wichtig. Wir unternahmen schöne Touren, vor allem mit den Skiern, aber oft war Robert ohne mich unterwegs. Ich wusste ja, dass ich einen Bergsteiger geheiratet hatte, und es war für mich selbstverständlich, dass er bei schönem Wetter in die Berge ging. Als die Kinder etwas grösser waren, sagte ich eines Tages zu ihm: «Ich ginge gerne wieder einmal mit Frauen in die Berge. Könntest nicht du übers Wochenende zu den Kindern schauen?» Darauf meinte er: «Ja bitte, das können wir schon so machen.» Ich habe mich dann im letzten Moment bei der nächsten Tour des SFAC angemeldet. Von da an war ich wieder öfters mit den Frauen des SFAC unterwegs.

Später war ich vier Jahre lang Präsidentin des Frauen-Alpenclubs Schwyz. In diese Zeit fiel auch eine schweizerische Delegiertenversammlung, die 1974 bei uns in Brunnen stattfand. Der SFAC führte, wie der SAC auch, einmal jährlich ein solches Treffen durch. Als klar war, dass wir den Anlass organisierten, wollte meine Kollegin bei einem Bekannten Rat suchen, der kürzlich ein Studentenfest durchgeführt hatte. Da sagte ich ihr: «Wir benötigen keine Männer. Das können wir doch selbst! Wieso soll einer, der ein Studentenfest durchgeführt hat, uns erklären, wie man eine Delegiertenversammlung des SFAC organisiert? Ich gehe jetzt aufs Verkehrsbüro Brunnen und erkundige mich auf der Stelle nach Hotels und Zimmern.» Meine Kollegin erinnert mich bis heute an dieses Gespräch und imitiert mich: «Das chönd mier dänk sälber!»

An den nationalen Treffen des SFAC nahmen jeweils zweihunderfünfzig bis dreihundert Frauen teil. Auch alle Mitglieder des SAC-Zentralkomitees und die Ehrenmitglieder wurden eingeladen. Wie das umgekehrt war? Das war schon anders. Zur Jahresversammlung der Männer wurde nur die Präsidentin des SFAC eingeladen. Jedenfalls: Während der Vorbereitungsarbeiten wurden wir alle wie von einem Feuer erfasst. Wir trafen uns im Clubhock oder im Vorstand und sprachen ständig über den Anlass. Ich habe nur noch dafür gearbeitet. Mein Esstisch war voll bepackt mit Papier und Unterlagen. Alles lief wie geschmiert. Und was wir schliesslich für ein Programm geboten haben! Wir hatten eine Floristin im Frauen-Alpenclub. Mit deren Hilfe haben wir den Saal mit wunderschönen Bouquets dekoriert, mit Blumen, die wir eigenhändig gepflückt hatten. Damals waren viele Geschäftsfrauen Mitglied des SFAC. Oftmals kamen sie gar nicht mit auf die Touren, dafür fehlte ihnen die Zeit. Aber sie nahmen an den Treffen teil, auch als Werbung für ihr Geschäft. Aber zurück zum Anlass: Zum Nachtessen gab es Älpler Magrone. Das kam gut an, weil es ein typisches Innerschweizer Gericht ist. Danach trat der Singkreis auf, und der Narrentanz wurde aufgeführt – es war ein Wunderabend! Für den nächsten Tag hatten wir zwei Dampfschiffe gemietet, die «Gallia» und den «Schiller», und unternahmen eine Rundfahrt inklusive Mittagessen auf dem Vierwaldstättersee. Alles klappte wunderbar. Ich war selbst erstaunt, wie reibungslos alles über die Bühne ging. Obwohl ich als Hausfrau nicht gewohnt war, eine solche Arbeit zu machen, lag sie mir offenbar; ich hatte die Organisation einfach in die Finger genommen. Ich kam zu einer ungewöhnlichen Aufgabe und habe sie gemeistert. Noch jahrelang erhielt ich danach Kartengrüsse von SFAC-Mitgliedern aus der ganzen Schweiz.

Der SFAC Schwyz hatte einen Clubhock, den es heute noch gibt. Auch nach der Fusion mit dem SAC haben wir unser Treffen weitergeführt. Wir konnten eine solche Tradition nicht einfach fallen lassen. Zu uns kam nie ein Mann, und wir haben auch nie einen eingeladen. Für uns war es selbstverständlich, dass wir uns weiterhin unter Frauen treffen. An jedem ersten Mittwoch im Monat finden wir uns im Restaurant Magdalena in Rickenbach ein. Um zwanzig Uhr beginnt der Hock, und zwei Stunden später gehen die meisten nach Hause. Ich jasse im Anschluss daran mit der Wirtin und zwei Kolleginnen noch eine Runde. Die Wirtin ist bereits zweiundachtzigjährig und ein Stehaufmännchen, sie kann ohne ihre Wirtschaft nicht leben. Hört sie eines Tages auf, wird es unseren Clubhock vermutlich nicht mehr geben.

In den letzten Jahren war ich oft mit der Veteranengruppe des SAC Mythen unterwegs. Wir unternehmen wunderschöne Wanderungen. Dafür bin ich Maja Meyer und ihrem Mann Ernst dankbar. Fast jeden Dienstag leiten sie eine Tour, die sie vorher gewissenhaft planen und abschreiten. Alles ist immer perfekt organisiert, und nach längeren Anfahrten mit der Bahn stehen Gipfeli und Kaffee bereit. Auch auf den Skiern stehe ich noch gerne – das Skifahren fällt mir immer noch leicht. Ich könnte es in Sachen Tempo und Freude mit vielen aufnehmen. Leider muss ich auf mein Arthrose-Knie Rücksicht nehmen. Es fällt mir schwer, langsam zu fahren, auch wenn ich mittlerweile weiss, dass ich ein paar Gänge runterschalten muss. Aber das hält mich nicht davon ab, hin und wieder auf den Klingenstock oder den Brünnelistock zu fahren und eine schneidige Abfahrt zu machen.

Das Gespräch mit Pauline Lumpert, Jahrgang 1930, fand am 11. Dezember 2008 in Schwyz statt.

Ruth Steinmann-Hess, 73-jährig, Versam

«Glücksmomente gibt es viele beim Bergsteigen. Aber nicht auf dem Gipfel!»

Das alte Schuelhüüsli von Versam, meint Ruth Steinmann-Hess am Telefon, könne ich gar nicht verfehlen. Von der Haltestelle des Postautos aus führt ein festgetrampeltes Weglein durch hohe Schneewehen zum alten Haus. Ich klopfe an die hölzerne Tür, und wenig später steht diejenige Frau vor mir, die auf dem Weg zum Gipfel des Lhotse auf 8250 Metern über Meer gewesen ist. Das war 1979 Und es sollte einundzwanzig Jahre lang die höchste Marke bleiben, die je von einer Schweizerin erreicht wurde.

RS

Wie ich zum Bergsteigen gekommen bin? Irgendwann erzählten mir Freunde, dass sie regelmässig mit den Skiern die Haute Route machen würden. Das hat mich fasziniert und blieb mir in Erinnerung. Eines Tages besprach ich das mit meinem Mann – ich war damals noch verheiratet –, und er fand, ich solle doch mitgehen. Als ich das meinen Freunden mitteilte, meinten die: «Jetzt hast du Pech. Dieses Jahr machen wir die Haute Route nicht. Wir fahren nach Marokko, in den Hohen Atlas.» Damit war die Idee für mich erst einmal gestorben. Mein Mann fand allerdings: «Geh doch trotzdem mit!» So reiste ich in den Hohen Atlas und bestieg dort meinen ersten Viertausender. Auf dieser Tour erhielt ich Anschluss an eine österreichische Berggruppe um Erich Vanis. Er war ein sogenannter Eisgeher, ein Eisspezialist, und eine alpinistische Persönlichkeit. Und er wurde mein Lehrer. Ich konnte ihm im Gegenzug beim Skifahren einiges beibringen, etwa, wo sich aufgrund der Sonneneinstrahlung die guten Hänge befinden. Er und seine Gruppe haben mich dann auf einen dieser kleinen Felszapfen raufgeschleppt. Man muss schon von Schleppen sprechen, weil ich nur Ski- und noch keine Tourenschuhe besass. Wahrscheinlich haben sie mich in erster Linie hinaufgezogen. Jedenfalls wurde durch dieses Erlebnis etwas in mir geweckt. Vorher habe ich mich ab und zu gefragt, ob das alles sei, was das Leben zu bieten habe. Ich war verheiratet und hatte drei Töchter, so weit war alles in Ordnung. Aber innerlich fehlte mir etwas. Ich war nicht ausgelastet, oder wie soll man das nennen? Ich fand den Rank nicht.

Ich war damals siebenundzwanzigjährig, hatte drei kleine Kinder und war eigentlich beschäftigt, ich hatte voll Huus. Aber mir fehlte etwas für mich selbst. Diese Lücke wurde mit dem Bergsteigen gefüllt. Im darauffolgenden Frühling rief mich Erich Vanis an und erzählte mir, dass er mit seiner Gruppe zur Vorbereitung auf die Saison ein paar Eingeh-Touren in der Schweiz unternehmen würde. Wenn ich wolle, könne ich mitkommen, fügte er an. Wir trafen uns im Bergell und zogen los. Das war das Höchste für mich. Ich erinnere mich an unglaubliche Situationen. Einmal stand Erich schräg oben mit dem Seil. Ich musste ihm nachklettern, konnte mir aber ausrechnen, dass ich bei einem Sturz in eine Pendelbewegung geraten würde. Ich blickte zaghaft nach oben und fragte: «Meinst du, das Seil hält?» Und er antwortete: «Seile halten grundsätzlich nicht.» So ging das. Am anderen Tag haben wir uns abgeseilt – damals benutzte man noch das Dülferseil und kein Gstältli –, und keiner dieser Männer merkte, dass ich erstens nur ein Hemd und keinen Pullover anhatte, dass die Reibung also sehr gross werden würde, und dass sich zweitens meine Haare, die nur in einem Rossschwanz zusammengebunden waren, unter dem Seil befanden. Als ich über die Kante gestiegen war, sah ich unten eine Gruppe Bergsteiger, die uns interessiert zuschauten. Gleichzeitig merkte ich, dass ich Schmerzen bekam. Aber ich durfte auf keinen Fall loslassen, denn ich hatte kein Sicherungsseil. Das wäre damals übrigens bei jeder regulären Schulung eingesetzt worden – ich hatte aber keines. Also dachte ich: «Egal, was auf meiner Schulter passiert, egal, was mit meinem Haar geschieht, ich darf auf keinen Fall die Hand vom Seil lassen.» Gleichzeitig seilte ich mich viel zu schnell ab. Ich tat das wegen der Gruppe, die unten sass. Aus Prestigegründen, damit sich meine Begleiter wegen einer solchen Anfängerin nicht schämen müssen. Danach hatte ich die ganzen Hände offen, blutige Schultern und ausgerissene Haare. Das wäre vielleicht für viele das Ende gewesen. Ich hingegen sagte mir: «Kannst du das nicht besser?» Mich spornte dieses Erlebnis an, weiterzumachen. So ging es immer: Anfänglich war ich heilfroh, wenn ich auf einem Gipfel ankam. Danach war der nächste Gedanke: Das ging gut, aber es war der Normalweg – könnte ich den Gipfel auch auf einer schwierigeren Route erreichen? Mit der Zeit war es auch eine Prestigefrage, welche Route man wählte. Wir waren Eisspezialisten und unternahmen oft Zweit- und Dritt- oder sogar Erstbegehungen.

Ja, Sie haben recht, ich bin sehr fulminant eingestiegen. Das Bergsteigen hat mich fasziniert, und ich habe gemerkt, wie schnell man Fortschritte machen kann, wenn man sich dahinterklemmt. Und Erich Vanis hat mich sehr gefördert. Das war zu einer Zeit, als viele fanden: Jaja, Frauen... Wenn ich zum Beispiel am Warten war, jemand hinter mir hochkletterte und ich ihn fragte: «Soll ich dich sichern?», dann hiess es oft: «Nein, nein. Ich warte, bis mein Kollege kommt.» Erich hat mir hingegen gezeigt, wie man seriös sichert. Er hat mich absolut als Partner betrachtet. Ich wäre wahrscheinlich nie Bergsteigerin geworden, wenn ich ihn nicht getroffen hätte. Ich wäre bei den Skitouren geblieben und im Sommer wandern gegangen. Vielleicht hätte ich ausgesetzte Wanderungen unternommen, aber sicher nicht richtig klettern gelernt. Dazu hätte es mir an den richtigen Leuten gefehlt.

Es war übrigens lustig, dass Erich unheimlich kurzsichtig war. Er trug eine Brille mit dicken Gläsern. In die Weite blickte er eigentlich gar nie. Er sagte nur jeweils: «Wenn du das siehst, stimmt es schon.» Böse Zungen behaupteten, er würde die Steilheit und Ausgesetztheit der Routen wegen seiner Kurzsichtigkeit gar nicht sehen. Erich Vanis war ein Eisspezialist, und auch mir lag das Eis besser als der Fels. Die steilsten Eispartien, die man mit Pickel und Hammer und auf den Frontzähnen der Steigeisen klettern konnte, machten mir mehr Freude als der Fels. Das blieb mein Leben lang so. Wenn ich einen Berg betrachtet und zwei Möglichkeiten gesehen habe, eine rassige Eisrinne und begehbaren Fels, dann habe ich mich immer fürs Eis entschieden.

Bis ich sieben Jahre alt war, wohnten meine Eltern in Zürich. Danach zogen wir heim, nach Engelberg. Mein Vater war Engelberger und litt unter wahnsinnigem Heimweh. Damals begann ich mit dem Skifahren wie alle Kinder dort oben. Sonntags gingen wir jeweils in die Berge. Mein Vater arbeitete als Maschinist bei der Bahn und hatte am Sonntag grundsätzlich nicht frei. Also gingen mein Bruder und ich mit der Mutter wandern. Das packte mich aber nicht, dieses Rumlatschen und das Bestimmen von Blümchen... Die Begeisterung kam erst, als ich ein Ziel vor Augen hatte. Dann ging man nicht mehr einfach in die Rugghubelhütte, damit man oben war, sondern weil sie der Ausgangspunkt für eine Tour darstellte. Dadurch wurde es spannend. Das entdeckte ich aber erst, als ich längst erwachsen war.

Ich trat später auch dem lokalen SAC bei, der damals noch Frauen-Alpenclub Engelberg hiess. Ich war damals schon länger Mitglied beim ÖAK, dem Österreichischen Alpenklub. Aufgenommen wurde man da erst, wenn man ein gewisses alpinistisches Level erreicht hatte. Man musste mindestens zehn Eis- und zehn Felstouren gemacht haben. Dem SAC wollte ich erst nicht beitreten, weil der aus einem separaten Männer- und einem Frauenclub bestand. Das hat mich sehr gestört. Einmal war ich dann aber abends mit meiner Mutter in Engelberg unterwegs, als die Frauen vom Alpenclub aus ihrer Sitzung kamen. Und eine sagte zu mir: «Döi chöntisch de scho zu uis in Klub cho.» Meine Mutter fragte mich ganz entsetzt, ob ich denn nicht Mitglied des Frauen-Alpenclubs sei. Von da an ging es nicht mehr anders, und ich bin eingetreten. Anfänglich habe ich nie etwas mit dem Club unternommen. Später führte ich ab und zu Wintertouren. Engelberg nahm übrigens eine spezielle Position ein, weil der SAC und der SFAC oft miteinander unterwegs waren. Die Touren wurden zwar nicht gemeinsam ausgeschrieben, aber inoffiziell gemeinsam gemacht. Die beiden Clubs führten separate Sitzungen durch, die aber jeweils am selben Tag stattfanden. Danach traf man sich und verbrachte den Abend miteinander. Dass die Frauen so sehr einbezogen wurden, hatte auch einen Grund: Eine der Frauen vom SFAC, Rosli Häcki, war Alpgenossin und Mitbesitzerin des Wasserrechts für die Brunnihütte. Deswegen kam der SAC in Engelberg gar nicht um die Frauen herum.

Ich hatte eine Urgrosstante, Tante Kathi. Sie lebte im oberen Stock des Hauses meiner Grossmutter. Schauen Sie, hier hängt ein Bild von ihr. Sie starb mit 93 Jahren, war unverheiratet und hatte drei Weltreisen unternommen. Sie kannte sagenhaft viele Leute, unter anderem Richard Wagner. Begütert war sie keineswegs, man kann also nicht behaupten: «Mit diesem finanziellen Hintergrund ist es keine Sache, Grosses zu unternehmen.» Vielmehr hat sie sich alles absolut selbst erarbeitet. Begonnen hat sie als Gouvernante in einem Hotel in Engelberg, wo sie sich selbst Englisch beibrachte. Französisch lernte sie im Welschland. Wir nehmen an, dass sie die Leute, mit denen sie ihre Reisen unternahm, im Hotel kennengelernt hatte. Mir wurde erst später bewusst, dass diese Tante Kathi, ihren Möglichkeiten entsprechend, eine ähnliche Linie im Leben verfolgt hatte wie ich selbst.

Zwei Jahre nachdem ich mit dem Bergsteigen begonnen hatte, plante Erich Vanis eine Tour auf einen Siebentausender im Hindukusch und fragte mich, ob ich mitkäme. Ich habe erst einmal tief durchgeatmet. Aber die Anfrage freute mich. Es prickelte richtig in mir, und ich empfand dieses Gefühl, das man normalerweise mit Verliebtsein in Zusammenhang bringt – «Schmetterlinge im Bauch». Das fühlt sich sehr ähnlich an: eine freudige Erwartung, gemischt mit ein wenig Angst davor, was da kommen mag. Afghanistan war für mich ein ganz fremdes Land. Alles war gänzlich anders: Man musste beispielsweise Säcke zum Einkaufen mitbringen, weil es kein Verpackungsmaterial gab. Deshalb mussten wir als Erstes das Material kaufen, mit dem wir den Reis, das Mehl und den Zucker verpacken konnten. Als wir fertig ausgerüstet waren, fuhren wir drei Tage lang mit einem alten Lastwagen, der ein Loch auf der Ladebrücke hatte. Das Loch war schnell «repariert»: Es wurde einfach ein Benzinfass daraufgestellt. Das nahmen wir mit, weil es unterwegs keine Tankstellen gab. Ein weiteres Beispiel für das andere Leben in Afghanistan ist das Tchaikana, das Teehaus, in dem man auf dem Boden sitzt. Mit dem ersten Tee putzt man erst einmal die Tasse. Erst den zweiten Tee trinkt man. Das war alles völlig neu für mich. Ich bin nicht verschleckt, aber ich war mir gewisse Dinge gewöhnt und musste auf diesen Reisen viel dazulernen.

Auf dieser Expedition führten wir die Zweitbesteigung des Koh-e-Urgunt durch, vierzehn Jahre nach der Erstbesteigung durch Max Eiselin. Er war ein Freund von Erich Vanis und organisierte auch unsere Expedition. Der Urgunt ist übrigens ein eigenartiger Berg. Er sieht nicht spektakulär aus, ein bisschen wie unser Titlis, er hat ebenfalls eine sanfte Kuppe. Ich kann mich erinnern, wie ich auf dem schönen Basislagerplatz stand und dachte: Na ja, so gewaltig ist das nicht. Das sagte ich natürlich niemandem, aber ich habe es mir gedacht. Der Blick aus der Distanz ist ja etwas, was ein Neuling in Asien überhaupt nicht versteht. Erst im Aufstieg merkt man, wie weit es wirklich ist zum Gipfel. Man macht das Lager Eins, das Lager Zwei, und noch immer ist es weit. An dieses andere Sehen und Wahrnehmen muss man sich erst gewöhnen. Wenn man dann umgekehrt aus Asien zurückkommt und die dortigen Distanzen gewöhnt ist, denkt man, man habe drei Tage, um einen Berg in den Alpen zu besteigen.

Erich hat viele Expeditionen durchgeführt. Wir alle haben unseren Möglichkeiten entsprechend mitgeholfen. Mir wurden gleich von Beginn an der Einkauf und die Verwaltung der Lebensmittel zugewiesen. Das war anfänglich eine rechte Herausforderung. Ich hatte doch keine Ahnung, wie viel zehn Bergsteiger in sechs Wochen essen würden! Beim Militär wären entsprechende Unterlagen erhältlich gewesen, aber das wusste ich damals nicht. Also organisierte ich alles nach Gefühl. Ich kann mich an einen starken Raucher erinnern, der bei der ersten Expedition mit dabei war. Nach einer gewissen Zeit sind ihm die Zigaretten ausgegangen, und er war gezwungen, mit dem Rauchen aufzuhören. Dadurch kriegte er wahnsinnigen Hunger und ass für drei. Ich befürchtete deshalb, dass wir nicht genügend zu essen haben würden. Immerhin hätte man drei Tage runter ins nächste Dorf gehen müssen, um da eine Geiss zu kaufen – so waren die Verhältnisse. Aber Gott sei Dank hat es auch so gereicht.

Erich hat mich immer auch für die Transportmittel, also für das Aushandeln eines Fahrzeuges, eingesetzt. Das ging jeweils so: Die Expedition kommt in einer grösseren Stadt an. Dann benötigt man Zeit, um die Lebensmittel einzukaufen. Aus der Schweiz brachten wir nur Käse, Bündnerfleisch, Schokolade und Soja mit. Parallel zum Einkauf muss ein Fahrer mit Lastwagen angeheuert werden. In der Regel wird man noch von einem Offizier begleitet, der ebenfalls organisiert werden will. Zudem muss man auf dem Tourismusministerium die ganzen Formalitäten erledigen. Wenn das alles geklappt hat, fährt man an den Ausgangspunkt der Tour. Das kann weitere drei, fünf oder zehn Tage in Anspruch nehmen. Dort werden dann die Träger angeheuert. Der Arzt, der mit dabei ist, fordert die einheimischen Träger jeweils auf, ihm die Zunge zu zeigen. Er schaut sich auch die Füsse an, um festzustellen, ob jemand gut gehen kann. Auf diese Weise sucht man sich so viele Leute aus, wie benötigt werden, um Lasten à fünfundzwanzig Kilogramm zu tragen. Normalerweise steigen die Träger mit bis ins Basislager. Einige hörten allerdings vorher auf, warfen ihre Last nieder und liessen sich auszahlen. Manchmal blieben nur vier oder fünf Leute übrig, welche die Lasten dann zu einem höheren Lohn im Pendel hin- und hertrugen. Das Anheuern der Träger ist deshalb nicht ohne. Auf dem Baltoro beispielsweise – das war viele Jahre nach meiner ersten Expedition – musste ich einmal Träger einstellen. Die Interessenten kamen vorbei und stellten sich vor. Ich achtete darauf, dass alle einen Sonnenschutz für die Augen besassen. Also fragte ich: «Wer von euch hat eine Sonnenbrille?» Einige traten zur Seite und zeigten auf einen Brillenbügel, der aus ihrer Kleidung ragte. Sie alle stellte ich ein. Erst auf dem Gletscher merkte ich, dass sich jeweils vier oder fünf Träger eine Brille geteilt und immer nur einen Teil davon vorgezeigt hatten!

Fast jedes Jahr organisierten wir eine solche grössere Unternehmung. Dadurch konnte ich mich in die Einkaufs- und Transportfragen einarbeiten. Das war wahrscheinlich ein Auslöser dafür, dass ich später selber begann, Expeditionen zu organisieren. In der Schweiz war ich damals die einzige Frau, die solche Reisen organisiert und geleitet hatte. Daraus entstand mein späterer Beruf, das Durchführen von Trekkings. Ich spüre immer eine innere Freude, wenn ich mich solchen Projekten widme. Mich reizt es, wenn ich etwas suchen und herausfinden muss, wenn sogar der Zustieg zum Berg schon eine Herausforderung darstellt. Vielleicht steht man schlussendlich an und kommt gar nicht durch den Gletscher. Aber das ist immer noch besser als die tausendste Person zu sein, die eine Tour macht. Von der Route auf den Mount Everest ist praktisch jeder Schritt beschrieben. So etwas hat mich nie herausgefordert. Ich unternehme heute noch mehrtägige Wanderungen, ohne zu wissen, wo ich übernachte. Ich ziehe einfach los, komme irgendwo an, schlafe da, und am nächsten Tag gehe ich weiter... das macht mir Spass.

Meistens war ich die einzige Frau auf solchen Expeditionen. Das war für mich kein Thema, für die Einheimischen aber zuweilen schon. Sie wollten mich jeweils einem Mann zuordnen... «Gehörst du zu dem oder zu jenem?», fragten sie. Das fand ich lustig. In der Gruppe habe ich immer alles gemacht. Ich trug allerdings weniger schwere Lasten. Mit zwanzig, zweiundzwanzig Kilos hatte ich genug, während die Männer bis vierundzwanzig Kilos getragen haben. Ab und zu gab es einen, der noch mehr schleppen konnte, aber das waren Ausnahmen. Sonst habe ich alles mitgemacht: Zelte aufbauen und abreissen, kochen... In den höheren Lagen ist mir das Kochen eher zugefallen, und im Gegenzug haben die Männer schwerere Lasten getragen. Beim Bergsteigen war klar, dass Erich an den schwierigsten Stellen führt. Ansonsten haben wir uns alle abgewechselt. Es muss auch gesagt werden, dass man bei solch hohen Bergen nicht versucht, eine schwierige Route zu gehen. Das beginnt zwar heutzutage. Aber damals war das Ziel, die einfachste Route zum Gipfel zu finden. Deshalb war der Vorstieg kein Thema, abgesehen von einzelnen Schlüsselstellen, bei denen immer Erich vorausging.

Gletscherbruch in Ladakh. Packpferde im Aufstieg.
Unterwegs am Diran, 1983.

Hier in der Schweiz begann ich bald schon, Touren zu führen. Das war ungewöhnlich für eine Frau. Ich erinnere mich, wie ich mit einer jungen Frau in den Rigidalstöcken unterwegs war. Es war Frühling, und auf der Nordseite lag noch viel Schnee. Deshalb fand ich: «Das ist nicht günstig für unser Vorhaben. Steigen wir doch ab, zwei Bänder weiter unten hat es weniger Schnee, da geht es besser.» Nach kurzer Zeit tauchte oben auf dem Grat eine Zweierseilschaft auf. Einer der beiden Männer rief uns zu: «Die Route ist hier oben.» Ich antwortete, dass ich das wisse. Wir sind unten und sie oben weitergeklettert. Nach einiger Zeit sagte er uns erneut, dass sich die Route oben befinde. Ich antwortete nochmals, dass mir das klar sei und ich trotzdem unten klettern würde. Solche Reaktionen waren typisch. Sie kamen von Männern, die dachten, ich wisse nicht, was ich tue.

Als mich das Bergsteigen richtig gepackt hatte, wohnte ich bereits in Zürich, war verheiratet und hatte drei Kinder. Wenn ich fürs Fernsehen interviewt wurde, hiess es dann immer: «Was meint denn Ihr Mann dazu? Und die Kinder?» Aber erstens hatten die Kinder auch einen Vater, nicht nur eine Mutter. Warum darf ein Mann immer fortgehen, was auch immer er vorhat, während eine Frau dazu verknurrt ist, zu Hause zu bleiben? In unserem Fall war es eher umgekehrt. Mein Mann hatte gesundheitliche Probleme und blieb eher zu Hause, und ich war oft unterwegs – warum sollte das eine Frau nicht auch dürfen? Damals war es einfach nicht üblich, dass Frauen sich verwirklichen. War eine Frau ledig, dann konnte sie sich einige Freiheit herausnehmen, aber wenn sie geheiratet hatte, tat sie fortan, was der Mann wollte. Das Bergsteigen war für mich eine Möglichkeit, mich diesbezüglich zu entwickeln. Ich konnte gewisse Dinge selbständig entscheiden und war nicht mehr das Anhängsel von jemand anderem.

Wie ich mich organisiert habe, wenn ich auf Expeditionen ging? Als die Kinder noch nicht in der Schule waren, blieb eines meistens bei meiner Mutter in Engelberg. Zu den anderen Kindern schauten Freundinnen in Zürich. Bei einer Freundin revanchierte ich mich jeweils dadurch, dass ich ihre Kinder für ein paar Tage mit nach Engelberg nahm. Oft war ich auch mit den Kindern unterwegs. Ich nahm sie mit in die Hütte und sagte dem Hüttenwart, er solle den Kindern am Morgen das Frühstück geben. Dann assen wir zusammen das Nachtessen. Morgens um zwei oder drei Uhr brachen wir auf, und die Mädchen schliefen weiter. Später stiegen sie auf dem Normalweg von der Hütte hinunter ins Tal. Wir trafen uns dann beim Auto oder beim Zelt. Dadurch wurden die Kinder schnell unabhängig. Ich war keine Gluggere, mir war es wichtig, die Kinder zu Selbständigkeit zu erziehen. Ich habe auch immer gesagt: Als Frau mit Kindern kann man sich organisieren. Man kann sich gegenseitig aushelfen. Damals wollten das aber viele nicht wahrhaben. Und ich habe mich, ehrlich gesagt, auch gefragt, ob die Frauen wirklich noch anderes unternehmen wollten oder ob sie das nur behaupteten? Oft hiess es: «Mein Mann erlaubt es nicht», oder: «Ich kann das nicht wegen den Kindern.» Heute wird das anders gehandhabt. Aber damals war es sehr aussergewöhnlich, dass man sich die Freiheit nimmt, die ich mir genommen habe. Mir war das wurst. Genauso wie es mir egal war, die einzige Frau auf einer Tour zu sein.

Die Frage, warum ich das eigentlich alles mache, kam schon auf. Zum Beispiel, wenn es während einer Expedition ewig schneite, kalt und gruusig war. Oder wenn ein Hang kein Ende fand. Zu Hause in der Schweiz, dachte ich dann, wäre ich in einem Tag auf dem Gipfel und könnte abends zurück in die warme Hütte. Da fragte ich mich: «Gopfridstutz, was machst du da?» Aus diesem Grund habe ich auch mehrmals meine ganze Ausrüstung verkauft. Ich bot dem Nächstbesten an: «Du kannst meine Schuhe günstig haben, ich brauche sie nicht mehr.» Wenn ich allerdings wieder zu Hause war, begann mich plötzlich ein Berg zu interessieren. Dann nahm ich die Karten hervor und überlegte, wie man dahinkommen könnte. Und plötzlich war die Lust erneut da, dies alles zu planen und zu organisieren. Ob ich ehrgeizig war? Wenn, dann mir selbst gegenüber. Ich musste niemandem etwas beweisen – ausser mir selbst. Das ist die ehrlichste Antwort. Darum hat mir das normale, gewöhnliche Leben wahrscheinlich zu wenig geboten. Es hat mich interessiert, bis wohin ich meine eigenen Limiten erweitern kann. Beim Bergsteigen heisst das: Nicht nur die Normalroute zu nehmen, sondern sich zu fragen: Kann ich auch diese oder jene Route bewältigen?

Heikle Situationen gab es schon ab und zu. Für mich waren es jene Momente, bei denen man keine Zeit hatte, sich zu fragen: «Was machst du nun?» Mir passierte das bei der Drittbegehung der Tödi-Nordostwand auf der Bertl-Braun-Route, als eine Lawine über mich hereinbrach. Erich rief von oben: «Lawine!», und ich sah, dass sie genau auf mich zukam. Also: Pickel, Hammer und Steigeisen verankern, den Rucksack rund machen, den Kopf mit Helm einziehen und warten. Das tat ich, bis das Ganze vorbei war. Der Schock kam erst danach. Ich hing so schlapp in der Wand, als wären meine Muskeln ausgelatschte Gummibänder. Ich hing einfach nur da. Wie lange dieser Zustand andauerte, weiss ich nicht mehr. Dann blickte ich auf und sah: Ich war am Seil, es ist mir nichts passiert, und Erich stand ausserhalb der Lawine. Da realisierte ich plötzlich: Es könnte noch viel mehr kommen. Ich sagte das zu ihm, und er nickte nur. In dem Moment kam meine Kraft zurück. Plötzlich hatte ich viel mehr Energie als sonst. Die restliche Strecke bin ich fast gerannt: Von seinem Stand aus sind wir mehr oder weniger gemeinsam geklettert. Schliesslich kamen wir zu einer Stelle, an der wir endlich einen Haken in den Fels schlagen und die letzten Meter hinter uns bringen konnten. Danach waren wir uns einig, dass der Bergsteiger-Schutzengel an diesem Tag Dienst gehabt hatte. Erich meinte: «Wir sind wie Katzen, die sieben Leben haben. Heute haben wir eines davon aufgebraucht.»

Fahrlässig haben wir nie etwas unternommen. Wir haben immer versucht, uns gut abzusichern. Oder dann gleich frei, das heisst ohne Seil zu gehen. Das bedeutet, dass theoretisch jemand abstürzen könnte. Aber wenn man, zum Beispiel wegen der Sonneneinstrahlung, keine Zeit zum Sichern hat, dann ist es sinnvoller, nicht zu zweit an einem Seil zu gehen. Wenn jemand stürzt, reisst er den anderen mit. Die Technik des freien Gehens haben wir zum Beispiel an der Ortler-Nordwand angewandt. Die ersten achthundert Höhenmeter gingen wir seilfrei und jeder alleine. Erst als wir dachten, jetzt wird es wirklich scheibe steil, sicherten wir mit Seil. Apropos Gefahr: Eine der gefährlichsten Situationen habe ich oberhalb von Engelberg erlebt. Damals hatte es im Sommer geschneit. Das Gras war ungeschnitten, weil das Wildheuen kaum mehr verbreitet war. Als der Schnee schmolz, blieb das Gras flach und abwärts geschichtet liegen. Es war unglaublich rutschig und nirgends ein Stein oder ein Felsen, an dem man sich hätte halten können. Das war eine der heikelsten Situationen, die ich erlebt hatte – wohlgemerkt nicht auf einer meiner Expeditionen, sondern im Zustieg zu den Rigidalstöcken!

Lager II am Noshaq, Afghanistan, 1972. Die «Hiebeler-Tonne» war das leichteste Zelt, das es damals gab.

Erich Vanis und Ruth Steinmann auf dem Gipfel des Noshaq, 1972.

Unterwegs am Palü, um 1980.

Nach einiger Zeit begann ich, über das Bergsteigen zu schreiben. Ich habe Artikel für «Die Alpen» verfasst, die Zeitschrift des Schweizer Alpen-Clubs. Für mich stellte das eine Möglichkeit dar, Geld zu verdienen. Auch Lichtbildervorträge habe ich gemacht. Meistens ging ich zu Sektionen des SAC oder des Deutschen Alpenvereins, manchmal auch zu Frauengruppen oder zum Lions Club, also nicht nur zu Bergvereinen. Mit meinem Buch war es eigenartig. Ich dachte nie, dass ich ein ganzes Buch schreiben würde. Aber ich tat es: «Abenteurerin zwischen Null und Achttausend» kam 1999 heraus. Als ich vom Lhotse zurückkam, traf ich beim *Rendez-Vous Hautes Montagnes* Mürra Zabel, eine Journalistin, mit der ich bis heute befreundet bin. Sie sagte zu mir: «Du hast so viel zu erzählen, schreib ein Buch!» Die Artikel für die Alpen mussten ja immer kurz sein. Darum liess ich vieles weg. Im Artikel zu einer Expedition erwähnte ich beispielsweise die Anfahrt nicht. Aber gerade dabei haben sich spannende Dinge ereignet: Auf dem Dach befand sich Kühlwasser, das mit einem Schlauch nach unten zum Motor geleitet wurde. War kein Wasser mehr da, musste der Chauffeur anhalten und den Behälter auffüllen. In dieser Pause geschah etwas Komisches: Für ihn war das der Moment, um sich mit anderen Chauffeuren auszutauschen. Also nahmen sie sich Zeit, sprachen miteinander und füllten ab und zu etwas Wasser nach. Wir Europäer hingegen mit unserem Zeitgefühl standen daneben und verzweifelten fast! Das sind die Dinge, über die man schreiben muss, nicht die Anzahl Seillängen, die man zu klettern hatte. Solche Bücher gibt es genug. Aber das ist mir erst aufgegangen, als mir diese Freundin immer wieder sagte: «Es klingt ganz anders, wenn du von deinen Reisen erzählst, als wenn du Artikel darüber schreibst.»

Schauen Sie, auf diesem Bild sind wir an einem Siebentausender. Ich band meine Handschuhe immer mit einer Schnur um den Hals fest. Es gibt nämlich unzählige Berichte von Leuten, denen Finger abgefroren sind, weil die Handschuhe im Sturm verloren gingen ... Und dieses Bild wurde auf dem Gipfel des Diran auf 7266 Metern aufgenommen. Warum da die Schweizer Fahne steht? Weil wir Schweizer sind! Wir kriegten übrigens danach einen Rüffel von den Pakistanern, weil wir deren Flagge nicht dabei hatten. Bei solch grossen Unternehmungen war es üblich, Fahnen mitzunehmen. Manchmal war es auch nur ein Wimpel. Den Wimpel des ÖAK beispielsweise hatten wir auf verschiedenen Gipfeln dabei. Die Schweizer Fahne habe ich allerdings oft vergessen. Mir war das nicht so wichtig. Und diese Werbung da hat seinerzeit Pentax gemacht und mich als Modell genommen. Auf meinen Expeditionen hatte ich immer die beste Kamera dabei. Auf dem Foto halte ich sie in den Händen. Aber für die Reklame haben sie mir eine Frauenkamera untergejubelt, die einfach zu handhaben ist und weniger gute Bilder macht. Die Männer in der Broschüre machen hingegen allesamt Werbung für gute Fotoapparate!

Sicher wollen Sie auch etwas wissen von dem hehren Gefühl, das sich auf dem Gipfel einstellt. Über das hat man damals immer geschrieben: Wie wohltuend und frei es sich anfühle und was weiss ich. Das hatte ich nie! Jedenfalls nie auf den hohen Bergen. Dort war ich jeweils nur froh, dass wir endlich oben waren und es nicht noch höher hinauf ging. Erst nachher, wenn man abgestiegen war oder auch erst am nächsten Tag, dachte ich: «He, du warst oben!» Dann stellte sich eine grosse Genugtuung und Zufriedenheit ein. Aber nicht im Moment selbst. Absolut nicht. Glücksmomente gibt es viele beim Bergsteigen. Aber nicht auf dem Gipfel. Irgendwann überfallen sie einen, aber sie lassen sich nicht programmieren. Ein schöner Sonnenaufgang oder ein Sternenhimmel oder eine besonders schöne Passage. Wenn alles stimmt. Zum Beispiel auf dem Grat des Mount McKinley. Es war schönes Wetter, und aus dem Nebelmeer ragten die Gipfel des Foraker, des Hunter und natürlich des McKinley. Und dann die farbig angezogenen Menschen auf dem Grat – wir waren acht Personen –, das war ein wunderschöner Moment.

Ein anderes Beispiel für das Glück beim Bergsteigen ist die gewaltige Schönheit im Khumbu-Eisbruch, der äusserst gefährlich ist. Edmund Hillary hat bei der Erstbesteigung des Mount Everest für diesen Ort den Ausdruck «Hillary's Grausen» geprägt. Das zu sehen, die gewaltigen Türme und Séracs in bläulichen, manchmal rötlichen und gelblichen Farbschattierungen, und von den Leitern, die über die unergründlich tiefen Spalten gelegt worden sind, runter in diese Schwärze zu blicken, das ist wahnsinnig schön. Und geht mit der insgeheimen Angst und dem Wissen einher, dass es saugefährlich ist. Als wir den Khumbu durchstiegen, wussten wir, dass schon vierzehn Personen im Eisbruch umgekommen waren. Stellen Sie sich vor, dieser Gletscher hat eine Fliessgeschwindigkeit von einem Meter pro Tag! Da rumpelt es ständig, auch nachts. Bei uns rutschen die Gletscher vielleicht einen Meter pro Jahr. Dazwischen liegen natürlich Welten. Darum weiss man genau, dass es gefährlich ist, sich auf diesem Gletscher aufzuhalten. Aber es ist auch faszinierend schön. Meine Angst war jedenfalls nie so gross, dass ich die Schönheit dieser Landschaft nicht geniessen konnte.

Nein, auf dem Lhotse zu stehen, war auch kein Glücksmoment. Es war eine wunderschöne Tour, aber ich war mit Kollegen unterwegs, die Erfrierungen erleiden mussten. Zudem war an unserem Gipfeltag das Wetter schlecht. Darum mussten wir vor dem Gipfel, auf 8250 Metern, umkehren. Mein Ehrgeiz ginge nie so weit, dass ich gesagt hätte: «Da muss ich jetzt um jeden Preis durch.» Ich sah, wie der Schnee in der Rinne höher und höher wurde. Einen Rutsch auf dieser Höhe wollte ich nicht riskieren. Das war also keineswegs der schönste Tag meines Lebens. Und auch nicht die schönste Nacht, denn wir mussten dicht gedrängt zu dritt in einem Zweimannzelt auf 160 × 200 cm schlafen. Das ergab sich so, weil wir vom Gipfel hinunterkamen und die nächste Gruppe schon aufgestiegen war. Sie hätten erst am nächsten Tag kommen dürfen, wollten aber Zeit sparen. Also mussten wir uns im Zweierzelt noch schmaler machen als sonst. Es war unglaublich eng! Als die anderen dann morgens Richtung Gipfel aufbrachen, hatte ich ein eigentliches Glücksgefühl! Ich sagte mir: «Hey, jetzt hast du ein ganzes Zwei-Mann-Zelt für zwei Personen! Und bevor der Abstieg beginnt, kannst du noch zwei Stunden schlafen, wirklich schlafen.» Sie sehen, das Glück taucht nicht unbedingt da auf, wo man es erwartet.

Das Gespräch mit Ruth Steinmann-Hess, Jahrgang 1936, fand am 21. Februar 2009 in Versam statt.

Ruth Bättig, 80-jährig, Lyss

«Der eine Bergführer ging gerne
an die Grenzen. Und bei mir wusste er:
Die kommt immer mit.»

Auf dem Weg zur Eingangstür bleibt Ruth Bättig vor einer grossen Pflanze stehen. Das sei ihre Himalaja-Klematis, sagt sie. Wenn der Strauch im Oktober seine orange-gelben Blüten kriege, sähe er aus wie ein Sternenhimmel. Nach ein paar gescheiterten Versuchen, das Gewächs in die Schweiz einzuführen, habe sie eines Tages ein paar Samen in ihr Necessaire gepackt. Seither wachse die Pflanze nicht nur bei ihr, sondern auch in den Gärten zahlreicher Bekannter. Wenig später liegt ein Brieflein in meinem Briefkasten. Es enthält die Samen der Himalaja-Klematis.

RB

Wissen Sie, es ist lustig, dass Sie gerade jetzt auf mich gestossen sind. An meinem achtzigsten Geburtstag habe ich zu meinem Mann gesagt, man sollte all die Erlebnisse, die ich aufgeschrieben habe, in einem Buch veröffentlichen. Ich habe über sämtliche Touren, die ich gemacht habe, Bericht geführt. Und im Himalaja, wo ich über zwanzig Mal war, habe ich jeweils Tagebücher verfasst. Mein Mann hat immer gesagt, er werde das eines Tages publizieren. Aber im Moment ist er nicht so zwäg. Darum kann ich ihm das nicht mehr zumuten. Und von meinen Jungen hat keiner diesen Drang, den ich in mir verspüre. Den habe ich wohl von meinem Grossvater geerbt. Er hat als Ingenieur am Kanal von Korinth gearbeitet. Nachdem er bei der Brown, Boveri & Cie. in Baden die Lehre gemacht hatte, ist er 1880 mit einem Esel nach Griechenland ausgewandert. Leider habe ich ihn nie persönlich kennengelernt. Er ist auf einer Bergtour im Avers abgestürzt und tödlich verunglückt. Meine Grossmutter hat mir später alle Pläne des Grossvaters übergeben. Dieser Unternehmergeist, den er besass, ist in mir wieder aufgekeimt. Darum wollte ich unbedingt nach Korinth. Um zu sehen, wie dieser Kanal verläuft. Mein Mann hat dann mit Ruth Steinmann zusammen eine Reise für mich ausgeheckt, zum achtzigsten Geburtstag. So sind wir nach Griechenland gefahren, Ruth und ich, und haben den Kanal aufgesucht, den mein Grossvater gebaut hatte. Wir sind über jede einzelne Brücke gegangen und haben den Kanal mit den steilen Seitenrändern mit dem Schiff mehrmals durchfahren. Wir waren mit dem Rucksack unterwegs, genauso wie früher in Asien. Das war wunderschön.

Ich bin Goldschmiedin. Darum besitze ich diese Liebe zum Stein. Ich habe viele Jahre lang gestrahlt und in den Bergen nach Steinen gesucht. Die Kristalle hier auf dem Tisch habe ich in der Grimsel rausgeholt. Als Strahlerin konnte ich ab 1967 bei einem Projekt der Uni Bern mitarbeiten. Die Mineralogie-Abteilung der Universität verfügte damals über keine Leute, die strahlen konnten. Darum wurde der Strahlerverein in Bern angefragt, ob jemand von uns Interesse habe, drei Wochen in der Grimsel oben zu arbeiten. Gewohnt wurde im Zelt, Lohn kriegte man keinen, aber man durfte einen oder zwei der Kristalle, die man gefunden hatte, behalten. Als die Anfrage kam, sagte mein Sohn zu mir: «Komm Mutter, wir gehen mit.» Drei Jahre lang sind wir jedes Jahr da hinaufgefahren. Unser Stollen war sechzehn Meter breit und sieben Meter tief. So lange unter Boden zu sein, war nicht jedermanns Sache. Aber uns gefiel die Arbeit. Abends kam jeweils der Helikopter der Grimselwerke, hat unsere Ware abgeholt und unten auf den kleinen Lastwagen geladen. Jetzt haben sie unsere Kluft in der Universität Fribourg nachgebaut. Mit den Steinen, die wir da herausgeholt haben.

Ich habe immer sofort Kontakt zum Stein. Ich erkenne seine Formation. Und ich weiss, wie ein Quarzband beschaffen sein muss, damit etwas Vielversprechendes dahinter zum Vorschein kommen kann. Ich erinnere mich, wie ich einmal am Trübtensee in der Grimsel oben sass und ein Brötchen ass. Plötzlich sah ich neben mir ein Loch. Ich grübelte darin herum und fand bigoscht Eisenrosen! Und im Oberalpgebiet haben mein Sohn und ich einen Stein gefunden, den es bislang in der Schweiz noch nicht gab. Er heisst Rhodonit, ist ein manganhaltiges Mineral, ein Abfallprodukt von Mangan. Wir führten eine Sprengung durch und haben diesen Stein herausgeholt. Mein Grossvater hatte während des Ersten Weltkriegs nach Manganerz gesucht, darum wusste ich, wo sich die guten Stellen befanden. Meine Grossmutter hat mir später die Fotos und Pläne der Fundstellen übergeben. Ich ging dann diesen Gruben nach. Ich selbst verfüge über kein Spreng-Brevet, aber mein Sohn hat eines. Und weil mein Mann damals eine Baufirma leitete, konnten wir in einer Grube Sprengversuche durchführen. Wir haben mit Taschenlampenbatterien und zwei Drähten experimentiert. Die Sprengladung muss ganz schwach dosiert sein, damit das Material bei der Explosion nicht kaputt geht.

Auch in den Schulferien ging ich oft mit meinem Sohn in die Berge und suchte nach Steinen. Einmal gelangten wir abends an ein Bächlein. Wir hatten wieder nichts gefunden, und mein Sohn gab aus Wut einem Stein einen Tritt. Ich weiss noch genau, dass er die alten Militärschuhe von meinem Mann getragen hatte. Der Stein fiel auseinander … und war innen ganz rosarot! Da sagte ich zu ihm: «Nun gehen wir da unten in die Beiz, nehmen ein Zimmer und berichten dem Vater, er müsse helfen kommen.» Am anderen Tag stand mein Mann da, und wir haben das Zeug ausgeräumt. Im Nachhinein konnten wir rekonstruieren, dass es sich um die Ablage einer Manganerzgrube handelte. All die verkohlten Steine, die wie Härdöpfel aussahen, waren Mangan. Im Ersten Weltkrieg, als die Schweizer kein Rohmaterial mehr von Schweden erhalten hatten, suchten sie dort nach Manganerz. Das wurde zur Herstellung von Aluminium benützt. Aber in der Schweiz ist halt alles mini. Es hat ein wenig Gold, ein bisschen Silber, ein wenig Rubinen, ein bisschen Smaragd. Aber alles ist klein. Nun gut, wir gingen also in diese alte Grube und sprengten die Steine raus. Das taten wir natürlich abends, damit es niemand sah. Viele dieser Rhodonite habe ich später zu Schmucksteinen schleifen lassen. Lange Jahre konnte ich meinen Schmuck mit dem Material herstellen, das ich selbst aus dem Berg geholt hatte.

Solange ich denken kann, habe ich Steine gerne gehabt. Auch beim Bergsteigen. Ich erinnere mich an einen wunderschönen, heissen Sommertag in den Engelhörnern. Ich weiss noch genau, wie sich der warme Fels beim Klettern anfühlte. Das vergesse ich nie.

1980 lernte ich im Wallis einen jungen Bergführer kennen. Er sagte zu mir: «Du gehst immer nur bis zu diesen Löchern. In denen bleibst du bis zum Abend und steigst dann mit einem Rucksack voller Steine zurück ins Tal. Aber du hast das Zeug dazu, auf den Gipfel zu kommen!» Das sah ich ein. Damals hatte ich bereits mehr Steine aus dem Berg geholt, als ich in meinem Atelier verarbeiten konnte. Also beschloss ich, auf Berge zu steigen. Weil ich immer schon Ski gefahren bin, begann ich erst einmal mit Skitouren. Wir fingen mit einem Viertausender im Monte-Rosa-Gebiet an und bestiegen dann einen Gipfel nach dem anderen. Dieser Bergführer animierte mich auch dazu, nach Asien zu reisen. 1982 verunglückte er am Ama Dablam tödlich. Ich hätte auf diese Tour mitgehen sollen, aber mein Mann fand, dass ich nicht zweimal im Jahr in den Himalaja reisen könne. Schliesslich hatte ich zwei Buben. Und er selbst musste auch versorgt werden. Er hatte damals eine wichtige Position in der Industrie. Da konnte ich nicht immer weggehen. Darum hatte ich mich der schicksalhaften Tour an den Ama Dablam nicht angeschlossen. Später lernte ich über die Malerei Ruth Steinmann kennen. «Komm doch mit uns nach Asien», forderte sie mich auf. Von da an reiste ich jedes Jahr mit ihr zusammen in den Himalaja. Und auch in der Schweiz haben wir zahlreiche Touren miteinander unternommen.

RB

Ausstieg aus der Kristallkluft am Zinggenstock, 1975.
Freude am Kristallfund.

Ausflug nach Franz-Josef-Land, auf der Fahrt zum
Nordpol, 2004.

Der erste Berg, den ich bestiegen habe, war der Mönch. Das war 1962. Mittlerweile stand ich noch weitere drei Male auf diesem Gipfel. Nach der ersten Tour hatte mein Mann einen schweren Skiunfall. Danach musste er das Bergsteigen aufgeben. Von da an ging ich immer alleine in die Berge. Mein Mann hat mich dabei sehr unterstützt. Er hat die Tour jeweils mit Hilfe der Karte vorbereitet. Dann führte er mich mit dem Auto an die Stellen, wo der Aufstieg zur Hütte beginnt. Oft sind das abgelegene Orte, gerade im Wallis oder im Bündnerland. Nachdem ich den Aufstieg alleine gemacht hatte, traf ich mich jeweils mit dem Bergführer in der Hütte. Ich weiss noch genau, wie ich den mehrstündigen Anmarsch zur Mischabelhütte alleine bewältigen musste. Das war am Vorabend einer grossen Tour in der Mischabelgruppe. Mein Mann verfolgte den Aufstieg mit dem Feldstecher, und nach dem Eindunkeln sandten wir uns mit der Taschenlampe Signale zu. Als ich in der Hütte ankam, begann ich Spaghetti zu kochen. Denn ich wusste, dass der Bergführer unverpflegt ankommen würde. Während ich arbeitete, huschten die Mäuse am Boden umher. Mir fiel ein Stein vom Herzen, als ich den Bergführer im Schein der Taschenlampe aufsteigen sah! Am nächsten Tag hatten wir beste Bedingungen und erkletterten das Nadelhorn, das Stecknadelhorn und das Dürrenhorn. Wir waren ein gutes Team, der Bergführer, mein Mann und ich. Nach der Tour habe ich immer einen Bericht verfasst, einfach so, für mich selbst. Sehen Sie, da hinten in der Wohnwand steht eine ganze Reihe Bücher. Das sind meine Tourenberichte. Hier befinden sich alle Fotobände. Und oben im Atelier bewahre ich alle meine Reisetagebücher auf.

Weil wir in Grindelwald ein Ferienhaus besitzen, bin ich 1973 dem dortigen Frauen-Alpenclub beigetreten. Bald darauf fusionierten wir mit den Männern. Später haben mich Mitglieder des SAC Biels gefragt: «Warum kommst du eigentlich nicht zu uns?» Biel lag ja viel näher bei unserem Wohnort Lyss. Seither bin ich Mitglied beider Clubs. Zurzeit bin ich in der Seniorengruppe aktiv. Wir unternehmen viel miteinander, obwohl einige nicht mehr so gesund sind. Mehrere unserer Gruppe haben einen «Defekt» vom Bergsteigen. Ich selbst musste mich, als Folge des Bergsteigens, einer Hüft- und einer Rückenoperation unterziehen. Zudem habe ich Probleme mit den Augen. Als Folge der starken UV-Strahlung, der ich ausgesetzt gewesen war, habe ich ein Loch in der einen Netzhaut. Auf diesem Auge sehe ich noch zwanzig Prozent. Beim Malen und Goldschmieden stört mich das. Aber zum Glück sehe ich noch gut mit dem anderen Auge. Wissen Sie, wenn ich zurückdenke: Heute hat jedes Kleinkind eine Sonnenbrille auf der Nase. Früher war der Sonnenschutz kein Thema. Beim Bergsteigen liessen wir oft die Sonnenbrille in der Tasche, auch auf dem Gletscher. Alleine wegen des Fotografierens war es bequemer ohne Brille. Heute achtet man viel mehr auf solche Dinge. Auch als ich das Hüftgelenk sah, das der Arzt herausgenommen hatte, erschrak ich. Es war gänzlich von Arthrose zerfressen. Es wurde durch das Bergsteigen und mit den schweren Rucksäcken einfach zu einseitig belastet. Zudem habe ich Schrauben im Rückgrat, weil zwei Wirbel gekippt sind. Ich bin ein Opfer der Berge! Aber wissen Sie: Es war wunderschön. Ich möchte keine einzige Tour missen. Und ich hoffe, ich könne mich noch ein Weilchen durchschummeln. Seit der Hüftoperation habe ich mich noch nicht ans Skifahren gewagt. Und ich weiss auch nicht, ob ich es nochmals versuche. Deshalb bin ich zurzeit oft mit den Schneeschuhen unterwegs: Das Firstgebiet in Grindelwald kenne ich wie meinen eigenen Hosensack.

RB

Die technischen Aspekte des Bergsteigens haben mir keine Mühe bereitet. Guido Baumann, mein damaliger Bergführer, hat mir alles mit viel Geduld gezeigt. Heute bin ich häufig mit einem Bergführer in Grindelwald unterwegs. Er ist fast gleich alt wie ich und hat mir sehr viel Technik beigebracht. Ich selbst habe nie Touren geleitet. Und auch keine Seilschaft angeführt. Ich wollte das nicht. Ich wollte die Verantwortung nicht auf mich nehmen. Für mich selbst zu schauen, war mir Aufgabe genug. Ich war auch immer gerne zu dritt oder zu viert unterwegs. Grosse Gruppen behagten mir nicht. Darum ging ich oft mit einem Bergführer in die Berge. Denn beim SAC ist klar: Wenn eine Tour angekündigt ist, zieht man an diesem und keinem anderen Datum los. Auch wenn das Wetter schlecht ist. Und wenn jemand streikt, ist die ganze Gruppe davon betroffen ... Ich kann mich an eine Tour auf den Säntis erinnern, bei der eine Kollegin nicht mehr weiterkam. Wir konnten deshalb die letzte Stelle nicht bewältigen und mussten alle umkehren. Bei einer grossen Gruppe ist das Risiko hoch, dass so etwas passiert und man nicht ans Ziel kommt. Dafür war mir meine Zeit zu kostbar. Mit den Bergführern konnte ich auswählen, wann ich eine Tour unternehmen wollte. Wir sind immer unter der Woche unterwegs gewesen, damit wir nicht an den Wänden anstehen mussten. Als wir aufs Matterhorn stiegen, hatte es am Tag zuvor geschneit. Ich wäre gerne den Tälligrat hinaufgestiegen. Der Bergführer meinte aber, das sei ihm zu gefährlich, er wolle die Normalroute begehen. Das haben wir dann gemacht, und wir waren die Einzigen. Alleine am Matterhorn! Als ich zurück in die Hütte kam, sagte mir die Hüttenwartin, sie habe ein Einzelzimmer für mich. Ich sei heute schliesslich als Einzige auf dem Matterhorn gewesen. Ich fragte sie, wie ich das verdient habe. Sie wolle es mir schenken, antwortete sie. Wissen Sie, ich hatte immer grosses Glück im Leben.

Das mit den Viertausendern war wie eine Sucht. Als ich begann, auf hohe Berge zu klettern, und bald einmal über die Hälfte davon gemacht hatte, dachte ich: «Warum eigentlich nicht gleich alle Viertausender der Schweiz besteigen?» Heute sehe ich, dass es auch andere schöne Touren gegeben hätte. Aber damals... Mein letzter Viertausender war übrigens das Schreckhorn. Es hat mir noch gefehlt in meiner Sammlung, und die Besteigung war eine schwierige Sache. Jahr für Jahr fuhr ich hin. Und Jahr für Jahr konnte ich beobachten, wie die Gletscher sich zurückzogen. Das ist unheimlich. Überhaupt sind die Berge rund um Grindelwald wahnsinnig stark von Erosion betroffen. Sie sind deshalb schwierig zu begehen. Auch der Mittellegigrat am Eiger. Erstens ist das Gestein abwärts geschichtet, und zweitens ist es so... chrabelig, so lose. Von meinem Schlafzimmerfenster in Grindelwald aus sah ich die ganze Zeit auf den Mittellegi. Ich habe immer hinübergeblickt und mich gefragt: «Werde ich eines Tages über diesen Grat klettern?» Und ich habe es getan.

Mein zweiter Viertausender war das Finsteraarhorn. Wir wollten damals nur zur Galmilücke aufsteigen und auf der anderen Seite runter ins Wallis fahren. Beim Aufstieg habe ich gemerkt, dass unser Bergführer ein wenig muff war. Die Tour war ihm zu langweilig. Als wir in der Finsteraarhornhütte ankamen, traf ich Mändel Steuri, einen bekannten Bergführer aus Grindelwald. Als ich ihm von unserem Vorhaben erzählte, meinte er, es sei eine Schande, bei diesen guten Verhältnissen nur über die Galmilücke zu gehen. Wir sollten doch aufs Finsteraarhorn. Ich antwortete ihm, dass ich nicht einmal meine Steigeisen dabei habe. Das sei doch kein Problem, warf er ein. Er sei mit seiner Frau hier und verfüge über zwei Paar Steigeisen. Er sprach dann mit unserem Bergführer, und am nächsten Morgen um fünf stiegen wir drei aufs Finsteraarhorn: Mein Sohn, ich und der Führer, der jetzt glücklich war. Es war wunderbar. Ein Geschenk.

RB

Dieser Bergführer, Mändel Steuri, ist vor ungefähr fünf Jahren gestorben. Einer nach dem anderen stirbt. Der Bergführer, mit dem ich den Mittellegigrat gemacht hatte, erlitt kürzlich einen Herzinfarkt. Das ist nicht einfach für mich. Es ist ein richtiges Abschiednehmen. Wie ich jeweils vom Tod eines Bergführers erfahre? Ich erhalte eine Todesanzeige. Überhaupt stehe ich mit meinen Bergführern in regelmässigem Kontakt. Wir schreiben uns immer zu Neujahr. Kürzlich habe ich ihnen mitgeteilt, dass ich kürzertreten müsse. Es gehe nicht mehr so wie früher. Die Bergführer in Grindelwald sehe ich immer, wenn ich im Ferienhaus bin. Da ist einer dabei, mit dem ich ganz waghalsige Sachen unternommen hatte. Mit ihm fuhr ich zum Beispiel mit den Skiern am Rötihorn vorne gerade hinunter bis zum Bachsee. Wir machten verflixte Sachen. Er ging gerne an die Grenzen. Und bei mir wusste er: «Die kommt immer mit.»

Als Frau unterwegs zu sein, war für mich kein Problem. Ich habe mir stets gesagt: «Du kannst das.» Zudem bin ich ziemlich unnahbar. Für mich gilt die Sache. Beim Beruf hingegen, da musste ich mich als Frau durchkämpfen. Meine Eltern waren gegen meine Berufswahl. Aber ich habe immer gesagt, ich wolle Goldschmiedin werden. Als ich die Prüfung für die Kunstgewerbeschule Zürich gemacht hatte, rief ich aufs Sekretariat an und fragte, ob ich durchgekommen sei. Man sagte mir, ich werde den Bericht erhalten. «Das nützt mir nichts», antwortete ich, «denn meine Eltern wollen nicht, dass ich diese Schule besuche.» Ich erfuhr dann am Telefon, dass ich durchgekommen war. Also holte ich den Bericht ab und erklärte meinen Eltern: «Ich will an die Kunstgewerbeschule. Für mich gibt es nichts anderes mehr.» Ich besuchte dann das allgemeine Jahr, eine Art Einführungskurs, und malte viel. Ich wollte aber in die Goldschmiedeklasse. Pro Jahrgang nahmen sie damals zwei Stück. Ich machte erneut die Prüfung und kam rein. Dann besuchte ich vier Jahre lang die Fachklasse. Kaum war ich mit der Lehre fertig, ging es wieder los. 1951 habe ich das Eidgenössische Diplom als Goldschmiedin erhalten. Ich ging mit meinem Mäppchen unterm Arm auf Stellensuche, und überall hiess es: «Wenn Sie ein Mann wären, hätten wir Arbeit für Sie.» Das war dazumal einfach so. Ich habe alle Goldschmiedeateliers abgeklopft, von Genf bis zum Bodensee. Schliesslich lernte ich eine Frau kennen, die vis-à-vis vom Grossmünster in Zürich einen Schmuckladen führte. Sie stellte mich an. Pro Stunde erhielt ich 1.80 Franken. Das war 1948. Damals musste ich das Geld verdienen, weil mein Mann noch studierte. Unsere Eltern waren nicht gerade begeistert, als wir heirateten. Aber wir waren schon im Kindergarten zusammen. Und sind es bis heute geblieben.

Meine Mutter hat sich entsetzt, als ich mit dem Bergsteigen begann. Ich erzählte ihr nichts von meinen Erlebnissen. Aber oft kriegte ich auf den Touren Fieberblatern von der Sonne. Wenn sie die sah, sagte meine Mutter jeweils: «Gell, du bist wieder bergsteigen gewesen?» Sie hatte Angst um mich. Ich habe ihr geantwortet: «Mein Mann und ich müssen das miteinander abmachen.» Er hat mich immer in die Berge gehen lassen. Er wusste ja, dass ich sonst nicht zufrieden gewesen wäre.

Manchmal war das Bergsteigen schon beschwerlich. Einmal reiste ich zum Klettern ins Bergell. Eigentlich lockte mich die Badilekante. Aber zuvor war Einklettern an der Fiamma angesagt. Sie ragt wie eine Granitflamme in den Himmel. Das Klettern dort ist keine leichte Sache, denn der Bergeller Granit ist messerscharf. Nach kurzer Zeit waren meine Hände blutig. Zum Glück bin ich nicht schon früher hingefahren! Denn die Fiamma ist zwei Jahre vorher vom Blitz getroffen und um zwei Meter gekürzt worden. Während ich also die letzten Klettergriffe machte, dankte ich dem Unwetter von Herzen dafür, dass mir auf diese Weise die letzten Meter erspart geblieben sind.

Ich kann mich auch an wirklich schwierige Bergsituationen erinnern. Einmal kamen wir vom Eiger her und konnten wegen eines Gewitters nicht auf den Gletscher absteigen. Deshalb mussten wir rüber zur Mönchsjochhütte. Die Luft war derart elektrisch geladen, dass es ständig Flämmlein gab und wir den Pickel möglichst weit von uns weghalten mussten. Es war heikel, aber Angst hatte ich nicht. Angst hatte ich früher nie. Die habe ich erst heute. Gerade vor einigen Tagen sagte ich zu mir selbst: «So einen Klettersteig zu begehen, wäre etwas Schönes!» Aber ich mute es mir nicht mehr zu. Vielleicht habe ich Angst davor, diejenigen zu behindern, die hinter mir klettern. Ich habe einfach einen Punkt erreicht, an dem ich mir sagen muss: «Vieles ist nicht mehr möglich.» Obwohl es schade ist. Denn das Leben geht viel zu schnell vorbei. Aber Pläne habe ich dennoch: Ich möchte diesen Sommer noch einmal in die Glecksteinhütte. Meinem Bergführer in Grindelwald habe ich gesagt: «Ich komme mit, wenn du mich begleitest. Aber vielleicht benötigen wir doppelt so viel Zeit.» Es fällt mir nicht einfach, das einzusehen. Aber ich muss akzeptieren, dass es heute nicht mehr so geht wie früher.

Auch früher musste ich manchmal über meinen Schatten springen. Einmal waren wir mit einem Jeep in Pakistan unterwegs. Ruth Steinmann wollte mit uns eine befreundete Familie besuchen, die oben in den Bergen, auf der anderen Seite des Flusses, hauste. Ein einheimischer Fahrer balancierte uns drei Frauen auf einer Werkstrasse durch ein wildes Tal im Hunzaland. Links war Fels, rechts der tosende Fluss. Immer wieder legte der Fahrer ein Brett unter die Wagenreifen, die kein Profil hatten. So sollte das Auto vom Abrutschen bewahrt werden. Am Ende des Weges erreichten wir eine grosse Baustelle. Zwei betonierte Brückenpfeiler ragten aus dem Boden. Sonst nichts, gar nichts. Weit unten sahen wir einen tosenden und schäumenden Bach. «Wie kommen wir hier weiter?», fragten wir uns. Schliesslich entdeckten wir ein kleines Kistchen aus Holz, das über dem Wasser baumelte. Es war ungefähr achtzig auf achtzig Zentimeter gross. Mit angezogenen Knien war es knapp möglich, in der Kiste zu sitzen und sich am Rand festzuhalten. Am Drahtseil, an dem die Kiste befestigt war, hing ein zerschlissenes Stoffband. Mit dem sollte man sich hinüberhangeln, auf die andere Seite des Flusses. Mutlos blickte ich auf die Kiste über dem reissenden Wasser: Wie sollte ich das schaffen? Aber zu guter Letzt, als die anderen drei sich schon auf der gegenüberliegenden Seite befanden, setzte ich mich in das Kistchen. Die Überquerung war die Hölle auf Erden. Sie müssen wissen, dass ich eine panische Angst vor Flüssen habe. Luft und Fels sind mir vertraut. Aber Wasser, das finde ich unheimlich. Nun gut, ich habe es geschafft. Auf sicherem Boden ging es auf der anderen Seite weiter, aber im Kopf nagte der Gedanke: Zurück müssen wir auch wieder!

Unterwegs zum Strahlegghorn, September 1983.
Aufstieg zum Nordend, Juli 1982.

Warum mich der Himalaja angezogen hat? Weil man so hoch steigen kann, ohne auf Schnee zu stossen. Bis auf fünftausend Meter breiten sich Weiden aus. Wenn ich daran denke, dass das letzte Lager am Nanga Parbat auf einer Wiese stand. Und auf einmal ist man im tiefsten Schnee und Eis. Es gibt selten Felsklettereien im Himalaja. Fast alles spielt sich im Eis ab. Die Farben sind wunderbar da oben. Abends, wenn wir im Camp waren, habe ich oft gemalt. Aquarelle und naive Malerei. Die Verbindung zu den Menschen war mir auch wichtig. Es sind tolle Leute, die Nepalesen und die Menschen in Ladakh. Im Mustang haben wir wunderschönen Konzerten von buddhistischen Mönchen beigewohnt. Oft waren wir die ersten Ausländer, die eine Region besucht haben. Wir haben immer geschaut, welche Gegend sich neu dem Tourismus öffnet, und versucht, als Erste dahin zu gelangen. Was haben wir gewartet, bis das Königreich Mustang sich dem Tourismus öffnen würde! Als es endlich geschah, sind wir gleich losgereist. Wir sind vom König persönlich empfangen worden. Dreimal haben wir bei seinen Schwestern übernachtet. Das ist nicht mehr möglich. Heute reisen viel zu viele Touristen dahin.

Wissen Sie, ich bin dagegen, dass sie jede Person für ein paar Tausend Franken auf den Mount Everest schleiken. Ich bin auch dagegen, dass die Bergführer einen Gast am Seil die Eiger-Nordwand hinaufziehen. Wenn ich mir die Glückseligkeit vorstelle, die ich empfand, wenn ich auf einem Gipfel stand und mich vorher abgeschunden hatte, um dort hinauf zu gelangen… Die geht doch verloren, bei der heutigen Jagd auf Rekorde. Früher hatte man mehr Zeit, mehr Ruhe, mehr Gelassenheit. Das Bergsteigen hat sich in kurzer Zeit wahnsinnig verändert. Warum kann man nicht auf einfachere Weise unterwegs sein? Warum nicht ein Butterbrot mitnehmen und ein Fläschchen Wasser? Als wir auf den Mönch stiegen, benutzten wir noch Hanfseile und trugen genagelte Schuhe. Früher hat es einfach dazugehört, dass man sich abrackerte.

Früher war man auch vorsichtiger. Und man hat die Touren länger vorbereitet. Wenn ich etwa an Dölf Reist denke, einer der ersten Schweizer am Everest. Als ich das erste Mal in der Gegend war, begann ich von Lukla aus fröhlich und unbeschwert die erste Etappe Richtung Everest. Da kam uns Dölf Reist entgegen und fragte: «Wohin wollt ihr?» – «Ins Basislager des Everest», antworteten wir. «So kommt ihr gar nirgends hin», meinte er. «Schlagt auf der Stelle ein Lager auf, schlaft und geht am nächsten Morgen gemütlich und langsam weiter.» Auf diese Weise kam unsere Gruppe herrlich voran. Aber wenn er uns damals nicht gesagt hatte, wir sollten langsamer voranschreiten, hätten wir den Aufstieg niemals so gut hinter uns gebracht.

Ein anderes wichtiges Erlebnis hatte ich 1980. Ich bestieg mit einem Walliser Bergführer alle Viertausender im Jungfraugebiet. Als wir zum Schluss auf dem Aletschhorn standen, sagte ich zu ihm: «Lass uns nicht nach Hause gehen. Wir machen noch eine Tour im Wallis!» Er entgegnete mir: «Erst steigen wir hier hinunter.» Und siehe da, beim Abstieg fiel ich in eine Gletscherspalte und renkte mir die Schulter aus. Der Bergführer zog mich heraus und versuchte, meinen Arm wieder einzurenken. Aber es gelang ihm nicht. Es war ein Wochentag im Mai und weit und breit kein Mensch in Sicht. Da sagte er zu mir: «Ich muss runter, zur nächsten SOS-Station. Das dauert ungefähr zwei Stunden.» So blieb ich alleine auf diesem Gletscher. Ohne Handy. Das war nicht einfach. Ich denke oft daran zurück. Erst habe ich Ausschau danach gehalten, ob irgendein Tierchen zu sehen sei. Nichts, rein gar nichts zeigte sich. Zum Glück war das Wetter gut. Ich lag ganz alleine auf einer silbernen Isolierdecke. Plötzlich stieg die Angst in mir hoch: «Und wenn dem Bergführer etwas geschieht?» Er war ja alleine auf dem Gletscher unterwegs. Wissen Sie, wie froh ich war, als ich nach zwei Stunden das Surren des Helikopters hörte? Ich war erleichtert, einfach nur erleichtert.

Eine ganz andere Begegnung mit dem Eis hatte ich während meiner Reise in die Arktis im Jahr 2004. Es begann mit einem Spleen: Ich wollte an den Nordpol. Das erzählte ich Ruth Steinmann, und sie war sofort mit von der Partie. Bald war klar, dass es nur eine Möglichkeit gab, an den Nordpol zu gelangen: Mit einem von zwei russischen Atomeisbrechern. Anfangs waren wir skeptisch und fanden: «Es ist nicht ganz unser Stil, mit einem Atomschiff zu reisen.» Aber es gab keine andere Möglichkeit. Also flogen wir über Helsinki nach Murmansk. Dort haben wir uns auf dem Atomboot «Jamal» eingeschifft, einem Expeditionsschiff. Wir fuhren durch die Barentsee direkt zum Nordpol, den wir am sechsten Tag erreichten. Unser Zimmer war keine offizielle Schiffskoje, sondern ein umfunktionierter Büroraum voller zugedeckter Messgeräte. Ruth schlief auf einem

Kanapee und ich in einem viereckigen Holzschlag. Auf dem Schiff befanden sich neben wenigen Touristen vor allem Wissenschaftler. Eines Nachts wurden wir von einer Lautsprecherdurchsage geweckt. Wir standen auf und begaben uns zur Reling. Unten stand ein wunderschöner junger Eisbär und versuchte erfolglos, die Schiffswand hochzuklettern. Wahrscheinlich war er hungrig. Die Reise war eindrücklich, aber auch eine richtige Tortur. Zehn Tage lang hat es uns kontinuierlich durchgeschüttelt. Das Schiff bewegte sich immer wieder retour, nahm Anlauf und bohrte sich dann mit voller Kraft in die fünf bis acht Meter dicke Eisschicht. Hinter uns zog sich eine schwarze Bahn dahin, die das Schiff ins Eis geschnitten hatte. Ruth und ich hatten unsere Malsachen dabei. Aber es war bei dem Gerüttel kaum möglich zu malen oder zu lesen. Als wir am Ziel angelangt waren, stieg ich aus dem Schiff und lief zum Nordpol. Es stellte sich aber heraus, dass das nicht so einfach war. Das Meer ist in dieser Gegend ständig in Bewegung und wirft das Eis auf. Zudem geht ein heftiger Wind, der die Eiserosionen verstärkt. Richtig ruuch war es auf dem Nordpol, wie auf einem groben Gletscher.

Auch Vulkane haben mich immer fasziniert: dass das Erdinnere sich meldet und nach Aussen tritt. Vulkane zeigen den Menschen, wie dünn die Erde ist, dünn wie eine Eierschale, während es im Erdinneren brodelt. Vor acht Jahren reiste ich mit Ruth Steinmann auf die liparischen Inseln. Unser Ziel waren die Vulkane. Mit einem Schnellboot fuhren wir nach Stromboli. Wir sahen den Vulkan von weitem; er räuchelte leicht. Er ist sehr formschön, und wir hatten sofort Lust, ihn zu besteigen und oben zu übernachten. So zogen wir los, mit unseren Mätteli, den Wasserflaschen und dem Fotomaterial. Mehr hatten wir nicht dabei. Weil uns die Vulkanwächter ständig beobachteten, stiegen wir ganz langsam auf. Es war ja komplett verboten, selbständig auf den Vulkan zu gehen. Deshalb mussten wir das Aufsichtspersonal immer wieder loswerden. Wenn sie mit ihren Gruppen vorbeistiegen, haben wir ein Fotoplätzlein gesucht und uns still verhalten. Als wir oben ankamen, versteckten wir uns in der Nähe des Kraters hinter einem grossen Lavastein, bis die Vulkanwächter alle verschwunden waren. Der Boden war warm, sogar heiss. Kleinere und grössere Beben erschütterten ihn. Je dunkler es wurde, desto schöner und eindrücklicher war die Stimmung. Wir richteten uns für die Nacht ein und beobachteten das Schauspiel. Der grosse Lavafels gab uns Deckung vor dem Aschenregen. Die Erde brüllte und zitterte, als ob der Teufel uns aus dem Erdinneren stupfen wollte. Die Glut und das Magma, das aus der Erde austrat, machten einen enormen Eindruck auf uns. Diese Nacht war einmalig und verboten. Richtig eindrücklich wurde es aber erst, als wir am nächsten Abend am Fusse des Vulkans sassen und einen Cappuccino tranken. Plötzlich warf der Vulkan aufs Heftigste Feuer und Asche aus. Was für ein Glück, hatte er nicht am vorherigen Abend so gespuckt!

Wenn ich eine grosse Reise unternehme, plane ich unterwegs immer schon den Vortrag für zu Hause. Wenn ich zum Beispiel eine Wiege mit einem Bébé drin fotografiert hatte oder ein Paar ausgetrampte Schuhe, sah ich bereits vor meinem inneren Auge, dass das der Anfang oder der Schluss der Dia-Show werden würde. Es war mir wichtig, meine Erfahrungen weiterzugeben. Das kann ich im Lyceum Club Biel tun, dem ich seit über vierzig Jahren angehöre. Das Lyceum ist eine ursprünglich akademische Vereinigung mit ausschliesslich weiblichen Mitgliedern, die Veranstaltungen zu Literatur, Kunst, Musik und sozialen Themen organisiert. Wenn ich von einer Reise zurückkehre, dann verlangen meine Kolleginnen vom Lyceum immer, dass ich von meinen Erlebnissen berichte. Keine einzige dieser Frauen ging selber bergsteigen. Aber sie interessieren sich für meine Touren und wollen allerhand erfahren. Stets fragen sie mich: «Wann gehst du wieder, was planst du?» Das Nächste, was ich ihnen zeige, sind die Bilder meiner Reise nach Korinth. Ich werde sie unter dem Titel «Auf den Spuren meines Grossvaters» präsentieren. Aber noch ist alles zu frisch. Ich muss warten, bis sich die Erinnerungen setzen. Erst dann beginne ich, am Vortrag zu schreiben.

Ich bin sehr genügsam. Eine Suppe mit Wurst reicht mir. Und eine Ecke zum Schlafen. Darum möchte ich nochmals auf die Glecksteinhütte. Da wird noch Petrollicht verwendet. Wie früher. Ich hoffe, sie basteln diesen Sommer nicht zu viel an dieser Hütte herum. Ich bin schon ein wenig nostalgisch. In der Glecksteinhütte war ich oft: Mit meinem Mann, mit meinen Buben, mit meinem älteren Enkel. Ende August möchte ich nochmals da hinauf. Um diese Jahreszeit kommen immer die Steinböcke mit ihrem riesigen Geweih herunter. Sie nähern sich der Hütte, weil auf der Mauer für sie Salz ausgelegt wird. Es ist wunderschön, ihnen zuzusehen. Wenn ich es schaffe, mit achtzig Jahren nochmals da hinaufzusteigen, dann werde ich richtig glücklich sein.

Das Gespräch mit Ruth Bättig, Jahrgang 1929,
fand am 28. Mai 2009 in Lyss statt.

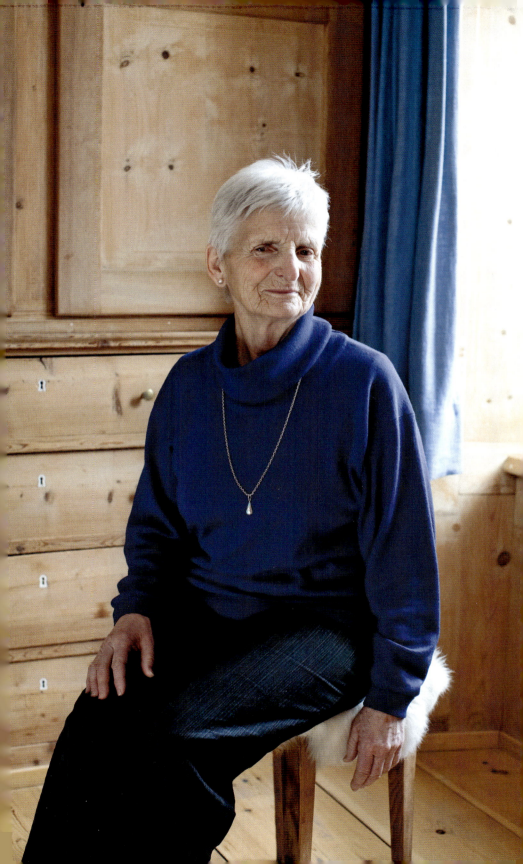

Irma Egler, 78-jährig, Lavin

«Die Berge werden steiler
und die Skier schwerer.»

Wenn ich eine Engadiner Bergsteigerin suche, müsse ich mit Irma Egler sprechen, wurde mir gesagt. Da steht sie nun, am Bahnhof von Lavin. Wir begrüssen uns und schlendern gemeinsam über das alte Kopfsteinpflaster hinunter ins Dorf. Grüne Matten glänzen im Sonnenlicht vor den dunklen, dicht bewaldeten Berghängen am gegenüberliegenden Ufer des Inns. Durch diese Wälder führt ein steiler Weg nach Macun, jener magischen Seenplatte, von der mir Irma Egler gleich erzählen wird. Und davon, warum ihre Grossmutter diesen Weg noch als Fünfundsiebzigjährige unter die Füsse nahm.

Weisst du, Frauen sind schon seit langem in den Bergen unterwegs. Die Mutter einer Freundin aus Berlin erzählte mir einmal vom Ortler. Sie stand schon als junge Frau auf diesem Berg! Als sie mir davon berichtet hatte, war sie fast hundert Jahre alt, und das ist zwanzig Jahre her ... Ob sie noch mit dem Rock in die Berge ging? Ja, natürlich. Wir ebenfalls. Wir gingen im Rock klettern. Das war gar nicht so einfach. Einmal stiegen wir mit drei jungen Männern auf die Keschnadel. Der Leiter nahm noch zwei Frauen mit, die zum ersten Mal auf einen solchen Berg geklettert sind. Die eine war nachher ganz zerkratzt, weil sie im Rock da hochgestiegen ist. Der Sohn hat es später nicht geglaubt, dass die Mutter auf der Keschnadel war. Jedenfalls nicht, bis ich ihm die Fotos gezeigt habe.

Bis ich zwanzigjährig war, trug ich Röcke beim Bergsteigen. Die Burschen wollten damals immer, dass wir Frauen vorausgehen, damit sie uns beim Klettern unter den Rock schauen konnten ... Immerhin mussten wir damals keine langen Röcke tragen. Denn als ich aus der Schule kam, war «kurz» in Mode. Die Röcke reichten zwar bis über die Knie, das schon. Aber länger waren sie nicht. Ich war die Erste im Dorf, die Latzhosen trug. Das waren Überkleider aus Jeansstoff, breit geschnitten, die Hosenbeine ein bisschen aufgekrempelt. Die zog ich zum Heuen an. Mein Schwager fand, das sei gar nicht schön. Später trug ich eine schwarze Zweidrittelhose. Da hiess es wieder, das sei nicht schön. Kurz darauf begannen zwei jüngere Frauen ebenfalls mit Hosen zu heuen. Und nach ein paar Jahren trugen fast alle Frauen Hosen. Aber die Veränderungen haben lange gedauert! Die älteren Frauen im Dorf tragen heute noch einen Rock. Meine Schwester Rosa hat erst vor ein paar Jahren Hosen gekauft, wegen dem Wandern und gegen die Kälte im Winter.

Die Bergausrüstung war früher nicht besonders gut. Wir trugen eine Windjacke, eine Kappe und Handschuhe. Anfänglich zogen wir nur am Oberkörper ein Gstältli an. Unten haben wir uns mit dem Seil befestigt. Jedes Jahr mussten wir aufs Neue die Knöpfe lernen, weil wir sie inzwischen vergessen hatten. Als ich 1964 mit dem Club auf den Piz Palü stieg, war ich noch mit Holzskiern unterwegs. Meine Brüder, die mit dabei waren, hatten schon eine bessere Ausrüstung. Ich kann mich gut daran erinnern, wie sie mich beim Rausfahren über den Morteratschgletscher zogen, weil ich mit meinen Skiern kaum vorwärtskam. Wenn ich heute zum Skifahren auf die Diavolezza gehe und rüber zum Palü schaue, denke ich jedes Mal: O Dieu! Die Skischuhe, die ich damals trug! Sie waren aus Leder, schön, aber hart. Wir hatten oft Blasen. Und angeseilt waren wir auch nicht. Vielleicht zuoberst. Aber beim Runterfahren waren wir ganz sicher nicht am Seil.

Während meiner Kindheit hatten wir wenig Zeit zum Wandern. Am Sonntag, ja. Wenn wir nicht heuen mussten. Gemäht wurde damals alles von Hand. Wir hatten gute Knechte aus Bergamo, die uns halfen. Und viel zu Fuss gehen mussten wir beim Heuen, oft bis nach Susch, Guarda oder Giarsun. Meine Eltern gingen gerne in die Berge. Aber sie kamen selten fort, wegen des Hofs. Uns liessen sie ziehen. Ich erinnere mich, wie der Vater zur Mutter sagte: «Warum hast du sie gehen lassen?» Und die Mutter antwortete: «Du hast ja auch nichts eingewendet.»

Mit dem Bergsteigen begann ich in der Jugend, mit meinem Bruder Jachen zusammen. Er ist sechs Jahre jünger, und wir zogen oft gemeinsam los. Schon als Vierzehnjähriger stieg er ganz alleine auf den Piz Linard. Erst später, als er Bergführer wurde, hat er begonnen, beim Bergsteigen Seile zu benützen. Er arbeitete damals als Lehrer in Scuol und machte zusätzlich die Bergführerausbildung, damit er in den langen Sommerferien Arbeit hatte. Er war Leiter der Jugendorganisation und später Präsident des Alpenclubs Engiadina Bassa. Diese Sektion hat mich immer auf ihre Touren mitgenommen, auch als offiziell noch keine Frauen aufgenommen wurden. «Ja, klar darfst du mitkommen», sagte der damalige Präsident zu mir. Kürzlich wurde ich sogar Ehrenmitglied. Ich war ganz baff und fragte: «Warum ich?» Sie sagten, ich hätte viel für die Linardhütte getan, und das fast immer gratis. Ausserdem sei ich oft mit dem Club unterwegs gewesen.

Als ich sechzehnjährig war und aus der Schule kam, sind wir oft mit der Giuventüna losgezogen, der Jugendorganisation im Dorf. Wir waren zwanzig oder fünfundzwanzig Jugendliche. Wenn wir auf den Piz Buin, den Piz Linard oder den Piz Chapütsch'alba geklettert sind, haben wir alle mitgenommen, auch diejenigen, die nicht berggängig waren. Wenn ich heute daran denke! Wir sind einfach losgezogen mit solchen, die kaum Ahnung hatten vom Bergsteigen. Auch an Ausrüstung besassen wir fast nichts. Den Gletscher überquerten wir ohne Seil. Über die Spalten sind wir gehüpft und fanden es gar lustig! Es hätte allerhand passieren können. Aber wir hatten Glück. Wenn wir heute zusammenkommen und uns das erzählen, sagen wir alle dasselbe: Mamma mia! Wir hatten gute Schutzengel.

Später wurde ich Mitglied des Frauen-Alpenclubs Chur. Beim Eintritt musste ich aufzählen, auf welchen Bergen ich schon gewesen war. Fünf Gipfel musste man angeben. Den Piz Linard habe ich aufgeschrieben, den Piz Palü und noch ein paar andere. Für mich war diese Bedingung kein Problem. Ich hatte damals schon viele Touren unternommen. Die Clubregeln waren strikt: Als sie über meine Aufnahme abstimmten, musste ich den Raum verlassen. Die meisten Mitglieder waren unverheiratete Frauen. Sie wollten aber auf keinen Fall, dass man «Frau» zu ihnen sagte: Sie waren «Fräuleins», auch wenn sie siebzigjährig waren.

Der SFAC Chur war meist mit einem Bergführer unterwegs, im Sommer häufig mit meinem Bruder Jachen. Dann habe ich oftmals eine eigene Seilschaft übernommen. Bei den schwereren Stellen half mein Bruder. Leichtere Skitouren haben wir im Club auch ohne Bergführer unternommen. Einmal verbrachten wir zwei Tage in der Jamhütte. Eine von uns, sie war damals die Älteste, fuhr im Telemark-Stil. Die war so gut, sie wurde sogar von den Männern gelobt! Wir anderen schafften es hingegen nur mit Not hinunterzufahren. Der Schnee war schlecht. Ja, es gab gute Skifahrerinnen unter diesen Frauen. Aber streng waren sie. Und eben, «Fräulein» musste man ihnen sagen. Was sie beruflich so gemacht haben? Einige waren Verkäuferinnen oder Sekretärinnen, andere waren Geschäftsleiterinnen, im Sozialwesen oder im Spital tätig. Eine war Soldatenmutter. Sie führte eine Kaffeestube für das Militär.

Damals, im Krieg, haben sie überall Kaffeestuben für die Soldaten eingerichtet. Auch in Lavin hielten sich während des Kriegs viele Soldaten auf. Es gab mehr Soldaten als Einwohner! Im Nachbarhaus befand sich die Soldatenstube. Unser Haus war voller Militär. Wenn man morgens aufstand und herunterkam, sassen Soldaten in der Stube. Es war wie im Krieg, hier im Dorf. Die Strassen waren mit Stacheldraht und Baumstämmen verbarrikadiert. Da hinten sieht man noch die Zementblöcke, die sie für die Panzersperre aufgebaut hatten. Wir nannten sie Toblerone. Hier in der Nähe gab es sechs oder sieben Festungen. Im Wald hat das Militär Blockhütten gebaut. Auch auf dem Macun-Plateau. Das Material, das sie dazu benötigten, brachten sie mit Maultieren hoch. Darum haben sie den Weg von hier bis Zeznina und dann auf den Macun gebaut. Meine Grossmutter, die damals fünfundsiebzig Jahre alt war, wollte sich das ansehen. Sie hat uns Kinder genommen und ist da hochgestiegen. Das war ein Ereignis im Dorf, eine so alte Frau, die noch auf Macun geht! Wenn abends geschossen wurde, entstand so ein Lärm in der Gemeinde, dass die Häuser Risse bekamen. Einmal hiess es, der General Guisan komme nach Lavin. Weil hier so viele Festungen stehen würden. Daraufhin haben wir tagelang die damalige Landeshymne geprobt: «Rufst du mein Vaterland». Schliesslich kam der grosse Tag. Der General fuhr vor, stieg aus dem Auto, sah sich um und sprach mit ein paar Leuten. Dann fuhr er wieder ab. Wir waren so aufgeregt gewesen, dass wir es verpasst hatten, unser Lied zu singen!

In einer Nacht hiess es, die Deutschen kämen. Wir sollten auf der Stelle fliehen. Jeder bekam einen Rucksack, alles andere musste im Keller verstaut werden. Plötzlich kam ein Soldat. Er sagte, wir müssten ihm den ganzen Käse geben. Nur das, was wir gerade benötigten, durften wir behalten. Am anderen Tag waren alle weg, und neue Soldaten standen da. Fliehen mussten wir nicht, denn die Deutschen sind nie gekommen. Es gab auch interessante Begegnungen. Mit einigen Soldaten hatten wir Kontakt bis zu ihrem Tod. Sie kamen noch viele

Jahre später vorbei, um Grüezi zu sagen. Einer hat uns immer erzählt: «Meine Stiefmutter war das Modell von Segantini.» Und es stimmte. Denn bei Giovanni Segantini arbeitete eine Magd namens Baba. Sie stand ihm oft Modell. Später heiratete sie einen Spinatsch von Savognin. Er war Witwer und Vater dieses Mannes, der bei uns Soldat war. Erst viel später habe ich diese Zusammenhänge verstanden.

Mein älterer Bruder Chasper ging während des Kriegs in Winterthur zur Schule. In den Ferien fuhr er immer mit dem Velo nach Hause. Einmal kam er aber nur bis nach Davos. Da hiess es: Die Strasse sei zu. Morgen kämen die Deutschen ins Engadin. Es gäbe Krieg. Er dürfe nicht weiter. Damals wurden ja nachts alle Lichter verdunkelt. Nicht einmal am Fahrrad durfte man eine Lampe haben. Mein Bruder traf dann einen Kollegen, mit dem er nach Filisur hinunter fuhr. Da erreichten sie den Militärzug. Damit waren sie aber erst im Oberengadin. Von da aus mussten sie noch zu uns runterfahren. Mitten in der Nacht kam er endlich nach Hause! Ich erinnere mich auch noch daran, wie das Vieh brüllte, wenn die Flugzeuge über uns hinwegflogen. Und wie wir die Bombardierungen in Italien hörten. Einmal ging meine Mutter in den Vorratskeller, um etwas zu holen. Da stiess sie auf einen fremden Mann, einen Flüchtling. Sie holte meine Tante und fragte: «Was machen wir nun?» Sie haben dann mit einem Offizier gesprochen, und der Mann konnte weiterziehen. Ein andermal hiess es, zwei Russen kämen. Flüchtlinge. Da sind wir gesprungen, um sie uns anzuschauen. Es waren zwei grosse Männer. Wir wussten ja nicht, wie Russen aussehen!

Während des Kriegs war Selbstversorgung angesagt. Jede Familie hatte Geissen oder Schafe. Zudem mussten wir Korn und Kartoffeln pflanzen. Auch das Getreide bauten wir von Hand an. Ich sehe den Vater noch, wie er den Roggen aussät und ganz am Schluss, wenn alles gemacht war, am Ackerrand stehen bleibt. Vielleicht hat er gebetet, ich weiss es nicht. Dreschen mussten wir von Hand. Meine Mutter buk dann das beste Roggenbrot der Welt. Sie bekam eine Auszeichnung vom Plantahof, der Landwirtschaftlichen Schule in Landquart. Als die Männer im Dienst waren, mussten die Frauen mit den Kindern alleine heuen. Sogar das Pferd mussten wir ins Militär geben. Wir bekamen zwar Knechte. Die waren aber nicht gut zu gebrauchen. Es waren ältere Unterländer, die kaum Ahnung vom Bauern hatten. Manchmal fragten wir die anwesenden Soldaten, ob sie uns helfen würden, das Heu einzufahren. Weil die jungen Männer fort waren, mussten wir Kinder und die alten Männer vom Dorf lernen, wie man vom Hydranten aus eine Wasserleitung legt. Auf diese Weise hätten wir löschen können, falls es nach einer Bombardierung gebrannt hätte. Ob wir uns gefürchtet haben? Wir waren Kinder, wir haben vieles nicht verstanden. Und es war interessant für uns. Wir lernten alle Soldatenlieder!

Damals gab es auch in jedem Dorf einen Nachtwächter. Das war schon vor dem Krieg so. An verschiedenen Stellen waren Uhren in die Hauswände eingemauert. In die hinein musste der Wächter jede Nacht, wenn er vorbeiging, ein Blatt legen. Auf diese Weise wusste man am nächsten Tag, dass er seine Runde gemacht hatte. Unser Nachtwächter sang immer zwei Lieder, wenn er durchs Dorf zog. In einem hiess es: «Ola, ola, il guitader chi va intuorn clamand.» Das heisst, er gehe rufend durchs Dorf; er kontrolliere, ob alles zu und ob die Feuer gelöscht seien. Mit dem zweiten Lied wünschte er allen eine gute Nacht und dass Gott uns behüte. Spät abends, wenn wir Kinder im Bett lagen, hörten wir diese Gesänge. Das war schön... Auf einmal wollte aber niemand mehr diese Arbeit machen. Es sind bestimmt fünfundsiebzig Jahre her, seit der Nachtwächter aufgehört hat, durch unser Dorf zu ziehen.

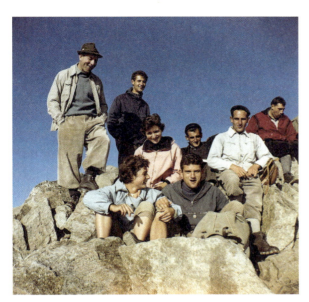

Mit der Familie unterwegs zum Piz Kesch, 1961.
Irma (2. v. r.) hinter Bruder Chasper.

Gipfelfoto auf dem Piz Kesch, 1961. Irma 4. v. l.
Die Giuventüna von Lavin besteigt den Piz Linard, 1947.

Nach dem Krieg ging ich ins Welschland und lernte Französisch. Danach besuchte ich die Frauenschule in Chur. In unserem Kurs hatte es nur Engadinerinnen und Puschlaverinnen. Die Leiterin mochte uns nicht, weil wir romanisch sprachen untereinander. Es wurde uns deshalb verboten, am Tisch unsere Sprache zu benutzen. Später besuchte ich die Bäuerinnenschule im Bernbiet. Dort verstand ich kaum die Hälfte. Schriftdeutsch konnten wir, das hatten wir ja in der Schule gelernt. Aber den Berner Dialekt zu verstehen, das war schwierig. Zehn Jahre später traf ich die Kollegin wieder, mit der ich das Zimmer geteilt hatte. Sie sagte zu mir: «Deine Beine sind gerader geworden, und Schweizerdeutsch kannst du mittlerweile auch.»

Später lernte ich Weberin. Und danach ging ich zehn Jahre lang im Winter nach Flims, um zu weben. Im Sommer half ich zu Hause beim Heuen. Als ich dreissig Jahre alt war, beschloss ich, meinen Beruf zu wechseln. Ich wollte als Kindergärtnerin arbeiten. Nach der Umschulung trat ich eine Stelle in Felsberg an. Eveline Widmer-Schlumpf, die heutige Bundesrätin, war eines der ersten Kinder, die bei mir den Kindergarten besuchten. Mir gefiel die Arbeit, aber ich vermisste das Rätoromanische. Darum sagte ich mir eines Tages: «Ich komme heim und mache etwas für meine Sprache!» Bei uns gab es jedes Jahr ein Dorffest, bei dem die Kinder und die Jugendlichen Theater spielten und tanzten. Diese Aufführungen habe ich zwölf Jahre lang geleitet. Romanisch ist eine so wunderschöne Sprache! Aber es war nicht immer einfach, sie zu vermitteln. Oft musste man selber etwas dichten oder Texte übersetzen. Vieles musste aus dem Deutschen übernommen werden. Erst in letzter Zeit werden vermehrt Bücher auf Romanisch herausgegeben. Diese Entwicklung begann, als wir Kinder waren. Plötzlich wurde wieder mehr für die Erhaltung der Sprache getan. Romanisch war zwar schon immer die Alltagssprache in Lavin, auch während Grossmutters Jugendzeit. Aber Korrespondenzen wurden oft in Deutsch geführt, das Dorftheater führte schriftdeutsche Stücke auf, und der gemischte Chor sang auch deutschsprachige Lieder. Bei uns hat sich das geändert. Man hat die alten romanischen Lieder hervorgeholt und wieder gesungen. In unserer Jugendzeit sprach man im Dorf nur romanisch. Deutsch zu sprechen begannen wir in der vierten Klasse der Primarschule. Das ist auch heute noch so – Gott sei Dank!

1966 trat ich eine Stelle in Scuol an. Danach bin ich sechsundzwanzig Jahre lang mit dem Auto nach Scuol gefahren, in meinen Kindergarten. Rauf und runter. Sechs Alben voller Fotos von den Kindern stehen in meinem Regal. Ich habe meinen Beruf sehr geliebt. Obwohl der Lohn niedrig war. In Felsberg habe ich vierhundert Franken verdient. In Scuol sechshundert. Später wurde der Lohn auf tausend Franken erhöht. Dann kamen die Jungen und sagten: «Wir müssen besser bezahlt werden. Die Lehrer erhalten viel mehr Lohn.» Sie haben dafür gesorgt, dass sich die Bezahlung ändert. Wir haben noch fast umsonst gearbeitet. Auch für das Material bekamen wir kaum Geld. In Felsberg hatte ich zweiundvierzig Kinder. Und ich erhielt zwanzig Franken im Monat für die Materialkosten. Das ist nichts! Papier und Farben hat mir jeweils mein Cousin gegeben. Er führte eine Papeterie. Manchmal brachten die Mütter etwas zum Basteln mit. Mehr hatten wir nicht. Und doch haben wir allerlei unternommen. Es waren halt andere Zeiten. Oft ging ich auch wandern mit den Kindern. Wir unternahmen Schulreisen nach Susch, Guarda, Ftan, Ardez, Tschlin. Die Kinder genossen es, über Stock und Stein zu gehen. Es gab Familien, die in der Gegend ein Maiensäss besassen. Wenn wir da vorbeikamen, sagten die Mütter: «Kommt herein.» Und dann gab es die Marenda, das Zvieri.

Als ich von Felsberg zurück nach Lavin zog, ging ich fortan nicht mehr mit dem SFAC Chur, sondern mit dem SAC Engiadina Bassa in die Berge. Anfänglich war ich die einzige Frau in der Sektion. Ob das ein Thema war? Nein, ich hatte nie Schwierigkeiten als Frau in den Bergen. Das heisst, nur einmal, als wir mit dem SFAC Chur im Bergell unterwegs waren, trafen wir auf die Männer des Alpenclubs Chur. Und die wollten nicht neben uns am Tisch essen. Warum nicht? Wir waren halt Frauen. Darum.

1971, als das Frauenstimmrecht durchkam, wurde es noch im selben Jahr in Lavin eingeführt. In Guarda hingegen kam es erst zehn Jahre später. Es musste noch dreimal darüber abgestimmt werden. Und erst beim dritten Mal wurde es angenommen. Jetzt haben sie dafür die erste Gemeindepräsidentin des Engadins, Maria Morell. In unserer Familie gab es viele starke Frauen. Meine Grossmütter waren beide Fortschrittliche. Die eine hat viel Neues ausprobiert. Sie liess sich ein Bad einbauen, als das noch niemand im Dorf tat. Nur das Hotel Piz Linard hatte damals ein Bad. Und einmal, als sie in der Ostschweiz Verwandte besucht hatte, machte sie einen Rundflug. Das war zu einer Zeit, als noch nicht viel los war mit Fliegen! Als ihre Schwester bei der Geburt des vierten Kindes starb, nahm sie alle vier Kinder zu sich nach Lavin, vom Fünfzehnjährigen bis zum Poppin, dem Baby. Fortan zog sie acht Kinder auf. Sie probierte auch neue Sachen im Haushalt aus, das Einmachen in Bülachgläsern zum Beispiel. Während des Kriegs besassen nur sie und das Hotel Linard ein Radio. Deshalb versammelten sich jeden Abend in ihrer Stube die Soldaten zum Radiohören. Sie war eine Emanzipierte, diese Grossmutter. Und sie hat eine wichtige Rolle in meinem Leben gespielt. Die andere Grossmutter war auch eigensinnig. Sie wollte ihren Liebsten heiraten, was ihrem Vater gar nicht passte, denn der Auserwählte war zehn Jahre jünger als sie. Als der Vater die Tochter einmal ins Geschäft nach Italien schickte, traf sie sich auf dem Rückweg mit ihrem Freund im Bergell. Sie sind in Stampa aufs Standesamt gegangen, haben geheiratet und sind als Eheleute nach Hause zurückgekehrt. Das war mutig. Ich hätte mich nicht getraut, zu einem so strengen Vater zurückzukommen. Später ist ihr Mann mit achtundfünfzig Jahren gestorben und sie mit zweiundsiebzig Jahren. Der Altersunterschied war also gar nicht von Bedeutung.

Warum zu meiner Zeit nicht mehr Frauen in die Berge gingen? Eine gleichaltrige Freundin von mir hat damals einen Bauern in Guarda geheiratet und Kinder gekriegt. Eine andere hatte ebenfalls Familie. Noch andere zogen weg von hier. Und dann gab es solche, die einfach keine Freude an den Bergen hatten. Ich war hingegen ledig, lebte hier und liebte die Berge. Eine fanatische Kletterin war ich zwar nicht. Aber ich ging gerne und oft wandern und bergsteigen. Und im Sommer war ich immer Hüttenwartin auf der Linardhütte. Das kam so: Als der damalige Hüttenwart starb, wollten meine Neffen sie übernehmen. Meine Schwester sagte aber: «Alleine lass ich euch das nicht machen. Ihr seid erst achtzehn Jahre alt.» Da fand ich: «Gut, dann machen wir das gemeinsam.» Als wir die Hütte übernahmen, hatte sie noch ein Strohlager. Unten lag Stroh, und darüber waren Säcke ausgebreitet. Die Mäuse, die da herumgerannt sind! Nur schon über die Mäuse könnte man ein Buch schreiben. Einmal hob ich ein Brett hoch: Darunter lagen fünf Zentimeter Mausdreck. Und die Küche war ganz schwarz von den Petroleumlampen. Was wir da geputzt haben! 1967 wurde dann Wasser in die Hütte verlegt, WCs wurden gebaut und ein Sarina-Kochherd reingestellt. Versorgt haben sich die Leute immer selber. Wir kochten nur auf Anfrage. Damals mussten wir noch das ganze Material und die Nahrungsmittel selber hinauftragen. Von der Alphütte weg ist das eine Stunde Gehzeit. Heute wird alles mit dem Helikopter gebracht.

Die Hütte putzen mit Ilona Gunter, 1986.
Übernachtungen organisieren, 1986.
Vor der alten Linardhütte 1993. Umgebaut wurde 1995.

Irma führt eine Tour auf den Piz Buin, Roland wird angeseilt, 1970.
Mit Neffe Mario Giacometti und seiner Frau Chatrina auf dem Piz Morteratsch, August 1974.

Auf dem Piz Linard war ich einundfünfzig Mal. Dein Tee wird kalt, Patricia! Er ist mit Kräutern aus meinem Garten gemacht. Und die Äpfel im Kuchen sind ebenfalls aus dem Garten. Ich hatte letztes Jahr so viele! Wir haben zwar Most gemacht. Aber ich muss dennoch schauen, wie ich sie alle loswerde... Wie gesagt, einundfünfzig Mal stand ich auf dem Linard. Mein Bruder war auch oft oben, aber er hat seine Besteigungen nicht gezählt. Bei mir war es anders, weil ich Hüttenwartin war. Da hat man aufgeschrieben, was man macht. Normalerweise stieg ich jedes Jahr einmal hoch. Ein Jahr ging es nicht, dafür im anderen Jahr zweimal oder dreimal. So war das. Ich ging oft, wenn jemand auf den Linard wollte, und sagte: «Willst du auch mit?» Oder ich begleitete den Bruder. Und auch mit dem Alpenclub stieg ich auf den Linard. Während vieler Jahre war ich am Wochenende und an meinen freien Tagen in der Hütte. Es war schön da oben. Es gefiel mir, mit den Leuten zusammen zu sein. Man hatte interessante und schöne Begegnungen. Zum Beispiel mit einem jungen Italiener. Das kam so: Im April 1977 fanden drei Italiener einen Toten in der Hütte. Das war furchtbar. Es war ein neunundzwanzigjähriger Münchner, der im Jahr zuvor oft da war und oben überwintern wollte. Der Schnee kam spät in jenem Jahr. Er hätte noch herunterkommen und Esswaren holen können. Aber er bekam den Bergkoller. Im Frühling wurde er dann von dieser Gruppe Italiener gefunden. Einer davon war erst achtzehnjährig. Zehn Jahre nach diesem Vorfall kommt jemand in die Hütte und gibt mir ein Gedicht, ein wunderschönes Gedicht. Da fragte ich ihn, ob er Pfarrer sei. Er sagte, nein, er sei damals dabei gewesen, als sie den jungen Mann fanden. Das habe ihn so beschäftigt, dass er das Gedicht schreiben musste. Nun kommt Aldo Bariffi, so heisst der Mann, jedes Jahr wieder und besteigt den Linard von allen Seiten. Oder eine andere Geschichte: Vor einigen Jahren waren wir im November auf der Hütte, als eine Schachtel mit Weihrauch auf dem Tisch lag. Sie gehörte einem Mann aus dem Tirol, der ungefähr zehn Jahre zuvor mit seinem Bruder auf den Piz Linard gestiegen war. Er erzählte uns, dass sie jedes Jahr hierher gekommen seien, schon als Buben. Sein Bruder verunglückte später im Himalaja. Darum kam er an Allerheiligen auf die Hütte, zum Andenken an den Bruder. Ja, manchmal erfuhr man traurige Sachen.

Es ist schon faszinierend, das Bergsteigen. Das ganze Drum und Dran. Am Morgen geht man weg, im Dunkeln. Und dann kommt langsam der Tag ... Am schönsten ist es zuoberst, auf dem Gipfel. Aber oft hat man viel gepustet, bis man da oben steht! Am besten gefiel es mir auf der Bernina. Oder im Bergell. Oder im Wallis. Da habe ich mit meinem Bruder die Eiswand der Lenzspitze gemacht. Ins Ausland fuhren wir eigentlich nie. Wir gingen über die Grenze, in die Dolomiten oder auf den Ortler, aber sonst blieben wir hier. Es war ein wenig Mode damals. Man sagte sich: «Es ist so schön da!» und blieb in der Nähe. 1967 hörten wir zu Hause mit der Landwirtschaft auf. Von da an bin ich oft ins Ausland gereist. Aber wir sind selten in die Berge gegangen, eher ans Meer. Zum Bergsteigen blieb man in der Gegend.

Oft war ich auch mit der Familie in den Bergen unterwegs. Mit meinem Bruder Jachen, meiner Schwägerin Annatina und meinen Neffen Riet, Curdin und Peider-Andri führten wir im Bergell Tourenwochen durch oder gingen im Gebiet von S-charl auf Skitouren. Ich bin ihnen sehr dankbar für diese Erlebnisse: Die Touren in der winterlichen Bergwelt, die Kameradschaft, das gute Essen. An all das denke ich gerne zurück. Während vieler Jahre war ich auch auf der Loipe unterwegs. Langlaufen gefällt mir. Es ist ein befreiender und befriedigender Sport. Mit dem Skiclub Zernez nahm ich am sechzig Kilometer langen Maloja-Zernez-Lauf teil. Als ich zum ersten Mal mitlief, war ich fünfzigjährig und gewann das Rennen in der Kategorie der Frauen. Ein anderer Höhepunkt war die «Traversada», die Durchquerung des Gebiets von Sent. Sie führt von der Heidelberger- zur Sesvennahütte, die auf der Grenze zwischen der Schweiz und Italien liegt. Um fünf Uhr früh, noch bevor es zu tagen begann, starteten wir. Wir stiegen zum Sattel auf und liefen hinunter zum Inn. Dann gingen wir die Uinaschlucht hoch und direkt zur Sesvennahütte. Nach dieser grossen Anstrengung waren die Abende immer lustig. Es gab gutes Essen, Musik und viel Gesang. Zwischen 1989 und 2001 lief ich fünf Mal mit. Im Jahre 2001 war ich mit über siebzig Jahren die weitaus älteste Teilnehmerin.

Ich habe so viele schöne Erinnerungen an die Berge. Mir lag besonders das Klettern. Manchmal gingen wir ins Bergell, auf die Sciora- oder Albignahütte und von da aus los: auf den Largo, Piz Casnile, Punt Albigna. Das Klettern war faszinierend. Es gefiel mir viel besser, als auf dem Gletscher unterwegs zu sein. Besonders wenn der Schnee weich war, fragte ich mich: Der Pickel sinkt ein, befinden wir uns über einem Spalt? Oder die Eislawinen... als ich mit dem Bruder auf den Dom ging, wusste man nie: Kommt sie oder kommt sie nicht? Ab und zu muss man sich schon zusammennehmen... Beim Skifahren habe ich mich immer gefragt: «Wie komme ich wieder zurück?» Hoch geht es schon, aber runter... Angst hatte ich nicht wirklich, aber Respekt. Vor ein paar Jahren stieg ich mit meinem Bruder auf den Piz Buin. Da sagte er mir auf dem Wiesbadener Grätli: «Jetzt steigst du da runter.» – «Das getraue ich mich nicht», sagte ich ihm. Es lag Neuschnee, und es war wirklich heikel. Er erwiderte: «Du bist da schon rauf und runter.» Das stimmt ja. Aber jetzt, wo ich älter bin, fühlt sich das anders an.

Ich ging jahrzehntelang in die Berge. Nur während eines Jahres war ich nicht unterwegs, weil ich nicht zwäg war. Das war furchtbar. Auch jetzt ist es nicht einfach. Wenn ich daran denke: Es kommt der Tag, an dem ich nicht mehr in die Berge kann ... Denjenigen, die sich das nicht gewohnt sind, macht das vielleicht nichts aus. Aber meine Schwester und ich, wir brauchen Bewegung! Und dennoch. Dieses Jahr werde ich neunundsiebzig. Die letzten zwei Jahre habe ich keine Skitouren mehr unternommen. Denn die Berge werden steiler und die Skier schwerer. Andererseits kenne ich eine Frau, die später als ich mit Skitouren begann. Weil sie Kinder und Familie hatte. Und jetzt, mit einundachtzig Jahren, kann sie nicht mehr aufhören damit. Sie sieht sehr schlecht, fährt Ski wie eine Wilde und geht auch noch klettern. Mir sagt sie immer: «Du hast vorher damit begonnen, jetzt mache ich dafür länger.» Sie möchte stets, dass ich an einen Kletterkurs mitkomme. Aber heute ist das Klettern anders, mit diesen Schühlein. Die will ich nicht anziehen. Der Bergführer Paul Etter, bei dem ich einen Kletterkurs besucht hatte, sagte einmal: «Ich werde mein Leben lang nur in Bergschuhen klettern.» Aber wer weiss. Vielleicht hätte er die Kletterschuhe auch ausprobiert, wenn er länger gelebt hätte. Er starb 1985 in einer Lawine.

Vor etwa zwölf Jahren fanden sie im Dorf, man sollte Wanderungen für Senioren anbieten. Zusammen mit Simon Viletta habe ich dann eine Gruppe auf die Beine gestellt. Erst waren wir acht Personen. Dann kamen immer mehr dazu. Am vorletzten Mittwoch nahmen neunundvierzig Personen an der Wanderung teil. Sie kommen aus dem ganzen Unterengadin. Mit dieser Gruppe bin ich gerne unterwegs. Oft ziehe ich aber auch alleine los. Sie sagen dann immer, man solle das Handy mitnehmen. Ich habe aber keines. Wenn etwas passiert, dann passiert es, in Gottes Namen. Manchmal lege ich einen Zettel auf die Truhe. Und schreibe, wohin ich gehe. Aber ab und zu wechselt man unterwegs die Meinung und geht doch einen anderen Weg. Wenigstens wissen sie dann ungefähr, in welcher Gegend ich bin. Letztes Jahr ging ich alleine nach Macun. «Macun» heisst Steinbock. Und es ist ein ganz besonderer Ort, ein Hochplateau im Schweizer Nationalpark mit zahlreichen Seen. Es war ein schöner Tag, ein Traumtag. Und es war wunderbar, da oben zu wandern. Ich sage mir in solchen Momenten immer: Solange ich noch kann, steige ich hoch. Denn unten herumspazieren kann ich vielleicht noch lange.

Das Gespräch mit Irma Egler, Jahrgang 1930, fand am
6. Juni 2009 in Lavin statt.

Yvette Vaucher, 80-jährig, Genf

«Wir hatten den Eindruck, nichts sei unmöglich für uns zwei.»

Bahnhof Genf, Schalterhalle. Eine schlanke, hochgewachsene Frau betritt den Raum und steuert, nachdem sie einen kurzen suchenden Blick in den Raum geworfen hat, auf mich zu. Vor mir steht die Bergsteigerin, die Felicitas von Reznicek 1967 als «die bedeutendste der jüngeren Schweizerinnen in den Bergen» bezeichnet hat. Obwohl solche Rangordnungen fragwürdig sind, kann man die Liste der Wände, die Yvette Vaucher begangen hat, nur mit Staunen zur Kenntnis nehmen. Wie blickt sie als Achtzigjährige auf diese Taten zurück? «Trinken wir erst einmal eine Tasse Tee», antwortet Yvette Vaucher und führt mich gewandt durch die zahlreichen Baustellen aus dem Bahnhof und zur Tramhaltestelle.

YV

Im vergangenen November bin ich achtzig geworden. Das Leben geht viel zu schnell vorbei. Wirklich. Ich klettere immer noch ein bisschen. Nicht allzu oft, wegen meiner Hüft- und Knieprothesen. Gewisse Bewegungen kann ich nur mit Mühe ausführen: Grätschstellungen fallen mir zum Beispiel schwer. Da muss ich aufpassen. Aber ab und zu begehe ich noch einen Klettersteig. Denn es fehlt mir, das Klettern.

Bestimmt wollen Sie wissen, wie alles angefangen hat? Ich begann mit neunzehn Jahren zu klettern. Ein Arbeitskollege von mir zeigte mir immer wieder Bergfotos. Ich arbeitete damals in einer Uhrenfabrik namens «Solvil». Dieser Herr – ein Uhrmacher – kletterte am Salève. Das hat mir gefallen, und ich verspürte das Verlangen, es ebenfalls zu versuchen. Kurz darauf habe ich gesehen, dass der Genfer Alpenclub «Amis Montagnards» Kletterkurse anbietet. Formidable! Ich bin hingegangen, und es klappte auf der Stelle. Die Kollegen, welche mir das Klettern beigebracht hatten, sagten zu mir: «Komm doch mit am Sonntag, wir haben dieses und jenes vor.» Sie sahen, dass es gut läuft, hatten Vertrauen in mich und nahmen mich fortan auf ihre Touren mit. Voilà.

Meine Eltern gingen nicht in die Berge. Sie waren beide berufstätig. Mein Vater war Schneider, und meine Mutter arbeitete bei der Uhrenfirma Rolex. Aber als Kind verbrachte ich meine Ferien oft auf dem Land. Meine Grosseltern hatten einen Bauernhof im Jorat, zwischen Lausanne und Moudon. Mein Grossvater melkte die Kühe, meine Grossmutter buk Brot und Kuchen für das Dorf. Da lernte ich, auf dem Feld zu arbeiten, zu heuen und zu ernten. Besonders an eine Sache kann ich mich gut erinnern: Mein Grossvater und mein Onkel trugen immer einen weissen Schurz, wenn sie das Getreide schnitten. Auch wir waren bei der Ernte stets weiss gekleidet. Die weisse Farbe stand für den Respekt, der dem Getreide entgegengebracht wurde. Das gefiel mir und beeindruckte mich.

Der Salève, das ist der Genfer Berg. Übrigens ist das französische Wort «varappe» da entstanden. Am Salève gibt es Wände, die man als «grande varappe» bezeichnet. Die Leute, die dort kletterten, nannte man «varappois» oder «varappeux». Daraus entstanden im Lauf der Zeit die Wörter «la varappe» und les «varappeurs», das Klettern und die Kletterer. Voilà.

Ja, es hat mich schon gestört, dass der SAC die Frauen so lange nicht aufgenommen hat. Früher hatten Frauen auch nicht die Möglichkeit, sich zur Bergführerin ausbilden zu lassen, weil sie nicht diensttauglich gewesen waren. Ich denke, dass das im SAC ähnlich war. Es herrschte eine militärische Mentalität vor. Warum es manche Männer nicht mögen, dass Frauen bergsteigen? Sie sind eifersüchtig. Noch heute gibt es Männer, die Bemerkungen zu mir machen: «Ach, dein Ehemann hat dich die Wand hinaufgezogen.» Sie sagen dummes Zeug, vielleicht im Scherz, aber sie sagen es dennoch. Ça arrive. Es sind aber vor allem die älteren Männer, die solche Dinge sagen. Die jüngeren verhalten sich anders. Zudem muss man anfügen, dass viele Frauen, die selbst nicht klettern, es nicht mögen, wenn ihre Männer mit Frauen unterwegs sind. Sie fürchten um ihre Ehemänner. Das ist bis heute so. Im SAC Genf gibt es die «jeudistes», eine reine Männergruppe. Um das auszugleichen, hat man ein gemischtes Treffen am Dienstag eingeführt, die «mardis mixtes». Und es gibt zahlreiche Frauen, die nicht wollen, dass ihre Ehemänner daran teilnehmen.

Dem SAC bin ich erst spät beigetreten. Nachdem die beiden Clubs fusioniert hatten, ernannte der Präsident des Genfer SAC, Edouard Brique, Loulou Boulaz und mich zu Ehrenmitgliedern. Darauf waren wir sehr stolz. Danach wurden alle Frauen offiziell zum SAC Genf zugelassen. Zuvor hatte der Club keine Frauen aufgenommen. Es gab zwar einen Frauen-Alpenclub, dem bin ich aber nicht beigetreten. Ich bevorzugte männliche

Bergsteigerkameraden. Weshalb das so war? Zu meiner Zeit sah man Frauen nur in den einfachen Kletterrouten. Sie hatten keine guten Begleiter, die sie auf Touren mitnahmen. Und sie waren nicht genügend ausgebildet. Das hat sich in der letzten Zeit glücklicherweise verändert. Aber als ich mit dem Klettern begann, gab es nur wenige Frauen, die kletterten. Und die meisten waren nicht sehr gut. Eine Ausnahme war Loulou Boulaz, die ich am Salève kennengelernt hatte. Wir verstanden uns auf Anhieb und begannen, gemeinsame Touren zu unternehmen. Loulou kletterte mit Raymond Lambert und den Kollegen vom Androsace, einem Genfer Club. Ich gehörte ebenfalls dieser Gruppe an. Das war sehr sympathisch. Alles verlief kollegial. Nach dem Klettern trank man zusammen ein Glas im Bistro. Es entstanden unvergessliche Freundschaften. Nach der Arbeit gingen wir noch schnell am Salève klettern, inbesondere im Sommer, wenn wir abends lange unterwegs sein konnten.

Jeden Mittwoch- oder Donnerstagabend fand damals ein kleines Klettertreffen statt, an dem wir das Wochenendprogramm festlegten. Dadurch wurden wir gute Kameraden. Wir waren wie Brüder. Die Klettertechnik habe ich erst im Kurs der «Amis Montagnards» gelernt. Danach brachten mir Kollegen das Wichtigste bei. Nach kurzer Zeit ging das alles von selbst. Das Klettern war eine Sache des Instinkts. Auch das Training kam von alleine. Man war einfach in Form.

Es gab auch eine Zeit, in der ich Fallschirm gesprungen bin. Begonnen habe ich, weil ich Lust dazu verspürte und weil mir die Berge fehlten. Ich wohnte damals während sechs Jahren in Neuenburg und hatte den Salève nicht mehr. Alors voilà. Das Fallschirmspringen packte mich sofort. Insgesamt habe ich mehr als hundert Sprünge gemacht. Man verwendete damals noch die runden Fallschirme. Heute sind sie rechteckig. Das Springen lag mir, aber es war teuer. Aus diesem Grund habe ich schliesslich aufgehört. Man muss das Flugzeug bezahlen, und zwar nicht nur für den Aufstieg, sondern auch für den Rückflug. Zum Fallschirmspringen bin ich gekommen, weil ich in die Bergrettung wollte. Damals sprang man in Begleitung eines Suchhundes über der Unfallstelle mit einem Fallschirm ab. Auf dem Gletscher angekommen, machten sich der Retter und sein Hund auf die Suche nach den Verletzten. Danach wurden sie von diesen kleinen Flugzeugen, den Pipers, geholt. Oder wenn es anders nicht ging, nahm man die Verletzten auf den Rücken und trug sie weg. Das war die damalige Form der Bergrettung. Als ich mich bewarb, sagte man mir, es würden keine Frauen aufgenommen. Ein junger Mann, der bei der Bergrettung arbeitete, sah aber meinen Bewerbungsbrief. Er gab mir die Adresse eines Clubs, bei dem ich mich einschreiben konnte. Et puis voilà. Ich begann mit dem Fallschirmspringen. Das war eine gute Zeit. Wir sprangen bei Vevey in den Genfersee. Und in Belpmoos gab es das Nachtspringen, das war super. Der Flughafen war noch beleuchtet. Aber sobald man mit dem Flugzeug abgeflogen ist und sich ein wenig gedreht hatte, sah man nichts als die Sterne. Später, wenn man gesprungen war, musste man schauen, ob sich der Fallschirm wirklich geöffnet hatte. Dafür trugen wir eine kleine Lampe in der Hosentasche. Die Landung im Dunkeln hatten wir zuvor geübt. Es ist wichtig, dass die Landung klappt. Und es ging bestens. Sobald man auf dem Boden ankam, zündete man das Licht wieder an. C'est ça.

Nach der Zeit in Neuenburg bin ich nach Genf zurückgekehrt und habe wieder mit dem Klettern angefangen. Ich kletterte dann auch im Wallis und in den Aiguilles de Chamonix. Und später kletterte ich überall: in Peru, in Alaska, in Kalifornien, in Kenia.

Nordwand-Besteigung des Petit Clocher du Portalet im Val Ferret, um 1956.

In den Dolomiten vor den drei Zinnen, um 1961.

Biwak am Fuss des Eigers, vor dem Versuch, die Nordwand zu durchsteigen, 1962. V. l.: Loulou Boulaz, Michel Darbellay, Yvette Vaucher.

Wie sie war, Loulou Boulaz? Ganz klein! Und sehr sympathisch. Sie hatte einen ähnlichen Charakter wie ich. Sie verfügte über viel Energie. Und sie wusste genau, was sie konnte. Nichts überliess sie dem Zufall. Sie war eine richtige Persönlichkeit. Einmal überraschte ich sie allerdings. Wir kletterten in der Eiger-Nordwand, und ich trug Lippenstift auf. Da rief sie mir zu: «Was, du schminkst deine Lippen mitten in der Wand!» – «Ja», antwortete ich ihr. «Der Stift fettet meine Lippen.» Auf einer anderen Tour waren wir mit einem Kollegen unterwegs. Er fragte sie nach dem Namen einer Blume. Sie erwiderte ihm: «Ich bin doch keine Kräuterfrau!» Sie war keine Herboristin, sie war Alpinistin! Sie war auch eine ziemlich angefressene Sozialistin. Man nannte sie «Loulou la Rouge», die rote Loulou. Aber wir sprachen nie darüber. Ich bin nicht politisch. Und schon gar nicht sozialistisch.

1962 habe ich mit Loulou zusammen einen Versuch an der Eiger-Nordwand unternommen. Das Wetter war unglaublich schlecht. An der Nordwand herrscht nämlich ein eigentliches Mikroklima. Das schlechte Wetter bleibt lange vor Ort. Wir waren zwei Seilschaften. Loulou kletterte mit Michel Darbellay und ich mit Michel Vaucher. Als wir am Zweiten Eisfeld waren, begann es zu schneien. Das Zweite Eisfeld ist sehr lang. Und es ist eine reine Eistour. In den Eisfeldern kann man sich nicht aufhalten, weil ständig Steinschläge niedergehen. Es war klar, dass wir da nicht biwakieren konnten. Als wir das Dritte Eisfeld durchquert hatten, stiegen wir auf die Rampe, die zum Götterquergang führt. Da haben wir übernachtet. Es war ständig schlechtes Wetter. Es schneite, schneite, schneite. Schliesslich haben wir den Rückzug angetreten. Wir waren damals schon recht weit oben in der Rampe. Es war das erste Mal, dass eine Seilschaft lebend von so hoch oben zurückgekehrt ist. Aber es war gefährlicher, weiterzugehen als umzukehren. Immer wieder gingen Steinschläge nieder. Zum Glück waren die beiden Michel im Eis und im Schnee sehr stark. Wir bemühten uns um einen schnellen Rückzug, damit wir im aufziehenden Nebel das Fenster in der

Nordwand finden konnten. Sie wissen ja, wenn man mit dem Zug aufs Jungfraujoch fährt, kommt man an einem Loch in der Eiger-Nordwand vorbei. Durch diese Öffnung sind wir eingestiegen. Und waren damit in Sicherheit. Ouf! Danach sind wir den Bahnschienen entlang hinuntergestiegen. Mitten in der Nacht. Ob wir traurig waren? Ja und nein. Weil wir uns gesagt haben: «Wir kommen wieder.» Danach hatten wir Erfrierungen und konnten in dieser Saison nicht mehr klettern. Und im September war das Wetter so schön! Das heisst, wir hätten nicht mehr klettern dürfen, aber wir sind dennoch in die Berge gefahren und haben den Bonattipfeiler am Petit Dru bestiegen. Die Erfrierungen waren ja schon weg. Jedenfalls waren sie viel weniger schlimm. Und da der Pfeiler ganz aus Fels ist, riskierten wir keine weiteren Erfrierungen.

Es gelang mir schliesslich nach mehreren Anläufen, die Eiger-Nordwand zu durchsteigen. Einmal waren wir dort, als sich zwei Franzosen seit einer Woche in der Wand befanden. Die Besitzer der Kleinen Scheidegg haben dann unsere beiden Bergführer, Michel Vaucher und Armand Sarrasin, gebeten, nach ihnen zu schauen. Sie haben den beiden beim Rückzug aus der Wand geholfen. Ein drittes Mal sind wir erneut wegen des schlechten Wetters umgekehrt. Wir kamen bis zum Todesbiwak. Beim vierten Mal klappte es schliesslich. Das war 1974.

Michel Vaucher lernte ich 1960 in Genf kennen. Er hielt einen Vortrag über die Dhaulagiri-Expedition, an der er teilgenommen hatte. Ich hatte schon von ihm gehört, ihn aber noch nie getroffen. Ein Jahr später lernte ich ihn persönlich kennen. Ich war Mitglied eines kleinen Kletterclubs in Genf. Jedes Jahr trafen wir uns und unternahmen eine Tour. Zu unserer Gruppe gehörten Michel Darbellay, Loulou Boulaz, Michel Vaucher und ich. Wir bildeten gerade eine Viererseilschaft. Kurz und gut, Michel und ich haben uns auf diese Weise kennengelernt. Beim ersten Treffen unserer Gruppe schliefen wir in der Hütte nebeneinander. Voilà. So hat es begonnen… Wir heirateten und blieben fünfzehn Jahre lang ein Paar.

Später haben wir einiges zusammen unternommen: die Nordwand des Eigers, des Matterhorns, der Jorasses, der Triolet oder der Dent Blanche. In den Dolomiten die Nordwand der Grossen Zinne, die Philipp-Flamm-Route in der Civetta, die Carlesso am Torre Trieste, die Livanos-Route am Su Alto. Auf der italienischen Seite des Mont Blanc den Südgrat der Aiguille Noire de Peuterey und die Via Ratti in der Westwand, die Gugliermina, die Poire, die Bonatti-Gobbi-Route am Pilier d'Angle und den Freneypfeiler. Auch mit andern Bergsteigern war ich unterwegs: Mit Stéphane Schaffter beging ich die Nordwand und die Hemming-Route am Dru, die Nordwand des Half Dome, den West Ridge am Mount McKinley, mit Bernard Wietlisbach die Nose am El Capitán. Et cetera. Schreiben Sie einfach: «Et cetera». Wir unternahmen noch so viele andere Touren.

Wie wir jeweils unsere Tourenziele ausgewählt haben, Michel und ich? Er entschied. Enfin, non. Manchmal hatte ich mehr Lust auf eine bestimmte Tour als auf eine andere. Dann wählten wir diese aus. Michel liebte die Nordwände, und er liebte technische Schwierigkeiten. Er war ein sehr guter Techniker. Mir ging es genau gleich. Wir hatten den Eindruck, nichts sei unmöglich für uns zwei. Ob wir wirklich niemals dachten, etwas sei zu schwierig? Ah non! Wenn ich das gedacht hätte, wäre ich nicht hingegangen. Eigenartig war aber etwas anderes. Während ich mich in der Nordwand des Matterhorns oder in der Eiger-Nordwand befand, sagte ich zu mir selbst: «Bin ich das, die hier klettert? Bin ich das wirklich?» Es war einfach unglaublich, in solch grossen Wänden zu sein.

Angst hatte ich keine. Non. Ich glaube nicht, dass ich dieses Gefühl kenne. Das heisst, wenn ich länger darüber nachdenke… einmal verspürte ich grosse Angst.

Wir kehrten von der Pointe Gugliermina zurück. Der Abstieg war wunderschön. Wir erreichten einen kleinen Sattel, bei dem man eine Gletscherspalte überwinden musste. Sie war breit und sehr tief. Ich sicherte erst Michel, und dann war ich an der Reihe. Da sagte ich zu ihm: «Ich kann nicht.» Er antwortete: «Doch, doch, das geht schon.» Schliesslich habe ich die Spalte auf dem Bauch liegend überquert. Ich hatte Angst davor, dass die Brücke bricht. Michel hat mich zwar auf der gegenüberliegenden Seite gesichert. Aber ich fürchtete mich dennoch. Es war das erste Mal, dass ich eine Gletscherspalte auf diese Weise überwinden musste.

Es ist schrecklich, Angst zu haben! Man kann sich nicht fürchten und gleichzeitig klettern gehen. Das ist ein Ding der Unmöglichkeit. Wenn man Angst hat, soll man nicht in die Berge gehen. C'est tout. Manchmal weiss ich nicht, warum die Leute klettern gehen. Um ihre Angst zu besiegen? Nein. Man kann keine Angst haben beim Klettern, wenn man es tut und liebt, was man tut. Der Berg ist nicht bösartig. Es gibt immer Möglichkeiten. Man probiert etwas aus. Und wenn es nicht geht, versucht man etwas anderes. Man macht einfach weiter, bis es klappt.

Sie sind wunderschön, die Berge. Sie sind einfach super. Ob ich je genug von ihnen hatte? Mais non! Sicher nicht. Manchmal sind die Routen lang, das stimmt. Die Nordwand des Matterhorns war lang, tausendzweihundert Meter. Und die Eiger-Nordwand ist über tausendfünfhundert Meter lang. Da ist man schon froh, wenn man oben ankommt ... Ob ich Ueli Steck kenne? Natürlich kenne ich ihn. Ich finde ihn toll. Er ist grossartig, der Kleine. Und lustig noch dazu. Haben Sie die Sendung «Eiger live» gesehen? Sie lief vor längerer Zeit am Schweizer Fernsehen. Ich genoss es, die drei Bergsteiger und die Bergsteigerin beim Klettern zu beobachten. Ich kannte ja alle Passagen. Und ich erinnerte mich wieder an den Ausstieg. Am Ende, wenn man die Rampe verlässt, durchquert man den Götterquergang und die

Spinne. Dann steigt man in das Ausgangscouloir ein. Sie müssen sich das vorstellen: Während zwei, drei Tagen befand man sich nur im Schatten – und auf einmal steht man mitten in der Sonne. Ich habe um mich geschaut und gesagt: «Ouf. Endlich wieder Sonnenlicht!» Das war unglaublich. Die Sonne hat uns einen Moment lang richtig gefangen genommen. Es gibt wunderbare Momente in den Bergen. Vraiment.

Was mich anzieht, das ist die Freiheit. Es gibt so viel Freiheit in den Bergen. Wir wählen den Weg aus, den wir gehen. Es gibt keine Gebrauchsanweisung. Wir sind frei. Es gibt niemand, der uns sagt: «Gehe da nicht durch, gehe hier nicht durch.» Wir vertrauen dem Berg. Und nur wir selbst können herausfinden, ob wir an einer Stelle weiterkommen oder nicht. Das ist Freiheit. Und Freiheit ist wichtig, für das ganze Leben, ob man klettert oder nicht.

1971 war ich Mitglied einer internationalen Everest-Expedition. Der Himalaja ist gewaltig. Was hier einen Tag dauert, benötigt dort eine Woche. Der Khumbu Icefall ist grandios. Er ist technisch herausfordernd, man muss Brücken legen, es gibt täglich Séracs, die zusammenstürzen, und überall hat es Gletscherspalten. Ja, der Himalaja ist mehr als schön, er ist bildschön. Er hat mir gefallen, aber wir sind nicht bis zum Ziel gekommen. Die Expedition war vor allem moralisch schwierig, weil sie unter einer schlechten Leitung stattgefunden hatte. Jedes Land, das Teilnehmende geschickt hatte, steuerte ein wenig Geld bei. Am meisten gaben die Engländer oder vielmehr die BBC aus. Damit war klar, dass den Engländern die erste Besteigung über die Südwestflanke gelingen sollte. Diese Route war zuvor noch nie begangen worden. Aber das war eine schwerfällige, viel zu schwerfällige Expedition! Filmemacher und Journalisten kamen mit. Für all diese Leute mussten Nahrungsmittel, Zelte und Biwakmaterial mitgenommen werden. Wir waren dreissig Alpinisten, vierzig Scherpas und achthundert Träger. Bald haben wir erkannt, dass das viel zu viele Menschen sind. Die guten Kletterer versuchten, die Leitung zu übernehmen. Aber Norman Dyhrenfurth, der Expeditionsleiter, wollte das nicht.

Zudem ist etwas Schreckliches geschehen. Eines Tages haben wir Fixseile montiert, um eine Passage im Aufstieg zu sichern. Am übernächsten Tag stiegen zwei Alpinisten, ein Inder und ein Österreicher, auf siebentausend Meter hoch. Sie müssen wissen, dass an den Nachmittagen im Himalaja immer schlechtes Wetter herrscht. An diesem Tag also, als wir noch unten waren, sind die beiden über unser Fixseil zurück zum Lager abgestiegen. Dabei haben sie sich voneinander losgeseilt. Der Inder war am Fixseil und hätte seinen Karabinerhaken umhängen müssen, auf die andere Seite einer Eisschraube. Er schaffte es aber nicht, den Haken loszumachen. Zudem verlor er seinen Handschuh. Schliesslich blieb er an dieser Stelle hängen. Sein Kamerad wartete weiter unten auf ihn. Es begann einzunachten, und der indische Bergsteiger ist erfroren. Aus diesem Grund darf man sich bei solchen Bedingungen niemals voneinander losbinden. Niemals! Wäre er an seiner Seite geblieben, hätte der österreichische Alpinist wieder ein Stück hochsteigen können. Er hätte das Seil lösen und den Karabiner umhängen können. Er hätte einfach in der Nähe bleiben müssen. Wir konnten den indischen Bergsteiger nicht mehr retten. Es wurde Nacht, und wir konnten nicht hochsteigen. Er ist vor Ort gestorben. Wir waren wütend, wirklich. Es war schrecklich, es war furchtbar. Der Österreicher kam einfach alleine zum Lager zurück.

Nach diesem Vorfall sind wir abgestiegen. Erst wollten wir noch die Normalroute begehen, damit diejenigen, welche die Südwestseite in Angriff nahmen, über unsere vorbereitete Route hätten absteigen können. Aber der Chef der Expedition wollte das nicht. Warum nicht? Weil er wollte, dass die Engländer als Erste auf dem Gipfel stehen. Voilà. Das hat uns sehr verärgert. Und ja, es stimmt, was man von mir sagt. Dass ich einen Stein auf sein Zelt geworfen habe. Ich war wütend. Es ist so, als ob Sie zum ersten Mal auf den Mont Blanc steigen. Sie halten bei der zweiten Hütte an, und man sagt Ihnen, es sei verboten, auf den Gipfel zu gehen. Das ist ungefähr dasselbe. Ich habe danach nie mehr versucht, den Everest zu besteigen. Ich hatte grosse Lust dazu, aber was soll's. Es ist schade, dass ich nicht auf diesem Gipfel stand. Aber es gab andere Berge.

Von dem, was wir durchs Bergsteigen eingenommen haben, konnten wir nicht leben. Darum gingen wir beide einer Erwerbsarbeit nach. Michel war Mathematiklehrer, und ich arbeitete auf dem Sekretariat bei Rolex. Immerhin hatten wir spezielle Freitage. Manchmal war es auch eine gute Sache, eine bekannte Person zu sein. Bei bestimmten Dingen hat man uns vertraut. Wenn man von einer Bank ein Darlehen will, ist es von Vorteil, wenn man eine bekannte Persönlichkeit ist. Auch bei der Arbeitssuche half es. Im Lebenslauf erwähnt man ja, was man bisher so getan hat. Und wenn jemand etwas Grosses geleistet hat, wird ihm zumeist Vertrauen entgegengebracht. Das kann schon hilfreich sein.

Ja, ich hätte die erste Frau auf dem Mount Everest sein können. Ob das wichtig gewesen wäre? Für die Expedition sicher. Und ich wäre stolz gewesen, das ist ja klar. Aber ich verkaufe mich nicht, das entspricht nicht meiner Natur. Ich denke nicht an solche Dinge. Erst wenn mir jemand sagte, ich hätte etwas Ausserordentliches geleistet, war ich jeweils ein wenig stolz. Ob es mir etwas bedeutet, dass ich gewisse Routen als erste Frau geklettert bin? Für die Geschichte war das wichtig. Aber ich habe eine Tour nie nach diesem Kriterium ausgewählt. Als ich die Nordwand des Matterhorns durchstiegen habe, arbeitete eine Fernsehequipe am Matterhorn. Es war 1965, und man feierte den hundertsten Jahrestag der Erstbesteigung. Michel war in Zermatt, weil er mit dem Fernsehen zusammenarbeitete. Plötzlich ruft er mich an: «Hör mal, nimm die Ausrüstung und komm hierher. Morgen unternehmen wir nichts. Und übermorgen begehen wir die Nordwand.» Eh ben, voilà. Ich habe meine Ausrüstung genommen und bin nach Zermatt gereist. Auf diese Weise wurde ich zur ersten Frau, welche die Matterhorn-Nordwand durchstieg.

Es ist schwierig zu sagen, welche Nordwand ich bevorzuge. Jeder Berg stellt etwas Eigenes dar. Und jede Route besitzt ihre Eigenheiten. Am Matterhorn setzten wir die Füsse nie flach auf. Sie waren immer senkrecht, während mehr als tausend Metern. Wir liessen damals unseren Biwaksack fallen, das war furchtbar. Das ging so: Erst fanden wir so etwas wie eine Treppenstufe, auf der wir übernachten konnten. Dann nahmen wir das Material und die Haken aus dem Sack, weil wir uns befestigen mussten. Und plötzlich fällt er wie ein Kartoffelsack! Das ist schrecklich, weil man die Lust verspürt, hinterherzurennen. Aber das ist unmöglich. Bon. Wir steckten die Füsse in den Rucksack und zogen alle Kleider an, die wir dabei hatten. Auf einem Felsen fanden wir ein wenig Schnee und machten uns damit etwas Warmes. Das war lustig: Wir hatten ein kleines Rechaud dabei und nicht mehr als ein Stückchen Schokolade vorrätig. Das haben wir im Wasser geschmolzen. Am nächsten Tag lagen nur noch drei Seillängen vor uns, denn wir befanden uns schon ziemlich weit oben in der Wand. Michel nahm einen Kollegen mit auf die Tour, Othmar Kronig, der die Bergführerausbildung mit ihm gemacht hatte. Er biwakierte ein bisschen weiter unten, weil bei uns zu wenig Platz für eine dritte Person war. Am nächsten Morgen schien die Sonne an die Wand. Alors. Wir kletterten das letzte Stück hoch, und schon befanden wir uns auf dem Gipfel. Als wir zu dritt dastanden, kam ein Engländer an. Er hatte in einem kleinen Unterstand auf dem Normalweg übernachtet. Und er war auf der Suche nach etwas. Wir fragten ihn, was er denn suche. Er benötigte einen Büchsenöffner, weil er eine Konserve mit Mandarinen dabei hatte. Wir gaben ihm unser Sackmesser, und er öffnete damit seine Büchse. Dann sassen wir alle zusammen auf dem Gipfel und assen Mandarinen. Das war erstaunlich, eine solche Sonnenfrucht zu essen, kaum sind wir aus der Nordwand ausgestiegen.

Klettern in den Aiguilles de Chamonix.

Eine Ruhepause.

Wir biwakierten am Fuss der Nordwand der Dent Blanche, weil es damals noch keine Hütte gab. Das Wetter am nächsten Tag war schlecht, und wir kehrten unverrichteter Dinge wieder nach Hause. Mit Hugo Weber, um 1956.

Noch ganz am Anfang: die erste Besteigung des Mont Blanc auf dem Normalweg, Pfingsten, um 1950.

Hier sehen Sie ein Foto vom Chalet, das Michel und ich im Wallis gemietet hatten. Schauen Sie, wie schön es dort ist! Ich habe diesen Ort geliebt. In diesem Jahr, 1966, durchstiegen wir als Erste die Nordwand der Dent Blanche in einer direkten Route. Vom Chalet aus sahen wir jeden Tag an diese Wand. Aber das Wetter war immer schlecht. Schliesslich wagten wir es dennoch. Es erwies sich als eine ausserordentlich schwierige Tour. Technisch ist diese Nordwand sehr anspruchsvoll. Und auch da haben wir biwakiert. Wir bedeckten unsere Füsse und lehnten uns aneinander, aber es war sehr kalt. Michel erlitt Erfrierungen an den Füssen. Ich kam ohne Verletzungen davon. Frauen haben anscheinend eine Fettschicht mehr als Männer. Sie leiden weniger schnell an Erfrierungen. Alors. Wir stiegen auf der Normalroute zur Cabane Rossier ab. Dort begann Michel schreckliche Schmerzen an seinen Füssen zu kriegen. Glücklicherweise trafen wir in der Hütte auf Kletterer aus Neuchâtel, die am übernächsten Tag die Normalroute begehen wollten. Sie transportierten den verletzten Michel auf einem Sack über den Gletscher bis nach Ferpècle. Wegen uns mussten sie auf ihre Tour verzichten, das tat mir sehr leid für sie.

Wie sich das anfühlt in einem solchen Biwak? Bon, sogar in einer senkrechten Wand findet man eine Stelle, die ein wenig abgeflacht ist. Das reicht, um sich hinzusetzen. Dann befestigt man sich am Felsen. Man deckt sich gut zu und zieht alles an, was man dabei hat. Anschliessend schläft man. Schliesslich ist man müde. Man friert ein bisschen. Manchmal sieht man Sternschnuppen. Und wenn sich der Schlaf nicht einstellt, beobachtet man die Flugzeuge. Es tut gut, wenn man sieht, wie der Tag herannaht. In der Nordwand der Dent Blanche gab es kein Sonnenlicht. Aber am Matterhorn, oh là là. Da sehen Sie, wie das Matterhorn seinen Schatten wirft. Und Sie selbst befinden sich in der Sonne! Das ist super. Es gibt wunderbare Momente in den Bergen.

Beim Klettern befindet man sich in einem anderen Geisteszustand. Es ist wichtig, dass man sich mit dem Partner gut versteht. Das macht den Erfolg und die Freude an einer Tour aus. Man kann es sich nicht leisten, Streit zu kriegen. Man hat andere Dinge zu tun. Manchmal fragt man den anderen: «Denkst du, es wäre besser, hier durch zu gehen?» Dann versucht man es wieder ein Stück. Schlussendlich findet sich immer eine Passage. Gaston Rébuffat hat mir seinerzeit gesagt: «Der Alpinist muss neugierig sein.» Man muss auf der Suche sein. Wenn man denkt, es sei unmöglich, weiterzukommen, dann sucht man rechts oder links davon nach einem Weg. Es gibt immer eine Passage.

Ein Kletterkollege von uns stammte aus Marseille. Er hiess George Livanos, wir nannten ihn den Griechen. Er überraschte uns immer wieder. Er beging Routen, die unmöglich schienen. Aber er fand immer einen Durchgang. Einmal befanden wir uns vor einem eigenartigen Quergang. Wir kamen nicht weiter und sagten uns: «Hier kann er nicht durchgegangen sein.» Wir schauten um uns, und es schien einfach unmöglich, dass er hier weitergekommen war. Erst nach einiger Zeit entdeckten wir einen Durchgang, der sich etwa zwei Meter oberhalb von uns befand. Somit war das die «George-Livanos-Route». Nach diesem Vorfall sagten wir uns an einer schweren Stelle immer: «Das ist eine Livanos-Route. Also muss es möglich sein, eine Passage zu finden.» Und es stimmt. Es gibt immer eine Möglichkeit, um weiterzukommen.

Hier sehen Sie ein Foto des RHM, des *Rendez-Vous Hautes Montagnes*. Es wurde an der Gründungsversammlung in Engelberg aufgenommen. 1968 vereinte die Baronin von Reznicek dort eine Gruppe von Alpinistinnen. Ihre Idee bestand darin, bergsteigende Frauen zusammenzubringen. Ich war auch mit dabei. Ja, ich weiss, dass ich eben erzählt habe, ich sei lieber mit Männern unterwegs gewesen. Aber wir haben uns ja nur einmal im Jahr im RHM getroffen! Das ging noch...

Die junge Schweizer Alpinistin darf als einzige Frau auf den Mount Everest. Aus: Schweizer Illustrierte, Nr. 3, 12. Januar 1970.

Victoire pour Yvette Vaucher! Cent ans après Whymper, la Genevoise Yvette Vaucher est la première femme qui ait vaincu la face nord du Cervin. Elle a réussi ce remarquable exploit en compagnie de son mari, le célèbre montagnard Michel Vaucher, et du guide Othmar Kronig. La voici à son retour. Aus: l'Echo illustré, No 30, 24 juillet 1965.

Gründungsversammlung des Bergsteigerinnentreffens RHM (Rendez-Vous Hautes Montagnes) in Engelberg 1968. Yvette Vaucher (in der Mitte mit Glas in der Hand) im Gespräch mit Loulou Boulaz.

Yvette und die "Göttin der Berge"

Yvette Vaucher möchte am liebsten jetzt schon ihren Rucksack packen. Als einzige Frau wurde die Genfer Bergsteigerin aufgefordert, im Frühjahr 1972 mit einer internationalen Seilschaft eine «Direttissima» am Mount Everest in Angriff zu nehmen. Die Expedition steht unter der Leitung des Helveto-Amerikaners Norman Dyhrenfurth und wird 18 Mitglieder aus 7 Nationen zählen: Amerikaner, Russen, Schweizer, Engländer, Schotten, Deutsche und Norweger. Yvette wird allerdings nicht allein die Schweiz vertreten. Mit von der Partie ist nämlich auch ihr Mann, Michel Vaucher, der 1960 als knapp 24jähriger mit der Eiselin-Expedition auf dem «unbezwingbaren» Dhaulagiri war.

Bergsteigen ist Yvette Vauchers zweite Natur. Seit sie das Fallschirmspringen aufgegeben hat, findet man sie in der Saison fast jedes Wochenende in irgendeiner wilden Wand.

Bergsteigen ist Yvette Vauchers zweite Natur. Seit sie das Fallschirmspringen aufgegeben hat, findet man sie in der Saison fast jedes Wochenende in irgendeiner wilden Wand. Aus: Schweizer Illustrierte, Nr. 3, 12. Januar 1970.

Ja, im Vorstieg bin ich auch geklettert. Das hing davon ab, mit wem ich unterwegs war. Wenn die Person vor mir nicht vorwärtsging, dann habe ich übernommen. Mit Michel habe ich nur selten gewechselt. Er war schnell und wusste, wie er sich orientieren konnte. Wenn jemand langsam war, hat mich das genervt. Dann bat ich um einen Wechsel und übernahm die Führung. Mit Loulou Boulaz bin ich vorgestiegen. Sie war ja schon älter, als wir zusammen unterwegs waren. Obwohl sie noch sehr gut und auch schnell geklettert ist. Wir begingen beispielsweise die Nordseite des Badile zusammen. Oftmals habe ich auch Kollegen geholfen, die als Bergführer arbeiteten. Michel überliess mir häufig einen Gast, wenn er zwei Gäste hatte. Das war ein Zeichen des Vertrauens, auch von Seiten des Gastes. Im SAC führte ich später zahlreiche Gruppen an. Ich war Tourenchefin und Sektionspräsidentin des SAC Genf. Jetzt unternehme ich weniger. Es gibt viele Junge, die nachrücken, das freut mich. Aber heutzutage sind auch zahlreiche Wanderer unterwegs. Es wird wieder weniger geklettert. Das finde ich schade.

Die SAC-Hütten mag ich sehr: Man kriegt zu essen, man kann dort schlafen. Nur die Wanderer sind oft unangenehm. Sie verlangen Duschen, sie wollen Telefone. Manchmal ist nur gerade das nötigste Wasser vorhanden. Das überlegen sie sich nicht, wenn sie duschen wollen. Für sie sind diese Hütten Hotels. Das finde ich unmöglich. Ich habe die Einfachheit der Hütten immer geliebt. Den Haushalt machen, das liegt mir nicht. Ich ziehe die Berghütte vor, offen gesagt.

Das Klettern mit Kindern finde ich sehr wichtig. Leider unternehmen die Eltern oft Dinge, die zu lang und zu schwierig sind für die Kleinen. Mittlerweile gibt es eine Eltern-Kinder-Gruppe beim SAC Genf. Da unternehmen sie einfache Touren und Spaziergänge. Die Kinder mögen das. Für sie muss man Routen wählen, die nicht zu langweilig sind, die etwas Neues eröffnen, auf denen sie Blumen und andere Dinge entdecken können. Man kann ihnen die Namen der Berge erklären. Ich habe oft mit Kindern gearbeitet. Ich fand es toll, ihnen etwas beizubringen und zu sehen, wie sie das Klettern lieben, welche Freude sie am Klettern haben. Der kleine Sohn einer Freundin kommt oft zu mir und sagt: «Yvette, wann gehen wir klettern?» Dann gehen wir zusammen an eine Kletterwand oder an eine einfache Wand am Salève. Manchmal ruft er: «Ich kann nicht mehr!» Ich antworte ihm dann: «Streng dich an. Vas-y! Stell dich gut auf deine Füsse, hebe die Hand, halte dich hier fest...», und plötzlich kommt er weiter. Man muss die Kinder ermutigen und nicht mit ihnen schimpfen. Sie wissen ja auch, wie man auf Bäume steigt. Dann können sie auch am Fels klettern. Manchmal höre ich, wie Eltern zu ihrem Kind sagen: «Nein, da wirst du nicht hochsteigen.» – «Doch, genau hier wird es hochsteigen», sage ich dann. Dann klettert das Kind hoch, und die Eltern finden: «Ah, bravo!» Oft haben die Eltern mehr Angst als ihre Kinder. Aber wenn man sie gut sichert, dann ist das Klettern mit Kindern problemlos.

Ich finde, Eltern sollten ihre Kinder in die Berge gehen lassen, ohne ständig Angst um sie zu haben. Darauf sollte mehr geachtet werden. Es ist wichtig, dass die Eltern sich nicht ständig vor allem fürchten. Ich sage das, weil ich oft höre: «Ah non, es ist gefährlich, in die Berge zu gehen. Patati, patata.» Die Eltern sehen nur die Unfälle. Aber die Berge sind viel mehr als das. Klettern ist ein ideales körperliches Training. Es ist gut für den Rücken, für die Muskeln, für das Gleichgewicht. Es gibt keinen Grund, den Kindern Angst zu machen. Dass die Eltern sich fürchten, ist allerdings auch nichts Neues. Das war schon immer so. Meine Eltern haben mir das Klettern verboten. Aber ich habe ihnen nicht gehorcht. Ich erzählte ihnen jeweils erst am übernächsten Tag von den Touren, die wir unternommen hatten. Und siehe da: Schlussendlich waren meine Eltern stolz auf mich.

Das Gespräch mit Yvette Vaucher, Jahrgang 1929, fand am 17. Februar 2010 in Genf statt.

Erika Bumann, 80-jährig, Saas-Fee

«Man kann ja fast die Füsse des Herrgotts berühren!»

«Und das erzählen Sie mir erst jetzt!», rufe ich. Wir befinden uns auf dem Weg zur Station. In einigen Minuten fährt mein Bus zurück ins Tal. Erika Bumann lacht. Ich packe mein Aufnahmegerät wieder aus und frage sie: «Also, wie war das mit der Schmuggelei damals?»

EB

Während des Kriegs haben wir hier wacker geschmuggelt. Wir sind jeweils auf die Britanniahütte gestiegen und haben dort Schafe abgeholt. Die wurden zuvor von unseren Partnern von Macugnaga zur Hütte gebracht. Alles in der Nacht natürlich. Reis haben wir auch geschmuggelt. Der wurde von Italien bis zum Pass gebracht und von uns dort abgeholt. Auch Vibramsohlen haben wir aus Italien erhalten. Die haben wir unseren Bergführern gegeben. Die Schafe haben wir geschlachtet und in der Verwandtschaft verteilt. Im Gegenzug brachten wir Kaffee und Tabakwaren zur Grenze. Einen grossen Gewinn machten wir dabei nicht. Es war eher eine Sucht. Ob es Spass gemacht hat? Und wie!

Mein Vater war Bergführer. Somit war klar, dass wir oft mit ihm in die Berge gehen konnten. Wir führten auch eine kleine Pension. Häufig waren Gäste bei uns, die am nächsten Tag aufs Allalinhorn oder auf den Südlenz wollten. Denen sagten wir, sie könnten schon in die Hütte gehen, der Bergführer käme dann nach. Unser Vater befand sich zu diesem Zeitpunkt auf dem Rückweg von der letzten Tour. Die Berghütten verfügten damals noch über keine Telefonapparate. Wir kommunizierten darum auf unsere eigene Weise mit dem Papa. Damals befand sich vor jedem Haus eine grüne Wiese. Wir haben ein weisses Leintuch vorne auf der Matte ausgebreitet. Das hat unser Papa von der Hütte aus gesehen. Dann wusste er: Er hat am nächsten Tag wieder einen Kurs. Er muss pressieren mit dem Hinunterkommen, weil er am selben Abend noch auf die nächste Hütte steigen muss, auf die Längflue- oder die Mischabelhütte. Um vier oder halb fünf Uhr war er dann zu Hause. Er zog sich um und packte den Proviant ein. Dann ging es wieder los. Damals gab es noch keine Bahnen. Alles musste zu Fuss gemacht werden. Bis der Vater oben in der Hütte ankam, war es meist dunkel. Taschenlampen mit Batterien gab es nicht. Darum nahm er eine Petroleumlaterne mit. Mein Vater war mutig und kräftig. Bergangst hatte er gar keine. Aber komischerweise fürchtete er sich, wenn es dunkel wurde. Wegen diesen Arme-Seelen-Geschichten, die sie sich früher erzählt haben.

Mit dem Radio und der Television ging das alles verloren. Ich habe diese Geschichten ja nie im Leben geglaubt. Bis heute glaube ich sie nicht. Es ist noch nie jemand aus dem Jenseits zurückgekommen. Aber früher war das ein grosses Thema. Jedenfalls hatte der Vater Angst im Dunkeln und nahm darum gerne eines seiner Kinder mit, wenn er abends auf eine Hütte steigen musste. Ich begleitete ihn oft. Obwohl ich ja nichts hätte tun können! Aber es war eine Beruhigung für ihn, wenn ich mit dabei war.

Die Religion war früher unglaublich mächtig. Wir mussten jeden Sonntag zweimal in die Kirche. Um neun Uhr morgens war Messe. Das ging noch. Aber am Nachmittag hatten wir Vesper. Dazu kamen die Fastenzeit, Güet-Tod-Andacht, Aloisius-Andacht et cetera. Oft sassen wir nachmittags von zwei bis halb vier Uhr in der Kirche. Wenn draussen die Sonne schien, habe ich doch nicht gebetet. Ich war verruckt! Richtig im Zorn sass ich in der Kirche. Mein Vater fand dann, ich müsse nicht mehr hingehen. Da bin ich wirklich zweimal nicht zur Vesper erschienen. Das wurde aber nicht genehmigt. Danach gab es eine Schulstrafe. Denn die Lehrerin war in der Kirche und hatte gemerkt, dass ich fehlte. Sie sorgte auch dafür, dass wir uns in der Kirche anständig benahmen. Wenn sie hinter mir sass, kriegte ich jeweils mit dem Missale einen kräftigen Stoss in den Rücken. Denn ich sass nie ruhig in der Bank. Ich wäre am Sonntag lieber bergsteigen oder Ski fahren gegangen!

Mein Vater war ein richtiger Bergler. Überhaupt ist unsere ganze Familie so. Das Bergsteigen ist Familiensache. Und Gott sei Dank hat es meine Familie auch übernommen. Meine zweitälteste Tochter hat alle zweiundachtzig Viertausender der Alpen bestiegen. Eine andere Tochter hat alle achtundvierzig Viertausender in der Schweiz gemacht. Und mein jüngster Sohn war auf dem Mount Everest. Von meinen Geschwistern bin ich diejenige, die am meisten in die Berge gegangen ist. Ich war auch die Rüchste der Familie. Wenn es Schwerarbeit gab, wenn wir den Acker umstechen, heuen oder metzgen mussten, dann wurde immer die Erika gerufen. Das war klar. Mir lag das besser als der Haushalt. Der war nichts für mich. Da ging ich schon lieber aufs Feld.

Eine meiner Schwestern ist zwei Jahre älter als ich. Und sie hat den Bergdrang deutlich weniger. Wenn Vater fragte: «Wer kommt mit mir auf die Längflue?», dann war klar, dass ich mitgehen würde. Das hiess aber auch, dass ich am nächsten Tag mit ihm und dem Gast auf die Tour ging. Angefangen hat das bereits, als ich sieben oder acht Jahre alt war. Damals machte ich noch keine grossen Touren, aber fürs Allalinhorn reichte es schon. Das ist immerhin ein Viertausender. Bald konnte ich grössere Touren mit meinem Vater unternehmen, auf das Weissmies zum Beispiel. Mit dreizehn Jahren beging ich mit ihm die ganze Mischabelkette. Das war schon eine Ausnahmeleistung für jemanden in meinem Alter. Wir waren zu dritt: mein Vater, sein Gast und ich. Erst stiegen wir zu Fuss auf die Längflue und übernachteten dort. Am anderen Morgen um zwei Uhr starteten wir und gingen aufs Mischabeljoch. Das ist heute nicht mehr möglich, weil der Gletscher in der Zwischenzeit zurückgegangen ist. Heute muss man erst über den Alphubel und gelangt dann erst zum Mischabeljoch. Danach machten wir einen Berg nach dem anderen: Täschhorn, Dom, Südlenz. Schliesslich stiegen wir runter zur Mischabelhütte und kehrten am gleichen Abend nach Hause zurück. Ich war damals gut trainiert, sonst hätte mich mein Vater nicht mitgenommen. Später erschien ein Foto von dieser Tour in der Zeitung «Der Sonntag». Da war der Papa schon stolz. Einen richtigen Vaterstolz hat er da entwickelt.

Später, mit achtzehn Jahren, habe ich die Mischabelkette nochmals gemacht, mit meinen Brüdern, einer Schwester und zwei Kollegen, aber dieses Mal von der Mischabelhütte aus. Beim Abstieg vom Dom Richtung Täschhorn gelangten wir an eine heikle Passage. Meine Schwester und ein Bruder waren schon durch. Wir anderen warteten noch, weil man nicht allzu nahe aufeinander gehen konnte. Mein zukünftiger Mann, mit dem ich damals noch keine Bekanntschaft hatte, war mit meinem ebenfalls zukünftigen Schwager am Seil. Sie sind losgeklettert, haben einen Stein gepackt, und der gab nach. Da oben hat es viel loses Zeug. Das wussten wir eigentlich. Dennoch haben wir an dieser Stelle zu wenig ausprobiert, ob die Steine locker sind oder halten würden. Jedenfalls sind die beiden abgestürzt und haben sich zweimal überschlagen. Dann hat sich das Seil an einem Stein verheddert, der fest im Boden verankert war. Und beide hingen über dem Abgrund! Es ist ein grosser Glücksfall, dass sie nicht hinuntergestürzt sind. Meine Brüder holten die beiden wieder herauf. Durch den Unfall wurde unsere Tour viel länger als geplant. Denn wir waren danach nicht mehr schnell unterwegs. Am Anfang, als wir zum Täschhorn weitergingen, hatten wir alle noch das Zittern in den Beinen.

Das war der grösste Schock, den ich je hatte. Ansonsten bin ich nie direkt an eine Unfallstelle geraten. Aber ich habe als Kind oft gesehen, wie sie die Toten heimbringen. Mein Papa war Obmann bei der Rettung. Immer, wenn es einen Unfall gab, haben sie ihn gerufen. Ich kann mich gut daran erinnern. Einmal wurde ein junger einheimischer Bergführer aus Saas-Fee gebracht. Das war tragisch. Er hatte versucht, acht oder neun Viertausender am Stück zu besteigen. Einem Zurbriggen war das zuvor geglückt: Rimpfischhorn, Allalin, Alphubel und noch einige mehr. Aber dem jungen Bergführer gelang es nicht. Er ist am Rimpfischgrat tödlich verunglückt. Man hat ihn gar nicht mehr erkannt, als er gebracht wurde. Das war schrecklich. Wenn ein Gast tödlich verunglückt, ist es schlimm. Aber zu einem Einheimischen hat man nochmals eine andere Beziehung. Die meisten Verunglückten waren allerdings Gäste. Früher gab es noch keine Totenkapelle in Saas-Fee. Die Verstorbenen wurden alle zu Hause aufgebahrt. Für die Bergtoten wurde deshalb neben dem Gemeindehaus ein Extralokal eingerichtet. Da lagen sie, in einen Plastik eingepackt. Einige wurden hier beerdigt. Die meisten aber wurden mit nach Hause genommen.

Damals, als ich Kind war, kamen im Sommer oft Engländer ins Dorf. Wie wir mit ihnen gesprochen haben? Englisch! Damals konnten alle Bergführer in Saas-Fee Englisch. Keiner sprach perfekt, aber alle gut genug, um eine Tour zu führen. Gewöhnlich nahmen die Bergführer an den Englischkursen teil. Im Winter war nämlich nichts los hier oben. Dann kam jeweils ein Fräulein aus England und hat uns unterrichtet. Sie logierte in unserer Pension. Papa gab ihr tagsüber Skistunden, und sie musste uns abends «English lessons» geben. Auf diese Weise habe ich Englisch gelernt, ohne je in England gewesen zu sein. Wir sechs Kinder machten mit und auch die Leute vom Dorf. Meistens solche, die eine kleine Pension oder ein Hotel führten.

Die Gäste stiegen damals alle noch zu Fuss von Saas-Grund nach Saas-Fee herauf. Die Autostrasse wurde erst 1951 gebaut. Die Engländer wurden oft herauf getragen. Daran kann ich mich gut erinnern: Sie sassen in offenen Holzsänften, die von den Hotelportiers getragen wurden. Die Portiers mussten immer nach Saas-Grund runtergehen, auch bei Gästen, die den Weg selbst unter die Füsse nahmen. Denen musste man ja noch die Koffer tragen. War zu viel Gepäck da, dann zog man Maulesel bei. Das Verhältnis zu den Engländern war gut. Ich kann mich jedenfalls nicht daran erinnern, dass sie uns von oben herab behandelt hätten. Im Gegenteil. Sie waren sehr zuvorkommend. Oft waren auch Frauen unter den Gästen. Sie sind mit langen Röcken und Stöcken bergsteigen gegangen. An sie kann ich mich nicht gut erinnern. Aber ich habe zahlreiche Fotos gesehen, auf denen mein Papa mit Engländerinnen auf einer Bergtour abgebildet ist.

Vom Fremdenverkehr alleine konnte man damals nicht leben. Im Winter war hier gar nichts los. Es gab ja noch keine Bahnen. Darum besass jede Familie eine kleine Landwirtschaft. Wir hatten zwei Kühe, Schweine und Schafe. Neben der Pension befand sich der Stall. Alle Leute hatten Ackerland, auf dem sie Kartoffeln, Chabis und ein wenig Gemüse anpflanzten. Aber Gemüse ass man damals wenig. Man kannte das nicht so. Rüebli gab es. Und Chabis. Chabis war die Hauptspeise. Damals gab es in fast jedem Haushalt dasselbe Menu. Es wurde gesottenes Fleisch von der eigenen Metzgete gegessen. Einen Frigor besassen wir nicht. Darum wurde das Fleisch getrocknet. Sonst wäre es kaputt gegangen. Wir haben es jeweils im Estrich aufgehängt. Haben Sie auf dem Weg hierher die Stadel gesehen? Sie stehen auf Beinen mit einer Platte zwischendrin, wegen den Mäusen. Da haben wir früher die Vorräte eingelagert. Besonders das Fleisch und alles, was aufgehängt werden konnte. Speck gab es damals immer. Wenn ich daran denke: Er war wie eine Vorspeise heute. Ein grosser Holzteller mit Speck stand auf jedem Tisch. Dann gab es Suppe. Heute sagen sie ihr «Saaser Suppe». Wir nannten sie einfach Fleischsuppe. Wir haben dafür gekochte Kartoffeln zerdrückt und in eine Schüssel getan. Dann Roggenbrot und Halbweissbrot hinzugefügt. Und viel Käse. Schliesslich hat man Fleischbrühe darübergeleert. Nach dieser Suppe gab es Speck und Blutwurst. Und danach Schaf- oder Rindfleisch, Chabis und Härpfel, das sind Kartoffeln. Nein, das war kein Sonntagsmahl. Das assen wir unter der Woche. Wir haben damals viel mehr Fleisch gegessen als heute. Und fast kein Gemüse. Wer isst denn heute noch solchen Speck? Das war Bauernspeck, nicht der heutige Speck, der viel Fleisch und wenig Fett hat. Mich hat dieser Speck immer gewürgt. Zum Glück musste ich ihn nicht essen. Mein Vater sagte stets: «Dann lass es sein.» Er war selbst kein Speckesser.

Im Herbst gingen wir oft zum Vergnügen mit dem Vater in die Berge. Wir hatten einen tollen Vater. Wenn er am Sonntag keine Gäste hatte, durften wir mit ihm zum Restaurant Bodmen spazieren. Da haben wir Tee oder Kaffee getrunken und Kuchen gegessen. Das war ein grosser Luxus! Für meinen Vater war das Bergsteigen Arbeit. Aber er war auch der Typ dazu. Er ging in die Berge, selbst wenn er nicht dafür bezahlt wurde. Viele seiner Kollegen sagten: «Der Heinrich spinnt. Da ist er den ganzen Sommer über mit Gästen in den Bergen. Und im Herbst geht er noch mit den Kindern, obwohl er nix dabei verdient.» Aber es war dem Vater wichtig, mit uns in seinen Bergen unterwegs zu sein. Wenn er beim Klettern sah, dass es schwierig wurde, hat er uns immer geduldig erklärt, wie man es machen soll: «Jetzt musst du die Hand ein bisschen nach rechts bewegen, siehst du, da ist ein guter Griff! Und den Fuss kannst du da hinsetzen.» Ansonsten war beim Klettern Stillschweigen angesagt. Wenn wir gingen, durften wir reden. Aber wenn es anstrengend wurde, hat er gesagt: «Jetzt wird nicht gesprochen. Man kann nicht gleichzeitig klettern und reden.» Das war die Regel. Zwischendrin haben wir angehalten, und dann hat uns der Vater die Aussicht erklärt. Schon bevor wir in die Schule kamen, mussten wir alle Berge rund um Saas-Fee aufzählen. Er fragte uns jeweils: «Welcher Berg ist das?» Und hat uns vorgesagt: «Mittaghorn, Egginer, Allalin.» Zuletzt konnten wir die Namen ebenfalls. Mama hat manchmal gesagt: «Du würdest ihnen gescheiter das Beten beibringen.» Er meinte dann: «Dafür bist du zuständig.» Er war halt ein Sportler. Ihm waren die Berge wichtig.

Wir hatten eine sehr gute, liebe Mama. Mutter Ida war ruhig und ausgeglichen. Eine wunderbare Frau mit einem goldenen Humor. Ich kann mich nicht erinnern, dass meine Eltern je einen Wortwechsel gehabt hätten. Aber nur dank der Mama. Sie war nicht so temperamentvoll wie der Vater. Ich selber schlage schon viel mehr ihm nach.

Vater Supersaxo mit Schweizer Touristinnen
unterwegs zum Allalin, zwischen 1940 und 1945.

Gratulationen auf dem Dom: Erika (von hinten),
Schwester Martha, Bruder Peter, September 1948.

Erika und Fridolin als Verlobte auf dem Lagginhorn,
um 1949.

Was die Leute im Dorf meinten, als ich als Mädchen schon auf Viertausender stieg? Die fanden: «Das ist die Tochter von Heinrich.» Damit war alles gesagt. Mit meinem Vater habe ich unzählige Touren unternommen. Der Südlenz ist eine schöne Route, die wir ein paarmal von der Mischabelhütte aus gemacht haben. Meistens gingen wir gleich noch aufs Nadelhorn und von da aus zurück zur Hütte. Mein Vater nahm mich nur mit, wenn er wusste, dass ich eine Tour bewältigen konnte. Weil ich viel mit ihm unterwegs war, kannte er mich gut und konnte mich einschätzen. Mein grösstes Problem war die Ausrüstung, vor allem die Schuhe. Der Vater besass gute Schuhe. Aber für so kleine Füsse wie meine gab es keine rechten Bergschuhe. Nach einer oder anderthalb Stunden war ich nass an den Füssen. Den Rest der Ausrüstung konnte ich hingegen einfach organisieren: Die Unterhosen bekam ich von den Brüdern. Auf dem Kopf trugen wir als kleine Mädchen Kappen wie die Knaben. Ab der fünften oder sechsten Klasse begannen wir dann, Lumpini anzuziehen, die Kopftücher, die unsere Mütter alle trugen. Die zogen wir auch beim Bergsteigen an. Wir hatten eine spezielle Technik, um sie zu falten und zu binden. Dann schützten sie gut gegen Wind und Wetter. Windjacken und Hosen hatten wir ebenfalls. Ja, damals trug ich Hosen zum Bergsteigen. Ski fahren ging ich allerdings im Rock. Später zogen wir Hosen an, die wir Überfallhosen nannten, weil sie über die Schuhe gefallen sind. Und danach kamen die Keilhosen auf. Aber im Dorf war es lange unmöglich, Hosen zu tragen. Noch meine Töchter trugen Röcke in der Schule. Eine Tochter hatte Probleme mit der Blase und sollte deshalb keinen Rock tragen. Ich musste die Bewilligung vom Herrn Pfarrer und ein Arztzeugnis bringen, damit sie in Hosen in die Schule durfte! Heute ist das alles anders.

Ja, an die Einführung des Frauenstimmrechts kann ich mich gut erinnern. Hier gab es zwei Parteien, das ist in jedem kleinsten Dorf so. Die Christlich-Sozialen sind die Gelben, und die Konservativen sind die Schwarzen. Von zu Hause aus waren wir schwarz. Mein Mann gehörte zu den Gelben. Das war am Anfang für mich so eine Sache. Ich dachte, dass ich mich auf die Seite des Mannes schlagen müsse. Das war selbstverständlich. Die Politik hat mich damals nicht so interessiert. Als dann aber das Frauenstimmrecht kam, hiess es, wir müssten nach Partei stimmen: Wenn du gelb bist, stimmst du für die Gelben. Und bist du schwarz, dann stimmst du für die Schwarzen. Da habe ich gesagt: «Unmöglich! Ich kann nicht nur für die Partei stimmen. Ich schaue mir die Person an. Es ist mir egal, ob einer gelb oder schwarz ist. Ab jetzt ist Frauenstimmrecht, und wir können stimmen, wie wir wollen.» Da bin ich stur geblieben. Bis heute.

Früher gab es wenig Frauen, die in die Berge gingen. Es ist kein Blöff, aber ehrlich gesagt, so viel wie ich ist hier keine Frau in meinem Alter in die Berge gegangen. Ob es ein Thema war, dass ich bergsteigen ging? Es gab nicht viele einheimische Frauen, die kletterten. Aber es kamen viele Engländerinnen ins Dorf, die das taten. Oder auch deutsche Frauen. Deshalb war es nicht aussergewöhnlich, wenn eine Frau bergsteigen ging. Man kannte das. Bei mir war eher Thema, dass ich schon mit dreizehn oder vierzehn Jahren mit dem Vater mitgehen konnte. Zu meiner Zeit war das nicht üblich. Aber für mich war es selbstverständlich. Angst hatte ich nie in den Bergen, kein bitz. Ich konnte über einen Grat gehen, ohne mich zu krümmen. Ehrlich. Der Vater hat immer gesagt: «Du läufst wie eine Geiss.» Und mein Schwager meinte: «Mit dir haben wir keine Probleme, du gehst über jeden Grat.»

EB

Was mir das Bergsteigen bedeutet? Das gewisse Etwas! Wenn man auf einem Viertausender steht, dann stellt sich dieses Gefühl der Freiheit ein. Man steht über allem. Man kann beinahe den Himmel anfassen. Ein paar Mal habe ich zum Vater gesagt: «Man kann ja fast die Füsse des Herrgotts berühren!» Schon mein Grossvater, Ambros Supersaxo, war ein Bergmensch. Er hat ein paar Erstbesteigungen gemacht. Zum Beispiel die Aiguille Blanche de Peuterey bei Chamonix. Auch mein Vater hat Erstbegehungen unternommen. Er ist als Erster die Ostwand des Doms hinaufgeklettert. Mein Grossvater ging bereits Ski fahren und hat den Skisport nach Saas-Fee gebracht. Er machte ungewöhnliche Sachen. Im Winter zog er mit seiner Familie nach Brig. Auf diese Weise konnten die Buben das Kollegium besuchen. Dadurch, und auch weil mein Vater in Arosa als Skilehrer gearbeitet hatte, wurde er sehr weltoffen.

Im Winter war Mutter Ida immer alleine. Das war hart, aber es war das Schicksal vieler Frauen. Besonders im Frühling gingen die Männer des Dorfes auf Arbeitssuche. Es gab damals noch nicht viel zu tun hier. Viele waren ausgebildete Maurer. Sie arbeiteten dann zum Beispiel während mehrerer Monate an der Simplonstrasse. Im Gegensatz zu ihnen musste mein Vater im Frühling nicht weg, weil er im Winter als Skilehrer arbeiten konnte. Er hat das Skilehrerdiplom in Arosa gemacht und dort in den 1930er-Jahren als Skilehrer gearbeitet. Und dabei sehr gut verdient, manchmal hundert Franken im Tag. Das sind heute fünfhundert Franken! Aber er hat auch hart gearbeitet. Wir haben das aus der Ferne gar nicht so mitbekommen. Aber als er gestorben ist, fanden wir seine Unterlagen. Da stand geschrieben: Morgens von halb acht bis zehn: Skimontage. Zehn bis zwölf Uhr: Skischule. Eins bis zwei: Privatunterricht. Zwei bis vier: Skischule. Vier bis fünf: Privatunterricht. Fünf bis sechs oder sieben: Skimontage oder wachsen. Manchmal hat er auch noch zwischen acht und neun Uhr Skier geflickt. Darum haben wir immer Geld gehabt. Uns hat es nie an etwas gefehlt. Später begann er, in der Zwischensaison Häuser zu bauen. Er wurde Bauführer und zog ein kleines Unternehmen mit sieben oder acht Arbeitern auf. Er konnte einfach alles, der Vater. Ehrlich gesagt. Und er war auch sehr large. Er war gar nicht geizig wie manche Bergleute.

Das Leben in den Hütten war früher ganz anders als heute. Frauen und Männer haben getrennt geschlafen. Aber es gab keine Kontrolle. Ich glaube nicht, dass das immer so geklappt hat mit den abgetrennten Schlafräumen. Ich konnte jedenfalls immer neben dem Papa schlafen, wenn ich mit ihm unterwegs gewesen bin. Kochen konnte man damals selber. Oder dem Hüttenwart etwas zum Kochen geben. Meistens gab es eine richtige «Hüttensuppe». Alle brachten ein Suppenpäcklein mit. Das gaben wir in der Küche ab. Da wurden sie alle gemischt, und zum Schluss kam eine gute Suppe dabei heraus. In die wurde viel Käse getan. Alles, was wir sonst zur Suppe assen, den Schinken zum Beispiel, haben wir selbst mitgebracht. Zu meiner Zeit gab es etwas, was es heute nicht mehr gibt: Auf der Tour war immer ein Träger mit dabei. Mindestens auf jeder grösseren Tour. Der Bergführer trug normalerweise das Material der Gäste, während der Träger den Proviant übernahm. Er besass ein Trägerbüchlein, und zum Schluss hat ihm der Bergführer ein Zeugnis ausgestellt. Das musste er beim Bergführerexamen vorweisen. Ohne Trägerbuch konnte damals niemand Bergführer werden.

Der stolze Vater mit seiner 13-jährigen Tochter auf dem Täschhorn, 1943.

Bei den drei Seelein ob Mattmark, um 2009.

Wenn wir in den Bergen unterwegs waren, haben wir oft gesungen. Schon als Kind sangen wir viel. Im Winter trafen wir uns jeweils abends. Wissen Sie, was das ist, der Abusitz? Das bedeutet, dass man zu einer anderen Familie z'hängert geht. «Wir haben einen Hängert», das bedeutet, dass man ein Gespräch miteinander führt. Man traf sich also abends und erzählte sich dies und das. Die Frauen haben gestrickt und mit dem Spinnrad Wolle gesponnen. Oder sie haben alte Kleider zerschnitten, die Stoffteile gezwirnt und daraus Teppiche gewoben. Das waren typische Winterarbeiten. Die Männer rauchten Pfeife oder Zigarren. Und was da gesungen wurde! Immer wieder dieselben alten Lieder. Meist handelte es sich um traurige Geschichten. Fast in jedem Lied ist jemand gestorben. Und wir Kinder begannen immer zu weinen, obwohl wir die Lieder oft gehört hatten. Wir sangen zum Beispiel: «Es lebt ein Felsgrafre am Rhein, er hat drei schöne Töchterlein. Die erste zog ins Ausserland, die zweite zog ins Innerland, die dritte ging vor Schwester's Tür und klopft so leise an die Tür…» Das Lied hat bestimmt zwanzig Strophen. Und wir konnten sie alle auswendig. Die Erwachsenen sangen uns die Lieder so lange vor, bis wir sie mitsingen konnten. Auch später, als wir mit unseren Kindern wandern gingen, haben wir viel gesungen. Allerhand Lieder. Wenn wir auf dem Gipfel eines Viertausenders angekommen sind, sangen wir stets: «Wie gross bist du», ein Kirchenlied. Mein Mann war eigentlich ein «singender Mann». Als er nicht mehr so zwäg war, hat er mir immer gesagt, ich solle wandern gehen. Wenn ich heimkam, fragte er stets: «Wo seid ihr gewesen? Und habt ihr gesungen?» Das waren immer seine ersten Worte: «Hoffentlich habt ihr miteinander gesungen!»

Ich habe nie eine Tour geführt, Seilschaften hingegen schon. Wenn wir zwei Seilschaften hatten, übernahm ich manchmal die hintere. Dann konnte ich dem Bergführer folgen. Vorgestiegen bin ich nie. Das hätte ich mir nicht zugetraut. Es ist doch eine grosse Verantwortung. Man muss die Gefahr kennen. Es ist nicht nichts, das Bergsteigen. Kürzlich war mein Enkel, der Bergführer ist, mit seiner Mutter und einem Gast auf dem Allalinhorn. Beim Abstieg nahm er die steile Route, und meine Tochter ging den gewöhnlichen Weg. Da hörte sie Hilferufe. Sie ging hin, und siehe da: Jemand war in einen Spalt gefallen. Daneben stand einer, ohne Seil, ohne Pickel, ohne nix. «Mein Kollege ist hineingefallen, mein Kollege ist hinuntergestürzt», schrie er. Meine Tochter rief mit dem Natel ihren Sohn an: «Du Gabriel, da ist einer im Spalt drin.» Er kam dann und zog ihn heraus. Wäre er nicht zufällig in der Nähe gewesen, wäre das nicht gut gekommen. Von der Sorte Bergsteiger gibt es einige. Sie denken sich: «Es ist keine Kunst, auf einen Viertausender zu steigen.» Aber wenn man den Weg nicht kennt, dann weiss man auch nicht, wo die Spalten sind. Und wenn einer ohne Seil fällt, dann ist er weg.

Ich bin lieber geklettert als auf Schneeberge gestiegen. Immer nur im Schnee trampen, das fand ich langweilig. Und klettern konnte ich gut. Der Jägigrat ist eine flotte Tour, der Portjengrat ist eine wunderbare Kletterei. Das Matterhorn war super. Später war ich oft mit dem Bruder meines Mannes unterwegs. Er war auch Bergführer. Und er sagte immer: «Du hättest Bergführerin werden sollen.» Aber damals war das kein Thema, können Sie denken! Ich wollte eigentlich Krankenschwester werden, aber schon das stellte ein Problem dar. Frauen lernten damals keinen Beruf. «Das gibt es nicht», hiess es. Berufe waren für die Männer. Darum konnte ich keine

Ausbildung machen. Ich habe dann früh geheiratet. 1958 übernahmen wir den Betrieb der Schwiegereltern, das Hotel Britannia. Von da an war ich ein Krampfer. Als Hotelfrau ist man Mädchen für alles. Man muss alles selber machen, sonst läuft nichts. Mein Mann Fridolin und ich hatten sieben Kinder, ein Hotel und ein Restaurant. Das war nicht immer einfach. Aber ich hatte Freude daran, das macht viel aus. Nur zum Bergsteigen kam ich kaum mehr. Ich war zwanzig Jahre lang sozusagen eingesperrt. Immerhin gingen wir später mit den Kindern in die Berge. Im Herbst hatten sie vierzehn Tage Ferien. Da schlossen wir jeweils das Hotel und gingen ausgiebig wandern. Wenigstens das. Die meisten meiner Kinder haben heute ein eigenes Geschäft. Ihnen sage ich immer: «Macht nicht, was ich getan habe. Nehmt euch wenigstens einen Tag pro Woche frei. Und geht dann in die Berge.» Das Leben geht so schnell vorbei. Das habe ich gemerkt, als wir einmal deutsche Gäste im Hotel hatten. Sie wollten unbedingt mit uns auf den Spielboden. Also gingen wir mit ihnen hoch und stiegen bis zur Längflue. Da stand eine Schneekatze und hat die Skifahrer den Hang hinaufgezogen. Als ich das sah, sagte ich zu mir: «Wenn ich nicht all die Berge rundherum kennen würde, dächte ich, ich sei irgendwo anders.» Ich kannte den Ort kaum noch. Und ich war zwanzig Jahre lang nicht mehr auf Skiern gestanden. Das musste sich ändern! Anfänglich hatte ich gar keine Courage mehr zum Skifahren. Ich bin dann ein paarmal mit dem kleinen Lift im Staffelwald gefahren. Danach kam es langsam wieder zurück, das Skifahren.

Ich weiss noch, wie meine Tochter eines Abends zu uns ins Hotel kam und sagte: «Mama, morgen steigst du mit uns auf das Weissmies.» – «Spinnst du!», rief ich aus: «Ich kann das nicht mehr.» – «Dann beginnst du wieder», antwortete sie. «Es geht nicht an, dass du mit dem Bergsteigen aufhörst.» Am anderen Tag ging ich wirklich. Aber es war hart. Ich hatte kein Training. Vor dem Gipfel habe ich gemerkt, dass ich nicht mehr kann. Aber natürlich liess mein Kopf nicht zu, mir das einzugestehen. Ich blickte zurück, und meine jüngere Tochter, die sich uns angeschlossen hatte, rief aus: «Ich bin kaputt!» Da meinte ich erleichtert: «Dann darf ich auch müde sein!» Wir haben es alle auf den Gipfel geschafft. Und danach bin ich allmählich wieder in die Berge gegangen. Ich war damals etwas über fünfzig Jahre alt. So richtig angefangen habe ich allerdings erst wieder, als wir das Hotel den Kindern übergaben.

Jahre später, nachdem wir einmal den Nordgrat des Weissmies bestiegen hatten, meinte meine Tochter: «Nun musst du noch das Matterhorn machen.» Ich antwortete ihr: «Hör auf! Weisst du, wie alt ich bin? Ich werde bald sechzig.» Da meinte sie: «Genau. Das ist mein Geburtstagsgeschenk. Wenn du sechzig Jahre alt wirst, kommst du mit uns aufs Matterhorn.» Als ich das meinem Mann erzählte, reklamierte er: «Das kommt überhaupt nicht in Frage, in diesem Alter aufs Matterhorn!» Er wollte es gar nicht haben. Ich antwortete ihm: «Ich gehe und fertig. Ich habe immer alles getan, was du mir gesagt hast. Und nun bestimme ich für einmal: Ich gehe aufs Matterhorn!» Erst fand er, wenn das so sei, werde er wie ein Verrückter Auto fahren gehen. Dann kämen wir beide nicht mehr nach Hause. Schliesslich hat er eingewilligt. Ich hätte ja nicht wirklich gehen können, wenn er dagegen gewesen wäre. Aber ich wollte! Da hat er eingelenkt. Kurz darauf sind wir nach Zermatt gefahren und auf die Hörnlihütte gestiegen. Am Abend schauten wir uns die Route von der Hütte aus an. Meine Tochter sagte: «Da hinauf wollen wir.» Ich meinte nur: «So, das wollen wir.» Aber alles ging bestens. Beim Aufstieg klappte es sogar sehr gut. Wir konnten durchgehend klettern. Runter ist es schwieriger als rauf. Da hatte ich länger. Aber wir haben dennoch eine flotte Zeit gemacht. Wir waren sogar eine halbe Stunde vor den anderen Bergsteigern zurück in der Hütte. Beim Hinunterklettern hat mir meine Tochter ein paar Mal zugerufen: «Vorwärts Mama! Hier darfst du keine Socken stricken. Das kannst du nachher wieder tun.»

Vor zwei Jahren erhielt ein Sohn meiner Schwester die Priesterweihe. Er ist ein Spätberufener. Wir sind dann auf das Allalinhorn gestiegen, er, unser Pfarrer, meine Tochter, ihr Mann und ich. Das Wetter war nicht gut. Es hat stark gewindet, fast hat es einen weggetragen. Wir sind dennoch kurz auf den Spitz gestiegen. Eigentlich wollte der neue Priester auf dem Allalin seine erste Messe lesen. Aber wegen des Windes war das unmöglich. Wir sind dann ein Stück abgestiegen, haben einen geschützten Ort gesucht, ein bisschen Schnee ausgeschaufelt und eine Messe abgehalten. Mein Neffe, der frisch geweihte Priester, las die Messe für meinen Mann, der vor vier Jahren verstorben war. Das war schön. Aber es tat auch weh. Denn wir hatten es gut, mein Mann und ich. Wir hatten zwar viel Arbeit mit dem Hotel. Da waren wir den ganzen Tag zusammen. Und ich mit meinem Temperament ... Das ist ein paar Mal mit mir durchgegangen. Aber er fand immer: «Wir tun das zur Seite.» Und damit war es gut. Nachdem wir das Hotel abgegeben hatten, verbrachten wir noch neunzehn gemeinsame Jahre. Und das waren nur schöne Jahre. Ehrlich gesagt. Nur schön.

Ich bin fit. Dafür bin ich dankbar. Es ist ein Geschenk, aber das kommt nicht von alleine. Mindestens einen Rundgang mache ich jeden Tag. Oft gehe ich zur Kapelle «Zur hohen Stiege», dann hoch zum Parkplatz vier, rauf zur Wildi, dann zur kleinen Theodulskapelle, den Weg hinauf zur Hohnegg, danach runter auf den Friedhof zum Grab meines Mannes und zurück nach Hause. Da bin ich anderthalb Stunden unterwegs. Das mache ich an den Tagen, an denen ich nichts Grösseres unternehme. Auf Touren gehe ich auch noch ab und zu. Seit einiger Zeit ist ein Grosskind Bergführer. Mit ihm habe ich in den letzten Jahren ein paar Viertausender gemacht. Aber kürzlich fand ich: «Fertig. Es reicht.» Obwohl mein jüngster Sohn immer wieder meint: «Mit achtzig Jahren musst du nochmals auf das Allalin.» Ich antworte ihm stets: «Das sehe ich dann.» Auf dem Allalinhorn war ich im letzten Jahr nochmals. Es ging gut. Aber die Höhe, die spüre ich schon. Im Herbst waren wir auf den Kanarischen Inseln und haben den höchsten Berg Spaniens, den Teide, bestiegen. Man steigt da von Meereshöhe auf 3700 Meter. Es ging, aber ich habe gemerkt, dass die Luft dünn wird. Ich habe die Höhe gespürt. Ehrlich gesagt, überlege ich mir das mit dem Allalin noch. Es ist ja keine grosse Sache. Wir könnten langsam gehen. Nun, wir werden sehen. Vielleicht steige ich im Sommer doch noch einmal auf diesen Berg.

Das Gespräch mit Erika Bumann, Jahrgang 1930, fand am 6. März 2010 in Saas-Fee statt.

Martha Liebich, 78-jährig, Einsiedeln

«Es sind andere Formen der Glückseligkeit, die aus überstandenen Schwierigkeiten entstehen.»

Sie sei nur eine Blüemlialpinistin gewesen, erzählt mir Martha Liebich am Telefon. Das habe sie anno dazumal schon Felicitas von Reznicek gesagt, als diese auf der Suche nach Frauen für ihr neu gegründetes Bergsteigerinnen-Treffen war. Ich würde gerne eine Blüemlialpinistin kennenlernen, erwiderte ich – und hatte mehr Glück als Frau Reznicek: Ich erhielt eine Zusage.

ML

Da liegt ein ganzer Stapel Tourenberichte. Ich habe sie nächtig für unser Treffen zusammengestellt. Wenn wir auf eine Tour gingen, hat jeweils ein Mitglied die Ereignisse von einem Tag beschrieben. Manche haben Gedichte verfasst. Wir haben Abzüge von den Fotos gemacht und sie eingeklebt. Auch Postkarten oder Prospekte fügten wir ein. Manchmal fand man einen Zeitungsbericht zu einem Thema, das mit der Gegend zu tun hat. Hier ist zum Beispiel ein Artikel über das Zinn-Museum in Grimentz und da ein Zeitungsbericht über die Wärter der Staumauer von der Grande Dixence. Das Titelblatt wurde immer ein wenig anders gestaltet. Zum Schluss hat man alles getippt und kopiert. Damals gab es noch keinen Kopierapparat. Man musste erst eine Wachsmatrize herstellen. Die wurde dann eingespannt und mit Hilfe einer Spritlösung vervielfältigt. Ich konnte das im Geschäft erledigen. Zu Hause besass man diese Ausrüstung ja nicht. Zum Schluss hat jeder zur Erinnerung an die Tour einen Bericht erhalten. Ich finde es schön, wenn man sich das später wieder anschauen kann. Sehen Sie, es ist nun achtundvierzig Jahre her, seit ich auf dieser Tour war. Folgendes habe ich 1962 zur Besteigung des Illhorns geschrieben:

«War es der Speck? War es der gemütliche Jass oder das abendliche Singen? Am ehesten sind wohl die zehn in Reih und Glied aufgestellten Flaschen Pinot Noir schuld, dass wir die Nacht so heiss empfanden, nebst der Wallisersonne natürlich! Die meisten scheinen froh, dass man um 6 Uhr 50 aufstehen und sich am Brunnen vor dem (Hütten-)Tore erfrischen darf. Ein strahlender Sommermorgen! Jetzt kann jeder selber klar feststellen, welche Berge Röbi von Weiss- bis Matterhorn gestern Abend benebelt richtig oder lätz benannte. Von der sympathisch nah ob Chandolin gelegenen Illhornhütte (2128m) aus geniessen wir auch einen ergiebigen Tiefblick in die Rhone-Ebene und an die ennet des Rotten aufsteigende Wildhorn- und Wildstrubelwelt. Und unserer Hütte gegenüber, auf der anderen Seite des Val d'Anniviers, winkt hoch oben ein schmuckes Dorf herüber, Vercorin.

Unterdessen prasselt schon das Herdfeuer in der sauberen Küche. Die heimeligen Chacheli füllen sich mit heissem Wasser. Bei Tisch braut sich jeder Alpenclübler seine eigene Mischung aus Ovo, Kaffee oder Tee, un- oder gezuckert, mit oder ohne Kondensmilch. Wir schwelgen dazu im Genuss des kräftigen, gesunden Walliserbrotes, das noch aus echten Holzbacköfen stammt. Während tapfere Kavallerie-Sherpas unsere Sachen in ihre Rucksäcke laden, waschen Marieli und ich Geschirr und Tische sauber.

Vor der Hütte zählt der Chef! unsere Füsse, teilt das Resultat durch zwei und kommt auf 14, so dass wir vollständig den Aufstieg zum Illhorn (2716) beginnen können. Ein Stück weit auf dem gut angelegten Pfad bleiben wir brav beisammen, doch sehr bald teilt sich das Heer in verschiedene Grüpplein. Ein paar von uns verlassen den Weg und steigen direkt den linken Berghang hinan, sozusagen am Skilift. Doch bequemer ist die Sache nicht. Jedes erklommene Hügeli baut hinter sich ein neues auf. Der eigentliche Gipfel will und will nicht auftauchen. Als Trost leuchten uns ungezählte wundervolle Alpenblumen an, in allen Farben und Varianten. Dichte Moospolster wechseln ab mit weiten Mulden voll kleiner Margritensterne oder dunkelblauer Frühlingsenziane. Da und dort strahlen ausgefranste Sonnen von Arnika aus dem dürren Gras. Eine verschwenderische Fülle von Männertreu strömt würzige Mokka-Düfte aus. – Nach anderthalb Stunden erreichen wir den höchsten Punkt des Illhorns. Das seltsamste von hier Sichtbare ist wohl der berühmte Illgraben, der grösste Erosionskessel Europas. Deutlich erkennt man, wie Schicht um Schicht sich vom Berge löste und kahle, graue bis gelbe Rutschbahnen hinterliess. Ein breiter Schlammgraben führt das Material in Dutzenden von unberechenbaren Windungen der Rhone zu.

Das Illhorn hat etwas mit unserem Grossen Mythen gemeinsam: Eine kinderleichte, fast mühelose Tour wird belohnt durch weite, freie Sicht in Tal und Höhen. Wir sehen der Rhone entlang bis unter Sitten und hinauf gegen Brig mit den Grenzbergen zum Tessin und Italien; südlich leuchten uns die Schnee- und Felswände des Weisshorns, Matterhorns, der Dent Blanche und Dutzende auf vielseitigen Wunsch ungenannter Gipfel entgegen. Es fliesst wie Balsam in bekümmerte Stadtherzen, sich selig der Bewunderung dieser herrlichen Gottesnatur hingeben zu dürfen. Ich kann die Augen kaum losreissen von solch grossartiger Bergwelt. – Aber von Ergriffenheit und heiligem Staunen wird kein Magen satt. Um sein Knurren zu stillen, packen wir unsere Proviantsäcklein aus, das erste Mal auf der heurigen Tourenwoche. Manch einer verspürt schon Übergewicht an Rosoli und ähnlichen Köstlichkeiten und verteilt die Labsal grosszügig. Wir sitzen ausgiebig herum und erheitern uns gegenseitig mit Jägerlatein und Neckereien.» So geht das weiter, und zum Schluss schreibe ich: «Es geht einem neuen, reichen Ferientag entgegen. Ich hoffe, noch viele solche mit Euch zu erleben und danke allen von Herzen für Eure Kameradschaft und Gastfreundlichkeit! Die Berichterstatterin: Martha Liebich».

Am nächsten Tag stiegen wir von Chandolin über St-Luc nach Ayer, danach auf die Moiryhütte und weiter über Arolla und über die Dixhütte bis nach Sion. Sehen Sie, auf dieser Foto sind wir am Schuhputzen auf der Dixhütte, Marieli Fuchs und ich. Wir Frauen reinigten den Männern immer die Schuhe. Das nannten wir den Innendienst. Warum wir das getan haben? Das ist Frauenarbeit. Das machte man damals, und die Männer hatten Freude daran.

Auf dieser Tour im Jahre 1971 habe ich am ersten Tag den Fuss verknackst. Wir stiegen vom Rothorn hinunter nach Zermatt. Der Doktor fand, ich müsse jeden Abend nach fünf Uhr vorbeikommen. Und nicht wandern gehen! Da sagte ich zu ihm: «Ich komme gwüss nach Zermatt, um nicht wandern zu gehen.» Am anderen Tag ging ich mit nach Zmutt und in die Schönbielhütte. Am Abend musste ich nach Hause pressieren, damit ich rechtzeitig um fünf Uhr beim Doktor war. Er hat es nicht gemerkt, und ich habe keinen Schaden davongetragen.

Ein andermal, im Mai 1961, wollten wir die Haute Route machen, mein Bruder und Daggi, ein Kollege aus der JO, der Jugendorganisation des SAC. Es lief aber vieles nicht so, wie wir wollten. Am ersten Tag reisten wir nach Chamonix und übernachteten dort. Am Morgen früh nahmen wir die Seilbahn nach Plan de l'Aiguille. Dann zogen wir los auf den Glacier des Bossons in Richtung Hütte Grand Mulets. Plötzlich fiel mir die ganze Bindung mitsamt dem Schuh vom Ski. Zum Glück hielten die Sicherheitsriemen. Wir wollten die Bindung flicken, aber es klappte nicht. Ich ging zurück nach Chamonix, wo ich nochmals im gleichen Hotel übernachten konnte. Am nächsten Tag stieg ich auf den Brévent. Dort steht ein Fernrohr, in das man Geld einwerfen kann. Mit dem habe ich rübergeschaut und gesehen, wie am Mont Blanc ein gruusiger Sturm herrscht. Ich sah immer drei Menschen an einem Seil, zwei Fremde und einen von uns. Einer ging vorwärts, und zwei lagen am Boden. Dann lag der Dritte nieder, und ein anderer konnte aufstehen und eine Seillänge lang weitergehen. So stiegen sie auf den Mont Blanc. Mein Bruder brach die Tour ab, aber Daggi ging bis auf den Gipfel. Abends musste ich in der Apotheke eine Spezialsalbe holen und ganz sachte auf sein Gesicht auftragen. Der Eissturm hatte sich ausgewirkt. Nase, Backen, Kinn, alles war wie von Nadeln durchbohrt.

Auf der Schusterplatte ob der Dreizinnenhütte, 1958

«Innerer Dienst» aussen an der Hütte, Cabane des Dix, Seniorentourenwoche des SAC Einsiedeln, August 1962.

Später stiegen wir ins Refuge Albert Premier. Als wir ankamen, war die Hütte geschlossen. Wir mussten in der Notunterkunft übernachten, einem Blechhüttlein. Daggi beschloss, Spaghetti zu kochen. Er setzte Wasser auf und gab die Teigwaren direkt in die Pfanne. In dieser Höhe siedet das Wasser aber früher als unten im Tal, bereits mit neunzig Grad. Das gab keine rechten Spaghetti. Es wurde eine fürchterliche Sache. Und zum Schluss haben sie noch Landjäger reingeschnetzelt. Ach du meine Güte. Was wir manchmal gegessen haben! Am übernächsten Tag sind wir von der Trienthütte aus mit den Skiern zur Fenêtre des Chamois aufgestiegen. Wir banden die Skier ans Seil und kletterten hinunter, halb im Schnee, halb im Fels. Plötzlich stach mich ein Skistock ins Bein. Ich blutete. Die Seile zogen an mir. An ihnen waren ja die Metallskier befestigt. Die beiden riefen von oben: «Hau es doch weiter, du Langweilerin.» Da band ich die Skier los und warf sie runter. «Meinen Lebtag lang mache ich keine Skitour mehr», sagte ich. Ohne den Zug der Skier ging das Klettern aber ganz gut. Und unten war ich froh, dass die Skier noch ganz waren. Denn wir mussten auf dem faulen Schnee noch lange gehen, bis wir Champex erreichten. Wir fuhren ein paar Meter, sackten ein, buddelten uns aus, fuhren wieder einige Meter und sanken wieder ein. Es war dunkel, als wir den Ort erreichten.

Von Champex aus fuhren wir mit dem Postauto nach Bourg-St-Pierre und stiegen dann das Tal hoch zur Valsoreyhütte auf der Südseite des Grand Combin. Am nächsten Tag ging es weiter auf den Glacier de Sonadon und zur Chanrionhütte. Von dort aus wären wir auf den Pigne d'Arolla gegangen. Aber ich wollte nicht mehr. Am Abend kamen zwei Zöllner zur Hütte. Als sie mich sahen, riefen sie: «Wie gut, dass eine Frau da ist. Dann kann sie uns etwas kochen.» Ich fragte sie im Gegenzug, ob sie meine Skier mit ihren Jeeps ins Tal fahren könnten, damit meine zwei «Buben» endlich glaubten, dass ich nicht weitergehe. Sie nahmen die Skier mit und gaben sie in einem Restaurant in Fionnay ab. Am nächsten Morgen früh stieg ich zu Fuss alleine hinunter.

Dabei hatte ich ein wunderschönes Erlebnis: Im Grand Chermotane traf ich auf unzählige Murmeltiere. Es müssen über hundert Tiere gewesen sein. Der Wind kam von der richtigen Seite, darum haben sie mich nicht wittern können. Ich konnte ihnen ungestört zuschauen. Es waren viele junge Tiere dabei. Die benahmen sich wie Kinder an einem Skilift. Sie krabbelten den Schnee hinauf und rutschten wieder runter. Überall, wo sie gespielt haben, war der Schnee schwarz und braun: Sie haben ihre dreckigen Füdli am Schnee geputzt.

Ungefähr um halb eins erreichte ich Fionnay. Ich ging in die Wirtschaft, die mir die Zöllner angegeben haben. Gämse, hiess sie: Chamois. Meine Skier waren dort. Auf dem Weg zum Dorf sagte ich mir: «Nun nehme ich mir ein Zimmer und schlafe fünf oder sechs Stunden. Am Abend fahre ich dann nach Zermatt.» Denn in den Hütten schlief ich nie gut. Doch als ich in das Beizlein trat, entstand ein riesiges Hallo: «Das ist recht, dass du kommst. Jetzt können wir tanzen», hiess es. Es war dieselbe Gruppe, die sich mit uns in der Valsoreyhütte aufgehalten hatte. Es hatte Musik in der Beiz und nicht genügend Frauen zum Tanzen. Anstatt zu schlafen, habe ich dann mit denen gefeiert, gegessen und getrunken. Es wurde ein richtiges Tanzfest.

Bereits als Kinder gingen wir oft in die Berge. Mit dem Vater wanderten wir in die Haggenegg oder ins Alpthal. Er stieg auch mit uns auf den Mythen. Ich kann mich erinnern, wie er mich auf den Buckel nahm, als wir oben über das «Bändlein» liefen. Mir wurde schwindlig, als ich so hoch oben sass und es links und rechts gerade hinunterging. Mein Vater ist teilweise in den Bergen aufgewachsen. Sein Vater war Kirchenmaler. Er hatte sechs Buben und ein Mädchen. In den Schulferien zog die ganze Familie nach Graubünden oder ins Wallis. Dort haben sie in den kleinen Dörfern die Kirchen und Kapellen renoviert. Seine Frau und die grösseren Buben halfen jeweils bei der Arbeit. Sonntags durften die Buben dann auf einen Berg steigen. Manchmal nahm sie ein Bergführer mit, der gerade keine Gäste hatte. Noch heute berühmt ist die kleine Kapelle auf der Bettmeralp, die auf vielen Kalendern abgebildet ist. Nach all den Jahren konnte ich noch immer die Schrift oberhalb der Tür erkennen: «Hermann Liebich und Söhne». Zahlen konnten die meisten Gemeinden die Renovationen nicht. Dann hat das ganze Dorf Käse, Brot und Milch vorbeigebracht. Ab und zu kam im Winter darauf etwas Geld herein, hundert Franken von einer Kirche. Dann hat der Grossvater eine Gans gekauft und ein Fest gemacht. Und danach hatten sie wieder nichts mehr.

Nein, mein Vater war kein Mitglied des SAC. Er hätte den Jahresbeitrag nicht vermocht. Er war Künstler, Glasmaler und Heraldiker. Wenn Mutti nicht gewesen wäre, hätten wir nichts zu essen gehabt. Sie führte das Hotel, in dem wir aufgewachsen sind, den Rebstock in Einsiedeln. Dort hat sie schon ihre Kindheit verbracht. Wir Kinder mussten immer mithelfen. Wenn ich von der Lehre oder vom Arbeiten am Wochenende nach Hause kam, stieg ich in den Betrieb ein und erledigte, was gerade zu tun war. Manchmal hatten wir kein Küchenmädchen, kein Zimmermädchen oder keine Serviertochter. Wo es an etwas fehlte, da sprang ich ein. Auch meine Brüder taten das.

Als Kinder genossen wir grosse Freiheiten. Als ich in der ersten Klasse und meine Brüder sechs- und fünfjährig waren, gingen wir, zusammen mit einem fünfjährigen Freund meines Bruders, zum Sihlsee. Ich mietete ein Ruderbötlein und ruderte mit diesen drei Buben nach Willerzell. Danach hatte ich beide Hände voller Schwielen. Und ich musste wieder zurück! Zu Hause haben sie unseren Ausflug gar nicht bemerkt. Einmal, an einem Sonntag, sassen meine Brüder und ich unter einer Holzrutsche bei der Post. Wir sagten zueinander: «Wem gehören wir wohl? Bestimmt nicht Mutter und Vater, die haben ja nie Angst um uns.»

Ich war immer eine selbständige Person. Schon im Hotel wurde ich zu Selbständigkeit erzogen. Alles habe ich alleine gemacht. Manchmal wurde ich in der Schule ausgelacht wegen meinen Haaren. Denn ich musste meine Zöpfe am Morgen selber flechten. Weil ich sie noch nicht von innen nach aussen zöpfeln konnte, machte ich es umgekehrt. Da riefen die anderen Mädchen: «Du hast ja deine Zöpfe verkehrt!» – «Ich kann doch meine Zöpfe tragen, wie ich will», antwortete ich. Nachmittags kam ich mit den richtigen Zöpfen, die mir Mutti über Mittag geflochten hatte. Aber morgens, wenn ich aufstand, waren meine Eltern noch im Bett. Mein Vater war Künstler und arbeitete nachts bis zwei oder drei Uhr, oder er besuchte seine Kunden bis abends spät. Und meine Mutter hat immer auf ihn gewartet. Sie ging nie ins Bett, wenn er nicht da war. Und wenn er nach Hause kam und abends noch Zeitung las, sass sie an die Nähmaschine. Das konnte er nicht verputzen! Einmal nahm er sein Messer und schnitt das Transmissionsband durch, damit die Maschine nicht mehr lief. Dann sagte er: «Es ist Feierabend. Du hast zu mir zu sitzen!» Sie erwiderte: «Wenn du Zeitung liest, kann ich doch nähen.» – «Nein», meinte er, «ich will dich neben mir haben.»

ML

Jeden Samstag erhielten wir Kinder von Mutti ein Ei. Jeder konnte damit kochen, was er wollte. Auf diese Weise lernten wir spielend Spiegeleier und Rühreier zu machen. Dann kamen Cognaceier dazu und geschwungene Sachen wie die Omelette soufflée. Das ging bis zum Holsteinschnitzel. Wir brachten uns selbst alle Gerichte bei, für die man ein Ei benötigte. Wir Kinder standen in Konkurrenz zueinander. Jeder wollte am besten sein und eine neue Idee bringen. Im Winter hatte die Mutter Zeit für solche Dinge. Und im Sommer hatten wir das Glück, dass es eine schlechte Zeit für das Hotel war. Während des Kriegs lief nichts. Darum hatten wir kein Geld, aber Zeit. Nur einige Militärleute waren bei uns einquartiert, Unteroffiziere und Offiziere. Und die ganze Mannschaft hat bei uns gegessen, am Morgen, am Mittag und am Abend. Sie zahlten fünf Rappen pro Soldat und Tag. Unser Besteck, unser Geschirr, alles haben sie für fünf Rappen am Tag dreimal benützt! Und viele nahmen die Silberlöffeli mit nach Hause. Plötzlich fanden wir Stahl- oder Blechlöffel, die wir noch nie gesehen hatten, und auf deren Rückseite «Bahnhofbuffet Schaffhausen» stand. Auch die Böden haben die Soldaten mit ihren nassen, genagelten Schuhen kaputt gemacht. Dennoch waren sie unsere einzige Verdienstmöglichkeit. Aber das hat alles nichts mit dem Bergsteigen zu tun, das müssen Sie ja wieder wegstreichen.

Schon als Kinder standen wir oft auf den Skiern. Mein jüngerer Bruder und ich haben einmal unser Sackgeld gespart, bis wir es uns leisten konnten, einen Tag lang in Oberiberg an den Skilift zu gehen. Unsere Mutter gab uns beiden einen Zweifränkler mit, damit wir im Restaurant Hirschen etwas essen konnten. Die waren Mitglied des Wirtevereins wie wir auch. Zum ersten

Mal am Skilift, das war ein Ereignis! So hoch hinauf zu fahren! Und dass man runterfahren konnte ohne Anstrengung. Ansonsten fuhren wir hier im Dorf Ski. Wir sind den Freiherrenberg hinaufgestapft und wieder hinuntergefahren. Vom Portal des Klosterhofs aus konnten wir mit den Skiern auf der Strasse bis vors Haus fahren. Damals, während des Kriegs, hatte es keinen Autoverkehr. Einzig das Postauto fuhr mit einem Holzvergaser. Das war ein riesiger runder Kübel, der an der Seite angebracht wurde und über das Dach des Wagens hinausragte. Dort drin wurde Holzkohle verbrannt, damit das Postauto fahren konnte. Benzin war nicht erhältlich. Ich erinnere mich noch, wie viel Schnee damals im Dorf lag. Weil keine Lastwagen fuhren, konnte er nicht abgeführt werden.

Meine Brüder waren beide in der Jugendorganisation des SAC. Ab und zu bin ich mit ihnen mitgegangen. So bin ich langsam reingerutscht. 1953, mit einundzwanzig Jahren, wurde ich Mitglied der JO. Meine Brüder waren ein und zwei Jahre jünger als ich und wechselten schon bald einmal in die SAC-Sektion. Die nahm aber, im Gegensatz zur JO, keine Frauen auf. Darum bin ich in der JO geblieben, bis ich zweiunddreissig Jahre alt war. Da fanden sie, die Jungen hätten Hemmungen, mich zu duzen. Das sei ein bisschen heikel. Ich solle doch fortan mit den Senioren auf Tour gehen. Mit denen war ich bereits ab und zu unterwegs. Ich hatte sogar eine Tourenwoche rund um den Mont Blanc für sie organisiert. Da ich nicht Mitglied werden konnte, ging ich halt als Gast mit. Es hätte auch die Möglichkeit gegeben, dem SFAC beizutreten. In Schwyz gab es eine Sektion. Ich kannte ein paar Mitglieder und ging ab und zu mit diesen auf Touren. Mitglied eines Frauen-Alpenclubs hätte ich aber nicht werden wollen. Warum nicht? Wir waren einmal in einer Hütte und haben einen SFAC aus dem Bernbiet getroffen. Das waren alles so ambitionierte Weiber. Wenn ein Mann sagte, er sei auf einem Viertausender gewesen, kam eine von denen und fand, sie sei auf viertausendfünfhundert gestanden. Und wenn die Männer erzählten, sie hätten für eine Tour vier Stunden benötigt, dann sagten die Frauen, sie seien in dreieinhalb Stunden oben gewesen. Zu solchen Frauen habe ich nicht gewollt. Auch dem *Rendez-Vous Hautes Montagnes* bin ich nicht beigetreten. Felicitas von Reznicek, die Gründerin des RHM, hatte mich damals ausfindig gemacht. Sie war auf der Suche nach Bergsteigerinnen, die zu ihrem Treffen kommen würden. Eines Tages, das muss Ende der 1960er-Jahre gewesen sein, rief sie mich im Büro an und fragte mich, ob ich nicht dabei sein wolle. Ich habe abgesagt. Ich sei ja nur eine Blüemlialpinistin, habe ich ihr erklärt.

Im SAC Einsiedeln wurden Frauen erst 1980 zugelassen. Ende 1979 fand die Versammlung statt, an der Frauen erstmals aufgenommen wurden. Vier Frauen haben damals die Mitgliedschaft erhalten – ich war eine von ihnen. Den Männern habe ich gesagt: «Ihr seid selbst schuld, dass ihr mich nicht früher aufgenommen habt. Nun habt ihr sechsundzwanzig Jahre lang meine Mitgliederbeiträge nicht erhalten.» Obwohl ich zuvor kein offizielles Mitglied war, wurde ich wie eines behandelt. Dass ich eine Frau war, war kein Thema. Das heisst, es ist schon ab und zu passiert, dass mich einer gepackt und abgeküsst hat. Dann sagte ich ihm gleich: «Geh und suche dir eine andere. Das passt mir nicht.» Danach waren wir wieder gute Kameraden. Als der Dachverband begann, Frauen aufzunehmen, wollten die Einsiedler anfänglich nicht mitziehen. «Wir wollen unter uns sein. Die Frauen sollen zu Hause bleiben», hiess es. Sie meinten natürlich nur die eigenen Frauen. Nicht mich. Und später, als ihre Frauen mitkamen, sahen die Männer, dass sie kochen, abwaschen und aufräumen. Manche brachten selbst gebackene Kuchen mit auf die Tour. Da fragten sich die Männer: «Warum nur haben wir so lange keine Frauen mitgenommen?»

Viele meiner Schulfreundinnen haben geheiratet und Kinder gekriegt. Dann konnten sie nicht mehr in die Berge. Meine Tante Josy bekam von 1931 bis 1948 alle paar Jahre ein Kind, sechs insgesamt. Darum kam sie nie mit in die Berge. Sie musste haushalten und rechnen. Und ihr Mann hatte die teuerste Ausrüstung, weil er im SAC Rossberg in Zug war. In dieser Sektion waren damals viele vornehme Herren, Doktoren und so. Der Mann meiner Tante war Werkmeister bei Landis und Gyr und verdiente nicht so viel. Und mit den vielen Kindern, die sie hatten, reichte das Geld nie weit. Aber meine Tante stellte immer sicher, dass ihr Mann die besten Sachen trug, damit er ja nicht von seinen vornehmen Kollegen abfiel. Als die Kinder gross waren, war Tante Josy allerdings nicht mehr zu halten. Sie kam auf viele Touren mit. War Onkel Toni dabei, meinte er oft: «Hier darf Josy nicht durch. Das ist zu heikel.» Dann sagte sie immer zu ihm: «Geh du den ännern Weg. Ich komme da schon durch.» Er fürchtete sich nämlich mehr als sie.

Ja, das Frauenstimmrecht kam 1971. Vom allerersten Tag an ging ich jedes Mal stimmen. In Zürich-Albisrieden, wo ich wohnte, lachten sie immer, wenn ich freitagabends an der Urne erschienen bin – immer gleich nach Eröffnung der Wahllokale. «Aha. Frau Liebich kommt», sagten sie. «Dann können wir anfangen, die Stimmen einzunehmen.» Meistens ging ich so früh dahin, weil ich am nächsten Tag in die Berge wollte. Ob ich froh gewesen bin, als das Frauenstimmrecht kam? Nein, im Gegenteil. Ich war sogar dagegen. Weil ich mir gesagt habe: «Das gibt mir viel mehr Arbeit.» Denn ich will alles prüfen, bevor ich abstimme oder wähle. Ich stimme nicht nach Partei, sondern finde erst heraus, was ich unterstützen will. Es erging mir nicht wie einer verheirateten Frau, deren Mann fordert, dass sie gleich stimmt wie er. Es gibt auch Ehen, in denen sich die Partner sagen: «Unsere Stimmen heben sich auf. Ich würde anders stimmen als du, also gehen wir nicht zur Urne.» Das finde ich falsch. Ich habe das Abstimmen ernst genommen und wusste, dass das Vorbereiten und Themenstudieren mir Stunden wegnehmen würde. Heute finde ich es richtig, dass Frauen abstimmen können. Das schon.

Der gleiche Lohn für Frauen und Männer, das wäre schon nötig. Früher war es noch viel schlimmer. Ich kam mit Glanz und Gloria durch meine kaufmännische Lehrabschlussprüfung. Gleichzeitig war ein Kollege in meiner Klasse, der nur ganz knapp durchgekommen ist. Ein halbes Jahr später verdiente er sechshundert Franken pro Monat mehr als ich! Aber immer habe ich den niedrigen Lohn nicht akzeptiert. Einmal arbeitete ich bei Nestlé in Vevey. Dort habe ich vierhundertfünfundfünfzig Franken im Monat verdient. Nach ein paar Monaten ging ich zum Chef und sagte ihm: «Ich möchte mehr Lohn erhalten. Ich kann knapp die Pension bezahlen, aber in die Pléiades Ski fahren gehen, das vermag ich nicht.» Er sagte: «Mais, Mademoiselle. Vous avez vingt ans. Je ne peux pas vous donner de plus.» Da antwortete ich: «Merci bien, Monsieur, je reviendrai quand j'aurai cent ans. Mais maintenant, je vous quitte.» Das war im Winter 1952/53. Ich ging dann zurück in die deutsche Schweiz, ins Schwesterbüro des Verlags, bei dem ich die Lehre gemacht hatte. Dessen Chef hätte mir schon vorher eine Anstellung gegeben, aber ich wollte nicht. Er war ein Tüpflischiisser. Ich hatte in der Lehre bei ihm ausgeholfen. Einen Brief nach dem anderen musste ich da für die Unterschriftenmappe vorbereiten. Damals gab es noch kein Tipp-Ex. Man musste die Durchschläge alle einzeln korrigieren. Einmal hat er eine Stelle gesehen, die ihm nicht gefiel. Er nahm das Papier und riss oben ein ganz kleines Schränzlein rein. So klein nur! «Das schreiben Sie nochmals», hiess das. Hätte er den Brief richtig zerrissen, wäre es mir egal gewesen.

Aber ein solches Schränzlein! Ich hätte ihn metzgen können. Darum wollte ich nicht für ihn arbeiten. Als ich aus Genf zurückkam, hat mich die Frau meines Chefs aus der Lehrzeit im Heuried zum Mittagessen eingeladen. Damals lief ich jeden Tag vom Bahnhof Wiedikon zum Heuried und abends wieder zurück. Das war ein gutes Training für die Berge. Jedenfalls lud sie mich zum Mittagessen ein, und zum Kaffee kam dieser verhasste Chef. Er hat mich da zum ersten Mal gesiezt. Überhaupt war er ganz anders. Und zum Schluss sagte er: «Wann beginnen Sie bei mir?» Ich habe ihm geantwortet: «Ich komme nie zu Ihnen!» Da wollte er meine Bedingungen wissen. Wir haben alle Details inklusive der Arbeitszeit besprochen. Ich sagte ihm, dass ich in Vevey die englischen Arbeitszeiten kennengelernt hatte: Kurze Mittagszeit und samstags frei. Damit hatte ich einen längeren Feierabend und ein langes Wochenende. Das war ein grosser Vorteil für das Bergsteigen. Er hat mir alles zugestanden. Schliesslich sagte ich zu.

Ich nahm an jeder Tour des SAC Einsiedeln teil, die mich interessierte. Nur wenn man abseilen musste, ging ich nicht mit. In den Dolomiten organisierten wir einfachere Touren ohne Abseilen für diejenigen, die rauf- und runterklettern wollten. Ich stieg dann aber doch auf die Grosse Zinne. Das habe ich unserem Bergführer Arno Grass aus Pontresina zu verdanken. Er sagte zu mir: «Komm doch mit! Ich klettere mit dir zurück.» Da beschloss ich: «Also gut. Runterklettern kann ich ja, nur abseilen nicht.» Auf dem Gipfel wollte er mich aber umsverrode anseilen. Ich weigerte mich und sagte, er habe mir versprochen, mit mir zurückzuklettern. Er wurde wütend, aber ich blieb dabei. Manchmal musste ich beim Abstieg mit den Füssen einen Halt suchen, während er mich oben am Seil hielt. «Ich stehe dir auf die Finger, du Alpenkalb, wenn du nicht sofort weitergehst!», rief er dann in seinem Zorn.

ML

Welch herrliche Aussicht ins Zermattertal! Aber wir sind noch nicht ganz am Ziel. Nach kurzer Rast und einem Zucker mit Schnaps geht's weiter. Im Aufstieg zum Allalinhorn, Seniorentourenwoche des SAC Einsiedeln, August 1960.
Jeweils 2.v.l.: Martha Liebich.

Abseilen habe ich mich nie getraut. Die anderen haben immer gejauchzt beim Abseilen und davon geschwärmt. Aber ich fand es gar nicht lustig. Ich glaube, das hing mit meinem Beruf zusammen. Ich musste immer Verantwortung tragen und selbständig sein. Ich war alleine, blieb immer ledig. Im Beruf musste ich alles selbst verantworten. Da konnte ich mich in den Bergen nicht einfach dem Seil überlassen. Einmal habe ich einen ganzen Sonntag lang mit meinem Bruder zusammen beim Kleinen und Grossen Schijen das Abseilen geübt. Aber immer, wenn ich das zweite Bein hätte vom Berg wegnehmen sollen, rief ich: «Ich komme wieder zurück.» Einen Halt musste ich haben. Wir probierten den ganzen Tag. Dann fand ich, nein, das lasse ich sein. Es gibt so viele schöne Touren ohne Abseilen.

Auf dem Gipfel stand ich immer gerne. Den Aufstieg überstanden und geleistet zu haben, das gab mir ein gutes Gefühl. Ab und zu jammerte und stöhnte ich auch: «Lasst mich los, ich will runter. Ich mag nicht mehr.» Ich besass halt weniger Kraft als die Männer. Manchmal haben sie mich vorne gezogen und hinten gestossen. Kannten Sie den Stein am Kleinen Mythen noch? Es gab diesen eingeklemmten Stein im Müller-Kamin. Später wurde er gesprengt. Auf den musste man beim Aufstieg klettern. Einmal bin ich mit dem Bauch darauf gelegen. Die Beine brachte ich nicht hoch. Ich habe rumprobiert, aber es ging nicht. Schliesslich rief derjenige hinter mir nach oben: «Zieh sie doch einfach hoch!» Und er stiess mich an den Schuhen. Das war schon lästig. Ein andermal stand ich an derselben Stelle, wollte hoch, und es ging nicht. Da schaute ich runter und sah einen abgestürzten Menschen unter mir liegen. Ich wusste, dass er sich vorher da befunden hatte, wo ich jetzt war. Das war ein schwieriger Moment.

Ob ich je ans Aufhören gedacht habe? Nein, nie. Im Gegenteil. Es gab Zeiten, in denen es mir nicht so gut ging. Da half mir das Bergsteigen. Es stimmte mich fröhlich, und ich konnte meine Sorgen vergessen. Manchmal dachte ich auch: «Es macht nichts, wenn ich runterfalle. Dann bin ich alles los.» Auf diese Weise bin ich hie und da richtig gut geklettert. Weil mir die Gefahr nichts ausmachte. Aber Gott sei Dank gab es nur wenige derart schwere Momente. Die besten Touren waren diejenigen mit schönem Wetter und guten Verhältnissen. Man sagt zwar: «Es gibt kein schlechtes Wetter, nur schlechte Kleider.» Aber ich habe die Zeiten erlebt, in denen die Ausrüstung noch nicht so gut war. Wir besassen zum Beispiel keinen richtigen Sonnenschutz. Meine Haut war oft offen oder ganz verbrannt. Abends haben wir Tomaten- oder Gurkenscheiben aufgelegt. Tomaten waren besser. Wir nahmen sie extra deswegen mit. Auch die Schuhe waren schlecht. Weil wir mit den Lederschuhen auf dem Gletscher immer wieder in Pfützen gestanden sind, waren sie am Abend pflätschnass und wurden schwammig. Da haben wir einfach zwei Paar Socken angezogen, und weiter ging es. Ja, die Ausrüstung hat sich gänzlich verändert. Heute generieren Firmen Milliarden mit Kleidungsstücken, die man früher einfach nicht besass. Wir sind mit den Bergschuhen zur Schule gegangen, den ganzen Winter lang. Im Rock und den Bergschuhen. Als Kinder besassen wir je ein Paar hohe Schuhe und ein Paar Halbschuhe. Sonst nichts. Sogar noch zur ersten Kommunion musste ich Bubenschuhe anziehen, damit meine Brüder sie nachtragen konnten. Weisse Schuhe hätten sie nicht übernehmen können. Nach dem Weissen Sonntag hatte ich bald einmal kleinere Füsse als meine Brüder. Da durfte ich zum ersten Mal ein paar weisse, rote oder braune Schuhe kaufen. An einem Ostersamstag spät, als die Schuhläden schon fast geschlossen hatten, sagte Mutti zu mir: «Wir haben noch zehn Franken übrig. Du kannst Schuhe kaufen gehen.» Dann durfte ich mir zum ersten Mal ein richtiges Mädchenschühlein aussuchen. Das war eine Sensation für mich.

Auch Schlechtwettertouren sind schön, wenn man sie hinter sich gebracht hat. Einmal stiegen wir am Mittelspitz des Kleinen Mythen einen Kamin hoch. Dann kam ein Gewitter. Wir waren zu zweit in einem Spalt und fühlten uns sicher. Bis plötzlich ein Wasserfall auf uns niederprasselte. Wir wurden viel feuchter als alle anderen. Danach stiegen wir mit pflätschnassem Gewand in die Holzegg rüber. Dort konnten wir im unteren Teil des Hauses ein Zimmer warm machen und unsere Kleider aufhängen. Da sassen wir, in Unterleibchen und Unterhosen, rund um den Ofen. Das war ein Glücksgefühl, wie man es auf dem Gipfel bei schönstem Wetter nicht hat. Einfach weil wir wieder ein paar trockene Fäden am Körper trugen. Es sind andere Formen der Glückseligkeit, die aus solchen überstandenen Schwierigkeiten entstehen. Heute noch sagen wir uns: «Weisst du noch damals, am Mittelspitz...»

Das Finsteraarhorn ist der höchste Berg, auf dem ich je gestanden bin. 4274 Meter. Die Besteigung war Teil einer Tourenwoche, die 1957 stattfand. Wir hatten ideale Verhältnisse. Bis zum Hugisattel stiegen wir mit den Skiern. Dort richteten wir das Skidepot ein und gingen dann auf den Gipfel. Es war keine grosse Kletterei, man musste um ein paar Felsblöcke und Türmchen. Weil ich damals gut trainiert war, ging es wunderbar. Acht Tage lang waren wir unterwegs und bestiegen einige Berge zwischen Jungfraujoch und Grimsel. Der Himmel war blau. Die ganze Woche über zeigte sich kein Wölklein. Grau und weiss war es nur am Boden. Als wir am Oberaarsee zum ersten Mal nach acht Tagen Gras und Blümlein sahen, sind alle ausgeflippt. Es roch anders. Wir sind zwar selig gewesen, die ganze Woche lang. Es war traumhaft schön. Aber als wir das erste Mal wieder Erde gerochen haben, verfielen wir in ein... wie kann man das nennen? Ein heiliges Staunen.

Zum Abschluss dieser Tourenwoche stiegen wir noch auf das Sidelhorn. Da übernachteten wir in einer Militärhütte, in der alles verschimmelt war. Die Wolldecken waren wie Pelz, so hoch lag der Schimmel darauf. Die

Hälfte unserer Gruppe schlief vor der Hütte im Freien. Die anderen versuchten, sich mit ihren Kleidern und ohne Wolldecken warm zu halten. Es stank zum Himmel. Sonntagnacht kam ich dann nach Hause. Ich bewohnte damals ein Zimmer in Zürich gleich beim Hauptbahnhof, an der Linth-Escher-Gasse. Am nächsten Morgen ging ich zum Flughafen und flog für fünf Wochen nach Amerika. Ich nahm an den ersten Austauschwochen des Jugendherbergenverbandes teil. So traf ich in Amerika ein: braun wie kaum je zuvor und voller Flecken von der Sonne.

Sehen Sie, jetzt reisst es auf da draussen. Geradeaus sehen Sie eine kleine Alp. Rechts davon ist das Sattelchöpfli, ein bewaldeter Hügel. Von dem aus hat man eine tolle Sicht auf den Sihlsee. Dahinter kämen dann der Mutteristock und der Redertenstock hervor. Die drei Gipfel sind der Fluebrig. In der Mitte ist der Diethelm, rechts der Wendelspitz. Weiter rechts sieht man Richtung Fiderisberg und Wanne. Am Bockmattli im Wägital sind wir ebenfalls geklettert. Sie sehen es von hier aus, es tritt gerade aus dem Nebel. Links sehen Sie einen kleinen Berg, den Brüggler. Daneben erkennt man einen spitzigen Berg. Bei uns sagen sie ihm «Süüschnore» oder «Chäsbisse». Offiziell heisst er Chöpfenberg oder Chöpfler. Zwischendrin führt ein Pass ins Glarnerland. Dann kommt diese schöne Pyramide, der Tierberg. Rechts davon ist das Bockmattli, der Berg mit dem Schneefeld. Im Sommer ist das ein schöner Grashoger. Und auf der Seite, die zu uns geneigt ist, hat es wunderbare Kletterrouten. Das war eine Tour für mich. Rauf konnte ich klettern und runter wandern. Die anderen seilen natürlich ab wie der Teufel. Die klettern nur wegen des Abseilens hoch. Und ich ging aufs Bockmattli, weil ich hinten wieder zu Fuss hinuntersteigen konnte.

Das Gespräch mit Martha Liebich, Jahrgang 1932, fand am 28. März 2010 in Einsiedeln statt.

Elsbeth Köng, 89-jährig, Muri bei Bern

«Ich wollte nur einmal im Leben klettern.
Und dann hat es mir den Ärmel
reingenommen.»

Von einer Alpinistin aus dem Kanton Bern habe ich die Adresse der «bergsteigenden Kinderärztin» erhalten. Wir machen einen Termin für die kommende Woche aus. Wenige Tage später erzählt mir eine Zürcher Bekannte von einer Frau, die wegen einer Skitour in den 1940er-Jahren beinahe ihr Staatsexamen verpasst habe. «Wäre das nicht jemand für dein Buch», fragt sie. «Mmh, das klingt gut», antworte ich, «aber nächste Woche führe ich mein letztes Interview durch.» Wie sich herausstellt, handelt es sich bei meiner Gesprächspartnerin um genau diese Person. Wie übersichtlich die Schweizer Bergsteigerinnenszene der Nachkriegszeit doch ist, denke ich...

EK

Schon als kleines Kind kam ich in die Berge. Mein Vater war, wie zuvor schon sein Vater, Gemeindeschreiber in Hinwil im Zürcher Oberland. Im Bauernhof seiner Eltern musste er als junger Mann auch am frühen Samstagabend zum Melken in den Stall. Deshalb konnte er keine grösseren Bergtouren unternehmen. Aber er stieg am Sonntag gerne auf den Bachtel und auf andere Höger im Zürcher Oberland. Nach seiner Heirat blieb Wandern zu zweit und dann zu dritt seine Sonntagsfreude. Meine Eltern haben immer sehr bescheiden gelebt. Aber wir reisten jedes Jahr für vierzehn Tage Wanderferien an einen Bergort. Das war stets ein Highlight. Mein Vater hat gerne neue Wege ausprobiert, und er achtete darauf, dass wir die Ferien jedes Jahr an einem anderen Ort verbrachten. Er wollte, dass wir andere Berge, eine andere Gegend, andere Menschen und nach und nach unser Heimatland kennenlernten. Diese Neugier habe ich von ihm geerbt. Darum war ich so glücklich, dass ich später bei meiner beruflichen Tätigkeit im Ausland so viel sehen und erleben konnte.

Wie es meine Mutter mit den Bergen hielt? Sie kam mit. Oft sagte sie zum Vater: «Was willst du auch immer? Wir könnten doch für einmal zu Hause bleiben.» Aber zu Hause bleiben konnte man, wenn es regnete. Und meine Mutter hatte auch Freude am Wandern. So kam ich schon als Kind ziemlich herum. Weil ich ein Einzelkind war, verbrachte ich ab zwölf Jahren drei Wochen der Sommerferien in der Ferienkolonie im Appenzellerland. Auch da gingen wir oft wandern und spielten leidenschaftlich Völkerball. Am Nachmittag war zwar immer «Liegekur» angesagt. So nannte man den Mittagsschlaf. Aber wir haben natürlich geschwatzt und Unsinn gemacht.

Bei Kriegsbeginn habe ich mich für den Rotkreuz-Frauenhilfsdienst gemeldet. Ich war Medizinstudentin und wollte etwas für das Land tun. Unsere Rekrutenschule fand in Montreux statt. Wir waren in einem der grossen Hotels einquartiert. Da hingen oben die Kronleuchter, und unten sassen wir auf Holzbänken und assen aus Gamellen! Für die nachherige Einteilung hatten wir freie Wahl. «Ich will in die Berge», habe ich gesagt. So wurde ich bei den Bündnerinnen eingeteilt und war glücklich darüber. Eingerückt sind wir jeweils in Chur oder Ilanz.

Der FHD war von den Männern getrennt, aber wir haben einander immer freundlich gegrüsst. Wir Frauen nahmen auch an den Bündner Manövern teil. So marschierten wir zum Beispiel an einem Tag mit unseren schweren Rucksäcken von Davos nach Filisur und nach einer zweistündigen Ruhepause in der Nacht weiter nach Bergün. Dort lagen Soldaten im Gelände. Fotos von Verwundungen waren an ihre Kleider geheftet. Wir mussten alles Mögliche lernen, um Nothilfe leisten zu können. In einem freiwilligen Ski- und Lawinenkurs hatten wir «Verletzte» mit Kanadierschlitten zu transportieren, darunter auch grosse und schwere Personen, selbst wenn man klein war wie ich. Einmal war ich mit einem schweren Schlitten unterwegs. In der Kurve ist er jedes Mal bedrohlich geschlingert, aber irgendwie ging es dennoch. Wir führten auch eine Nachtübung durch. Eines Abends fuhren wir mit der Bahn hoch nach Parsenn. Die Bahnlinie existiert übrigens schon seit 1936. Dann fuhren wir in der Nacht mit den Skiern hinunter. Zwei von uns trugen Acetylenlampen in der Hand, denn es gab noch keine Stirnlampen. Bei einem Lawinenfeld hielten wir an. Dort waren zuvor Soldaten eingegraben worden, damit wir eine Lawinenrettung üben konnten.

Da wir in unserem Land vom Krieg verschont blieben, war der FHD ein wunderbares Erlebnis. Am schönsten war es immer, beim Einrücken mit dem Zug nach Graubünden zu fahren: Ich fühlte mich wie im siebten Himmel, so sehr freute ich mich auf die Bergwelt. Zudem war es interessant, mit Leuten zusammenzuleben, die aus ganz verschiedenen Berufszweigen kamen: aus der Hotellerie, dem Gewerbe, aus Spitälern und anderen Institutionen. In dieser Zeit sind wichtige Kontakte fürs Leben entstanden.

Während des Militärdienstes unternahmen einige von uns, vor allem die Kameradinnen aus dem Unterland, am freien Sonntag oft eine Bergtour. So habe ich im Militär meine beste Bergfreundin kennengelernt, Dorli Mattenberger. Wir trafen uns erstmals an einem Sonntag auf dem Piz Mundaun oberhalb von Ilanz. Später sahen wir uns zufällig in Davos wieder. Ich arbeitete als Ärztin dort, und sie leitete ein Lager. Manchmal haben wir uns zufällig bei einer Skiabfahrt getroffen. So lernten wir uns kennen. Dorli war eine sehr erfahrene Bergsteigerin. Sie war Glarnerin und ist mit ihrem Vater schon ganz früh in die Berge gegangen. Ich hingegen war noch sehr unerfahren. Niemand in meiner Familie hatte je Bergtouren mit Seil und Pickel unternommen. Immer wenn ich auf einem Hoger stand, hatte ich zwar den Traum, eines Tages noch höher hinauf zu gelangen. Aber erst durch meine Freundin bin ich wirklich zum Bergsteigen gekommen. Sie hat mich sehr unterstützt und mir vieles beigebracht. Als sie geheiratet hatte, war ihr Mann erst mit Freuden beim Bergsteigen dabei. Dann hatte er auf einmal genug davon. Er hatte aber nichts dagegen einzuwenden, dass wir weiterhin zusammen in die Berge gingen. Sogar mit meinen Eltern sprach er und erklärte ihnen, dass sie sich nicht um uns sorgen müssten. Leichte Touren unternahmen Dorli und ich zu zweit. Sobald die Tour eine richtige Kletterei oder eine Gletscherüberquerung erforderte, haben wir uns einen Bergführer genommen. Wir blieben über fünfzig Jahre lang miteinander befreundet, bis zu Dorlis Tod. Weil sie zehn Jahre älter war als ich, bin ich noch bergsteigen gegangen, als sie schon zurückstecken musste. Sie freute sich immer, wenn ich ihr von meinen Bergtouren erzählte. Ihre Erinnerungen lebten dabei wieder auf.

Wie ich vom SFAC erfahren habe? Das war Zufall. Als ich gegen Ende des Studiums einmal im März vom Skifahren in Parsenn heimkehrte, musste ich auf dem Bahnsteig in Landquart länger warten. Es befanden sich fast keine Leute auf dem Perron. Eine andere Frau mit Skiern ist mir allerdings aufgefallen. Wir kamen ins Gespräch. Sie merkte sofort, dass ich eine begeisterte Skifahrerin war. Bereits als Studentin hatte ich nämlich an den Rennen des Skiclubs Hinwil am Bachtel teilgenommen. «Haben Sie auch schon vom Alpenclub gehört?», fragte sie mich dann. «Ich weiss, dass es einen Alpenclub gibt», antwortete ich, «aber der ist für Männer.» – «Es gibt einen Frauen-Alpenclub», erzählte sie mir dann. «Wenn Sie in Zürich sind, können Sie dazustossen.» Damals benötigte man zwei Gotten, um in den Club aufgenommen zu werden. Sie sagte mir, sie würde mich als Mitglied empfehlen. Auf diese Weise kam die Aufnahme rasch zustande. Das war 1945.

Im Frühsommer desselben Jahres fand auf der Ibergeregg ein Kletterkurs des SFAC statt. «Einmal in meinem Leben möchte ich klettern gehen», sagte ich zu meinen Eltern. Diese hatten gar keine Freude an meiner Idee. Mein Vater ging gerne in die Berge, aber das Klettern behagte ihm nicht. Er sagte immer wieder zu mir: «Es gibt doch viele Wege, die auf Gipfel führen.» Damit konnte er mich aber nicht von meinen Plänen abhalten. Ich wollte nur einmal im Leben klettern. Und dann hat es mir den Ärmel reingenommen. Ich hatte eine solche Riesenfreude am Klettern, dass ich nicht mehr aufhören konnte. Schlussendlich bin ich dann aber eher eine «gemischte» Bergsteigerin geworden. Ich mochte Hochtouren, weil man dabei in unterschiedlichem Gelände unterwegs ist, auf Gletschern, im Fels und beim Zustieg auch auf Grasmatten. Meine Leidenschaft wurde deshalb das Bergsteigen im Hochgebirge. Von den Klettereien gefielen mir jene zwischen dem dritten und vierten Grad am besten. Und besonders angetan haben es mir die Gratklettereien.

Das Ziel rückt näher. Im Aufstieg zum Weissmies, unterwegs mit Bergführer Gabriel Lagger und Dorli Mattenberger, Sommer 1956.

Militärdienst im Zweiten Weltkrieg. Dienstkameradinnen des gleichen Zuges. Vorne ganz links: Elsbeth Köng.

Es war ein einfacher Auf- und Abstieg auf das Allalinhorn von der Längfluehütte aus. Elsbeth Köng mit Bergführer, Sommer 1941.

Meine erste Skitour mit dem SFAC Zürich führte mich an Ostern 1946 auf das Wildhorn und den Wildstrubel. Die Kameradinnen haben gesehen, dass ich beweglich bin und gut Ski fahren kann. Darum hatten sie Vertrauen in mich und haben mich auf der Stelle mitgenommen. Die Tour fand während meines Staatsexamens statt. Als ich sie ausgeschrieben sah, dachte ich: «Wildhorn, Wildstrubel. Das wäre ein Traum! Ich melde mich an.» Am Karsamstag sind wir dann von der Wildhornhütte aus bei schönstem Wetter auf das Wildhorn gestiegen. Wir genossen die herrliche Aussicht, die Abfahrt und den Übergang zur Wildstrubelhütte am nächsten Tag. In den Hütten sass ich jeweils zwischen all den anderen und arbeitete für mein Staatsexamen. In der zweiten Nacht schlug dann aber das Wetter um. Wir konnten zwar am Ostermontag noch auf den Wildstrubel steigen. Bei der Abfahrt auf der anderen Seite erwartete uns aber dichtester Nebel. Und ich hatte am nächsten Tag eine Prüfung in Psychiatrie! Als ich den Nebel aufziehen sah, bin ich erschrocken: «Was nun, wenn ich nicht rechtzeitig runterkomme! Das wäre ja der Gipfel, wenn ich wegen einer Skitour mein Examen verpassen würde.» Wir sind vorsichtig hinuntergefahren, und der Bergführer aus Meiringen führte uns sicher durch den Nebel zum Ziel. Natürlich kamen wir viel später als geplant nach Kandersteg. Es war abends um halb sieben, als wir den Bahnhof erreichten. Aber siehe da: Es stand ein Zug bereit, sogar mit direkten Wagen nach Zürich! Da wusste ich, dass ich es schaffen würde. Die Fahrt dauerte damals vier Stunden. Um halb zwölf Uhr war ich zu Hause. Und am nächsten Morgen stand ich um acht Uhr in der Psychiatrischen Klinik Burghölzli für das Staatsexamen bereit. Ich war knallrot, weil die Sonne durch den Nebel hindurch auf uns niedergebrannt hatte. Man hätte sehen können, dass ich frisch aus den Bergen komme ... Glück hatte ich, unerhörtes Glück, dass das Examen gut verlief! Das war meine erste Skitour mit dem Alpenclub.

«Was wünschst du dir zum Staatsexamen?», fragten meine Eltern. Es war damals üblich, dass man ein Schmuckstück geschenkt bekam. «Ich möchte lieber eine Tour mit einem Bergführer», habe ich ihnen gesagt. Kurz darauf waren wir in Kandersteg in den Ferien, und meine Eltern schenkten mir eine geführte Bergtour auf die Blüemlisalp. Es war wunderbar!

Die Stimmung im SFAC war sehr gut. Es entwickelte sich bald ein Zusammenhang zwischen uns. Abends in den Hütten war es immer gemütlich. Erst haben wir gegessen und dann oft lange geplaudert. Langweilig wurde es nie. Wenn das Wetter schlecht war, spielte man Karten. Ich kann nicht jassen und musste es in solchen Momenten stets von neuem lernen.

Im Sommer 1946 schrieb der SFAC Zürich eine Tour auf das Bietschhorn aus. Wir zogen ohne Bergführer los, weil der Club eine Zeit lang den «Sparfimmel» hatte. Es kam ein erfahrener Bergsteiger mit, ein Bekannter der Leiterin. Ich verfügte damals noch über keine Gletschererfahrung. Weil das Wetter über Nacht umgeschlagen hatte, beschlossen wir, das Bietschhorn zu umrunden, statt es zu besteigen. Wir waren in Dreierseilschaften aufgeteilt. Unser Seil führte der Leiter an, dann folgte eine Kameradin, und ich lief zuhinterst. Einmal gingen wir über eine gut sichtbare Schneebrücke. Meine Seilkameraden schafften es problemlos auf die andere Seite. Da beide schwerer waren als ich, ging ich davon aus, dass ich sowieso rüberkommen würde. Aber bei mir brach die Brücke ein. Das Seil war sehr lang, und ich hatte es nicht angespannt. Ich wusste ja nicht, dass das wichtig war. Niemand hatte es mir gesagt. Ungefähr acht Meter fiel ich hinunter. Da hing ich in einem Riesenkrachen! Zum Glück besass die Tourenleitung Erfahrung mit Spaltenrettungen. Während die beiden oben meine Rettung vorbereiteten, verspürte ich unten eine Riesenangst. Ich sah nämlich, dass sich die Spalte oben verengte. Die beiden Retter standen somit am Rand der Spalte. «Wenn dieser Teil abbricht, dann ist es fertig», habe ich gedacht. Ich wusste ja nichts von Sicherungstechnik und hatte keine Ahnung, dass sie sich oben gut gesichert hatten. Als ich nach ungefähr zwanzig Minuten aus der Spalte steigen konnte, habe ich den Boden geküsst! Mein Leben lang hatte ich danach einen grossen Respekt vor Gletschern.

Übrigens stand ich bereits 1941 zum ersten Mal auf einem Viertausender. Ich war mit meinen Eltern in Saas-Fee in den Ferien, und die runde Kuppe des Allalinhorns lockte sogar meinen Vater. Das gefiel mir! Erst suchte er sich einen Bergführer. Diese sassen jeweils auf dem Dorfplatz und warteten auf Kunden. Mein Vater fand bald den geeigneten Berufsmann. Mit ihm sind wir zur Britanniahütte aufgestiegen und haben dort übernachtet. Am nächsten Morgen zogen wir los, aber nach einer Stunde kehrte das Wetter. Wir mussten zurück. Einige Tage später versuchten wir es erneut: Wir gingen auf die Längfluehütte. Von dort aus ist der Aufstieg zum Allalinhorn noch einfacher, aber wir wollten nicht zweimal am selben Ort übernachten. Dieser zweite Versuch ist uns gelungen. Ich habe noch Fotos davon. Sehen Sie, da sieht man uns auf dem Allalinhorn stehen. Und so sah meine Ausrüstung aus: ein Rock und Kniesocken. «Eine Frau trägt einen Rock und keine Hosen», hiess es damals. Beim Skifahren waren Hosen erlaubt. Aber wenn ich abends nach Hause kam, musste ich mich sofort umziehen. Immerhin konnte meine Generation die Berghosen bereits im Zug tragen. Die älteren Berner Kameradinnen erzählten noch, wie sie im Rock nach Frutigen gefahren waren. Erst dort im Bahnhof haben sie die Berghosen anziehen können.

Diese Sache mit der Bekleidung ging später weiter mit den Shorts. Das habe ich besonders beim Velofahren erlebt. 1950 unternahm ich alleine eine Velotour vom Engadin ins Puschlav, durchs Veltlin nach Chiavenna, wo ich übernachtete, und über den Splügenpass zurück in die Schweiz. Dabei trug ich Shorts, die bis zu den Knien reichten. Ich erinnere mich, wie die Leute vor ihren Häusern standen, als ich vorbeifuhr. Es war Sonntagabend. Da kam ein Junge und schlug mir mit einer Rute auf die nackten Beine! Seine Familie stand da und fand, das sei recht. Für sie war es einfach unanständig, dass ich als Frau kurze Hosen trug.

Bereits auf der Strecke von Tirana nach Chiavenna war etwas Eigenartiges geschehen. Plötzlich fuhren zwei Gymnasiastinnen mit ihren Velos neben mir her. Wir plauderten miteinander, und ich dachte, dass sie denselben Weg hätten wie ich. Auf einmal sagten die jungen Frauen zu mir: «Es tut uns leid, wir können Sie nicht weiterbegleiten. Wir müssen zurück.» Erst da habe ich verstanden, dass sie mitgekommen waren, um mich zu beschützen. Sie dachten, es könnte mir etwas zustossen. Und das war nicht ganz unbegründet. Als ich den Splügenpass hinaufgeradelt bin, fuhr ein belgisches Auto in einem Tunnel an mir vorbei. Da wurde es von Buben mit Steinen beworfen. Danach kamen sie auf mich zu. Ich stieg vom Velo ab, öffnete meinen Rucksack und sagte: «Hier ist etwas zu essen. Mehr habe ich nicht.» Weiter oben sagte eine Frau zu mir: «Was, Sie fahren als Frau alleine mit dem Fahrrad über den Splügen! Was für ein Glück, dass Sie heil davongekommen sind.» Das war kurz nach dem Zweiten Weltkrieg, und die Leute in Italien waren damals richtig arm.

Ab 1947 lebte ich für drei Jahre in Davos. Der Ort wurde zu meiner zweiten Heimat. Bis heute gehe ich noch immer dorthin in die Ferien. Ursprünglich kam ich als Kurgast nach Davos, wegen einer Infektion mit Tuberkulose. Danach habe ich als Ärztin dort gearbeitet. Besonders zum Skifahren sind die vielen Berge rund um Davos ein Traum. Ich wurde in dieser Zeit auch Mitglied des SFAC Davos. Im letzten Jahr dort amtete ich sogar als Tourenchefin. Eine Zeit lang hatte ich somit eine dreifache Mitgliedschaft, beim SFAC Zürich, Davos und Bern. Ob es damals schwierig war, als Frau in die Berge zu gehen? Nein. In Davos sowieso nicht, denn bergsteigende Frauen waren dort zur Selbstverständlichkeit geworden.

EK

Das Frauenstimmrecht? Gott sei Dank kam das endlich! Mein Vater hat ein Nein eingelegt. Nachher sagte er zu mir: «Hätte ich gewusst, dass dir das so am Herzen liegt, hätte ich vielleicht anders gestimmt.» Vor der Einführung des Frauenstimmrechts versuchte man, auf anderem Weg Einfluss zu nehmen. Einmal sass ich mit Kollegen zusammen. Es war kurz vor einer Abstimmung mit medizinischem Inhalt. «Da müsst ihr Nein stimmen», sagte ich ihnen. Es ging darum, dass jeder Mensch alle drei Jahre auf Tuberkulose durchleuchtet werden sollte. Das fanden wir aus medizinischen Gründen falsch. Man kann ja kurz danach mit Tuberkulose infiziert werden und verpasst dann eine frühzeitige Behandlung. Auf diese Weise konnten wir Frauen die Männer oft beeinflussen. Ich habe mich darum immer gewehrt, wenn es im Ausland hiess, wir hätten gar kein Stimmrecht gehabt. Wir nahmen Einfluss auf die Männer. Aber selbstverständlich war ich dafür, dass das Frauenstimmrecht endlich eingeführt werde.

Nach meiner Ausbildung in Davos und im Kinderspital Zürich wollte ich ins Engadin ziehen und dort eine Praxis als Kinderärztin eröffnen. Man signalisierte mir aber, dass die Zeit dafür noch nicht reif sei. Der Chefarzt in Samedan sagte zu mir: «Brauchen könnten wir Sie schon. Aber es wird niemand zu Ihnen in die Sprechstunde kommen. Die Leute haben Angst, dass der Hausarzt nicht mehr zu ihnen kommt, falls sie den Kinderarzt aufsuchten. Es werden alle freundlich zu Ihnen sein, aber in Ihre Sprechstunde kommen höchstens die Eisenbähnler.» So wurde nichts aus diesem Plan. Und ich wusste nicht, was ich tun sollte. In der Stadt eine Praxis eröffnen, wollte ich nicht.

Dann bin ich auf eine neue Aufgabe gestossen. Ich arbeitete damals als Assistentin im Kinderspital Zürich. Ein Kollege von mir sah ein anderthalbjähriges Mädchen mit zerebralen Bewegungsstörungen in der Poliklinik und sagte zum Oberarzt: «Die Kleine schaut doch so wach in die Welt. Kann man da wirklich nichts tun?» Zu unserer Zeit hiess es bei solchen Fällen immer: «Da kann man leider nichts machen, auch mit einer Million Franken nicht.» Der Oberarzt hatte in einer Fachzeitung gelesen, dass eine Therapeutin in England dabei sei, eine Frühtherapie für solche Kinder zu entwickeln. Diese Missis Eirene Collis hatte nämlich festgestellt, dass Eltern oft erzählten, ihr Kind sei zu Beginn weniger behindert gewesen als danach. Wieso beginnt man die Behandlung dann erst mit vier Jahren, fragte sie sich, und begann, mit Säuglingen zu arbeiten. Mein Kollege besuchte sie und fing dann in der Aussenstation des Kinderspitals in Affoltern am Albis selbst mit Frühbehandlungen an. Kurz darauf eröffnete er eine Allgemeine Kinderpraxis, und ich durfte seine Stelle übernehmen. «Ich muss doch zuerst wissen, was Physiotherapeutinnen machen», fand ich. Daraufhin erlaubte mir Professor Fanconi, halbtags in die Physiotherapieschule zu gehen. Erst ist die Lehrerin erschrocken, als da eine Ärztin kam. Das mochte sie gar nicht. Da bin ich einfach auf eine Matte gelegen und habe mit den Schülerinnen mitgemacht. Danach ging es.

Nun wurde ich im Kinderspital verantwortlich für die Behandlung zerebral bewegungsgestörter Kinder, inklusive ihrer Frühbehandlung. Aus der ganzen Schweiz kamen die Eltern mit ihren Kindern in unsere Sprechstunde nach Zürich. 1953 brach dann eine Polioepidemie aus. Damit war ich eine Weile lang voll beschäftigt. Ich habe neunzig Stunden pro Woche gearbeitet. Als das vorbei war, erhielt ich als Dank für meinen Einsatz von der Kinderärztegesellschaft ein Stipendium für einen dreimonatigen Aufenthalt in England. Da bekam ich Gelegenheit, die Behandlungen verschiedenster körperlicher Behinderungen kennenzulernen. Für die zerebralen Bewegungsstörungen beeindruckte mich am meisten ein Behandlungsansatz von Professor Pohl aus den USA. Mit dieser Therapie trainierte man frühzeitig den normalen Entwicklungsablauf. Dies geschah mit spielerischer Anregung. Aber es ging halt alles auf Befehl. Und man durfte erst zum nächsten Entwicklungsschritt übergehen, wenn der vorhergehende beherrscht wurde. Erst machten die Kinder Fortschritte. Bis zum Kriechen ging es meistens gut. Danach blieben sie stecken. Wir kamen einfach nicht weiter mit diesem Ansatz. Zufällig war ich in England einer Frau begegnet, die mir sagte: «Es gibt da eine Frau, die vollbringt Wunder.» – «Ich gehe doch nicht zu einer Frau, die Wunder macht», dachte ich. Doch als wir mit den Ansätzen von Professor Pohl nicht weiterkamen, wollte ich doch einmal sehen, was diese Wunderfrau tut.

1957 nahm ich dann in London an einer Demonstration von Berta Bobath teil. Das hat mich sehr beeindruckt. Ich sah, wie vielseitig ihre Arbeitsweise ist. Sie hat die Kinder nicht nur zu einer Bewegung angeregt, sondern das Kind eine Bewegung spüren lassen, ihm das Gefühl der Bewegung vermittelt, sodass es diese wiederholen konnte. Zurück in der Schweiz, habe ich versucht, das Gelernte anzuwenden. In den Sommerferien ging ich erneut nach England und lernte die «Bobath-Therapie» besser kennen. Der Direktor des Inselspitals in Bern sagte mir vor der Abreise: «Sie können eine Physiotherapeutin aus England mitbringen.» Denn unsere Patientenzahl hatte sehr zugenommen. So einfach war es damals! Heute müsste man ein Gesuch stellen und dann noch lange warten.

So fragte ich Frau Bobath, ob sie mir eine Therapeutin empfehlen könnte. Sie kannte eine geeignete Person. «Aber sie will nach Borneo in die Entwicklungshilfe», sagte sie mir. «In dem Bereich ist die Schweiz ein Entwicklungsland!», habe ich ihr geantwortet. Weil wir in der Schweiz vom Krieg verschont geblieben waren, hatten wir keine Erfahrung mit der Behandlung von Kriegsverletzten. Darum war unsere Physiotherapie im internationalen Vergleich stark im Verzug. Es wurden damals vorwiegend Massagen gemacht. Ich habe dann mit dieser Physiotherapeutin, Mary B. Quinton, gesprochen. Die Schweiz sei ein wunderschönes Land, sagte sie mir, sie sei einmal in Wengen in den Skiferien gewesen. Es sei alles perfekt dort, wir würden nichts brauchen. Ich erklärte ihr, dass das nicht stimmt und dass sie uns viel helfen könnte. Es hat Monate gedauert, bis ich sie überzeugen konnte. Schliesslich sagte sie für ein Jahr zu. Es wurden zweiundvierzig Jahre daraus.

Wir wurden ein Team, Mary und ich. Sie hatte ganz fantastische Hände, ein wunderbares Gespür. Zu unserer Überraschung waren wir weltweit die Ersten, welche die Bobath-Therapie mit Erfolg auf Säuglinge anwenden konnten. Wir waren überrascht von den guten Resultaten, die wir erreichten. Niemals hätte ich gedacht, dass manche Kinder mit zerebralen Bewegungsstörungen, falls sie nicht geistig behindert waren oder schwere Wahrnehmungsstörungen hatten, ein ganz normales Leben führen können. Aber mit Hilfe dieser Therapie wurde das möglich. Die Patientenzahl stieg und stieg. Mit der Lehrbefähigung, die wir in London erhielten, begannen wir bald, eigene Kurse für Therapeutinnen und Therapeuten durchzuführen. Auch Ärzte nahmen daran teil. Wir wurden erst für Vorträge und Demonstrationen, danach auch für Ausbildungskurse in unsere Nachbarländer eingeladen. Später folgten Einladungen in die USA, nach Südamerika, Südafrika und Japan. Besonders nach der Pensionierung nahmen wir uns viel Zeit für unsere Lehrtätigkeit. Wir hatten eine unglaublich interessante Arbeit!

Weil ich mich beruflich in den USA aufhielt, habe ich auch dort hohe Berge besteigen können. Durch eine Kollegin von Los Angeles, die ich an einem Kongress in Rom kennenlernte – sie erzählte mir dort begeistert von ihrer Matterhornbesteigung –, wurde ich Mitglied des Sierra Club. Wir nahmen 1967 zusammen an einem *High Mountaineering Base Camp* in Kalifornien teil, was uns Gelegenheit bot, hohe Gipfel zu besteigen, den Mount Haeckel etwa oder den Mount Darwin. 1978 bestieg ich während unserer Kurstätigkeit in Seattle mit einem bergbegeisterten Kollegen und seiner Familie den Mount Rainier. Er stand zum fünfzigsten Mal auf diesem Gipfel! Bereits als Student hatte er Bergtouren geführt – damals gab es in den USA nämlich noch keine diplomierten

Bergführer Nestor Crettex' Spezialität: La Javelle in den Aiguilles Dorées. So «musste» ich hinaufklettern, und ... gut gesichert, machte es sogar Spass. Herbstferien in Champex, 1956.

Gipfelrast auf dem Piz Calderas, Skitourenwoche Val Bever mit Bergsteigerschule Pontresina, März 1968. Vorne links: Elsbeth Köng.

Bergführer. In Mexiko hatte ich 1986 ganz unverhofft Gelegenheit, mit einer amerikanischen Bergkameradin den Popocatépetl, einen eisbedeckten Vulkan, zu besteigen. Der Anstieg führt über einen unschwierigen, aber steilen Firn. Die Aussicht, die wir vor Tagesanbruch beim Aufstieg auf die Stadt Mexiko hatten, beeindruckte mich sehr: Diese unzähligen Lichter! Oben am Vulkanrand sahen wir, dass aus der Tiefe des Kraters Rauch aufstieg – fünf Jahre später ist der «Popo» wieder ausgebrochen. Übrigens sind wir auf dieser Tour einer Gruppe einheimischer junger Bergsteiger begegnet. Sie waren überrascht, dass eine so alte Frau wie ich auf diesen Berg steigen kann, und machten mehrere Fotos mit mir zusammen. Ich war damals fünfundsechzig. Auch den Kilimanjaro bestieg ich. Aber die meisten Gipfel, auf denen ich gestanden bin, befanden sich in den Alpen. Fünfzig Mal stand ich auf einem Viertausender, siebenundvierzig Mal auf verschiedenen Gipfeln. Zufällig hat meine Freundin Dorli Mattenberger genau gleich viele, wenn auch teilweise andere Gipfel bestiegen! Auf Anregung eines Bergkameraden habe ich auch einmal aufgeschrieben, wie viele Dreitausender ich gemacht habe. Ich kam auf über zweihundert.

In den Ferien war ich immer mit grosser Freude mit Dorli Mattenberger und einem Bergführer unterwegs. Das Obergabelhorn war einer der ersten Viertausender, die ich mit dem «Mattenbergerli» und dem Bergführer Gabriel Lagger aus St. Niklaus bestiegen habe. Dorli Mattenberger war sehr sportlich und engagiert, auch beruflich. Sie war zuerst Sekretärin des Flugpioniers Walter Mittelholzer, der 1937 in den Bergen tödlich verunfallte. 1948 war sie Sekretärin des Pressechefs an der Olympiade in St. Moritz. Später organisierte sie die Züspa, die Zürcher Herbstmesse. Sie war die Sekretärin des Direktors, aber eigentlich machte sie die Hauptarbeit. Sie war eine sehr aktive Person. Kinder konnte sie leider keine haben. Dafür war es ihr möglich, viel in den Bergen unterwegs zu sein.

Meine ersten Bergferien mit Dorli Mattenberger fanden im Herbst 1950 im Tessin statt. Wir wollten von All'Acqua aus zur Corno-Gries-Hütte hochsteigen. Es war Oktober und bereits späterer Nachmittag, als wir in All'Acqua ankamen. Erst haben wir nochmals richtig gegessen und gingen dann los, dem Strässchen mit Wegweiser «Corno Gries» entlang. «Das ist ja kein Problem», sagte ich zu meiner Freundin. Nach einiger Zeit merkten wir, dass nach unserer Karte eine Abzweigung hätte kommen sollen. Sie kam aber nie. Langsam wurde es dunkel, und wir suchten immer noch nach der Hütte. Dort glitzerte etwas, aber es stellte sich heraus, dass es nur Schnee war. Dann landeten wir auf dem Nufenenpass! Normalerweise würde man an den Ausgangspunkt zurückkehren, wenn man den Weg nicht mehr findet. Aber es war kurz nach dem Krieg, und das Militär hielt sich noch in der Gegend auf. Die Soldaten hatten alle gesehen, wie wir zwei Frauen losgezogen sind. Da sagten wir zueinander: «Wir können nicht mehr zurück.» Wir hätten uns vor den Soldaten geschämt. Zum Schluss schliefen wir in einem Stadel im Stroh. Als wir am nächsten Morgen aufstanden, sahen wir, dass wir uns direkt vor der Abzweigung befanden!

In den nächsten Sommerferien gingen Dorli und ich von Scuol aus auf die Lischanahütte. Am nächsten Morgen stiegen wir auf den Piz Lischana und gingen dann hinunter an den Lai da Rims. Es habe dort eine bewirtete Hütte, sagte man uns. Wir gingen mutterseelenallein dahin, wir zwei Frauen. Als wir zum Lai da Rims kamen, sahen wir, dass die Hütte tatsächlich offen war. Aber es befanden sich nur Männer drin, italienische Carabinieri, die drei Wochen lang keine Frau mehr gesehen hatten. Die schlossen uns in der Hütte ein! Wir müssten bei ihnen übernachten, fanden sie. Der Übergang nach S-charl sei viel zu lange. Glücklicherweise wussten wir genau, wie lange er dauern würde. Die Männer kochten uns eine Suppe. Wir waren froh um das Essen, aber mehr wollten wir nicht. Es war klar, dass es besser war, wenn wir gingen. «Macht sofort diese Türe auf», sagten wir zu ihnen. Wir mussten richtig darum kämpfen. Schliesslich begleiteten uns zwei Männer und trugen dabei unsere Rucksäcke. Der eine hatte meine Freundin angefallen und sie umgeworfen, aber sie wehrte sich erfolgreich. Und er besass noch einen letzten Resten Anstand. Der andere tat mir nichts. In der Nähe der Passhöhe, bei der Schweizer Grenze, liessen sie plötzlich von uns ab und rannten davon. Erleichtert erreichten wir unser Tagesziel, das Dörflein S-charl.

Seit 1960 arbeite und lebe ich vorwiegend in Bern. Ich bin dem Berner SFAC als Zusatzmitglied beigetreten und war da vierzig Jahre lang Tourenleiterin. Ich habe vorwiegend in der Ost- und Zentralschweiz Touren durchgeführt. Es hatte ja genügend Bernerinnen, die sich in ihrem Kanton auskannten! Die Ostschweiz kannten sie hingegen kaum. Eine Berner Kameradin sagte zu mir: «Wenn wir in die Ostschweiz fahren, fühlt es sich an, als gingen wir ins Ausland.» – «Denen zeige ich es», dachte ich mir. 1962 organisierte ich eine Tourenwoche im Glarnerland. Auch meine Heimat, das Zürcher Oberland, kannte kaum jemand im Berner SFAC. So überschritt ich mit ihnen eines Tages den Bachtel. Wir übernachteten in der Strahlegg und stiegen am nächsten Morgen auf das Schnebelhorn, den höchsten Zürcher Berg. Ein anderes Mal wanderten wir vom Atzmännig über Kreuzegg und Hulftegg bis aufs Hörnli. Nach meiner Pensionierung, als ich mehr Zeit hatte, leitete ich sehr gerne Touren und Tourenwochen. Ich war mit den Bernern auf der Sulzfluh und machte mit ihnen den Prättigauer Höhenweg. Ein anderes Mal wanderten wir vom Dreibündenstein zum Stätzerhorn und hinunter nach Lenzerheide. Als Besonderheit organisierte ich 1994 eine zehntägige Tour in den Julischen Alpen, inklusive Besteigung des Triglav. Einige Jahre später fuhren wir erneut nach Slowenien und machten eine Wanderung in den Urwäldern von Kočevje, die lange zuvor militärisches Sperrgebiet waren.

Im Wallis war ich oft mit dem Bergführer Ignace Salamin unterwegs. Er sang unterwegs sehr gerne, insbesondere das «Chanson de Moiry», das zu einer Lieblingsmelodie des SFAC wurde. Auf meine Empfehlung hat ihn der SFAC Bern nämlich ebenfalls als Führer engagiert. Die frühere Frauengruppe des SFAC Bern trifft sich noch immer regelmässig zu Weihnachten. Noch heute singen sie nebst Weihnachtsliedern das Chanson de Moiry. Ignace lernte ich kennen, als ich in Sierre arbeitete. Die Nonnen in der dortigen Behindertenschule kannten ihn und haben ihn mir empfohlen. Ja, auch die Nonnen gingen z'Berg. Mit einer stieg ich sogar auf den Piz Morteratsch. Bevor wir abreisten, legte sie ihr Ordenskleid ab und zog sich graue Bergkleider an. Da sagte die Oberschwester zu ihr: «Ziehen Sie sich an wie die anderen Bergsteigerinnen auch. Die tragen doch rote Socken und farbige Jacken!» Das tat sie dann. Nach unserer Bergtour fragten wir den Führer, ob er erraten könne, was sie beruflich mache... Er hatte natürlich keine Chance, das herauszufinden!

Im Berner Oberland war ich oft mit Hermann «Mändel» Steuri unterwegs. Ihn traf ich zum ersten Mal, als wir während des Studiums auf das Jungfraujoch fuhren und er und sein Vater uns als Bergführer begleiteten. Der Zürcher Physiologie-Professor Hess und seine Mitarbeiter hatten oben ein wissenschaftliches Institut eingerichtet und dort mit Forschungen zum Höhenklima begonnen. Als Studenten im vorklinischen Semester durften wir einmal im Sommer für fünfzig Franken von Zürich aus auf das Jungfraujoch fahren und uns das Institut anschauen. Es war Anfang Juli, und wir konnten die Skier mitnehmen. Eine Gruppe stieg am nächsten Tag auf die Jungfrau. Das getraute ich mich aber noch nicht. Wir anderen gingen mit den Skiern auf die Ebnefluh und genossen von dort die Abfahrt zur Hollandiahütte, wo wir alle übernachteten. Gemeinsam fuhren wir am nächsten Tag ins Lötschental. Es hatte Schnee bis eine Stunde oberhalb der Fafleralp. Von dort mussten wir die Skier bis nach Goppenstein raustragen. Postautoverbindung gab es damals noch keine.

Jedenfalls lernte ich Mändel Steuri während dieses Aufenthalts auf dem Jungfraujoch kennen. Als ich später einmal in Grindelwald war, kam ich in den Regen. Da traf ich ihn zufällig wieder. Er gab mir einen Schirm. So kamen wir ins Gespräch. Ich erzählte ihm, dass ich so gerne einmal über den Südgrat auf das Schreckhorn steigen würde. Das haben wir dann bald einmal getan. Daraufhin unternahmen wir viele Touren gemeinsam: Wir stiegen auf die Jungfrau, aufs Finsteraarhorn und über den Mittellegigrat auf den Eiger. Einmal sagte er mitten auf einer Tour zu mir: «Jetzt führst du!» Es war eine leichte Kletterei. Ich habe übernommen und stieg vor. Es ging problemlos. Aber dabei blieb es. Klettertouren zu leiten, das hatte ich nicht vor.

Schwierige Situationen habe ich auch erlebt. Am Grand Combin waren wir bereits über viertausend Meter, als wir wegen des Wetters in Gipfelnähe umkehren mussten. Es war ein Schlechtwettersommer. Aber auf einmal kam ein strahlender Tag. Alle Leute, die uns auf dem Weg zur Hütte begegneten, sagten: «Vous avez de la chance! Bonne course!» Als wir am nächsten Morgen aufstanden, windete es bereits. Wir zogen los und stiegen über die Schneefelder auf. Ein Steinschlag kam herunter, erwischte uns aber glücklicherweise nicht. Wir gingen weiter und mussten schüüli aufpassen, weil der Fels bereits von Eis überzogen war. Kurz vor dem Gipfel erfasste uns ein Sturm, und es begann wie wild zu schneien. Wir kehrten sofort um. Es war ein richtiger Kampf mit den Elementen. Die Griffe waren bereits verschneit, aber wir fanden zurück. Am Ende der Felspartie wandte sich der Führer zu uns und sagte: «Maintenant, nous sommes sauvés.» So blieb der Grand Combin einer der wenigen Gipfel, die mir nicht gelungen sind. Ausser dem Täschhorn, dem Nordend im Monte-Rosa-Massiv und dem Dürrenhorn in der Mischabelgruppe stand ich auf allen Viertausendern der Schweiz.

Ein kleines Abenteuer erlebte ich mit Dorli Mattenberger und dem Bergführer Gabriel Lagger an der Dent d'Hérens. Der Aufstieg war nicht schwierig. Aber wegen Steinschlaggefahr war es zu gefährlich, nachmittags denselben Weg zurückzugehen. Wir traversierten deshalb auf die Tête de Valpelline. Als wir das geschafft hatten und uns im Abstieg befanden, wurde es Nacht. Darum sind wir einfach sitzen geblieben. Wir steckten die Füsse in unsere Rucksäcke, zogen alles an, was wir bei uns hatten, und bewegten uns wegen der Kälte immer ein wenig. Auf diese Weise kamen wir zu einem ungeplanten Biwak. Das war die einzige Situation, in der ich so etwas wie Bergnot erlebte. Aber wir wussten, dass es gut kommen würde. Das Wetter war gut, und wir befanden uns an einem ungefährlichen Ort. Wir warteten, bis es Tag wurde, und stiegen dann problemlos ab. In der Schönbielhütte hatten sie sich Sorgen gemacht und sogar versucht, uns zu holen. Aber sie konnten nicht ausmachen, wo wir uns befanden. Als wir heil zurückkamen, waren alle froh, und wir wurden mit einem feinen Essen verwöhnt.

An welche Touren ich am liebsten zurückdenke? Im Wallis gefielen mir besonders die Dent Blanche, das Matterhorn und die Mischabelgruppe. Im Berner Oberland der Mittellegigrat am Eiger, der Schreckhorn-Südgrat und das Aletschhorn. Die Haute Route bis und mit Mont Blanc war ein besonders schönes Erlebnis, obschon wir sie wegen Wetterumschlags in drei Etappen durchführen mussten. Gratklettereien mochte ich immer sehr. Ganz besonders genossen habe ich Lenzspitz und Nadelgrat. Das ist eine Traumtour, meine Lieblingstour. Aber man muss gute Verhältnisse haben. Und windstill muss es sein. Bei Sturm möchte ich da nicht drüber, gute Nacht! Im Graubünden gefiel mir der Biancograt, diese Himmelsleiter! Wissen Sie, jeder Berg war ein ganz eigener Genuss.

Das Gespräch mit Elsbeth Köng, Jahrgang 1921, fand am 28. April 2010 in Muri bei Bern statt.

Silvia Metzeltin, 71-jährig, Pura

«Wenn es im Leben eine Entscheidung zu treffen gab, dann habe ich mich immer fürs Bergsteigen entschieden.»

Ich habe mir vorgenommen, zwölf Bergsteigerinnen zu porträtieren. Aber auf meiner Liste mit abgehakten und durchgestrichenen Adressen steht noch immer der Name einer Frau, die ich gerne kennenlernen würde. Denn nicht nur als Spitzenalpinistin, sondern auch durch ihren Einsatz für das Frauenbergsteigen hat sich Silvia Metzeltin einen Namen gemacht. Ich überlege hin und her. Dann lasse ich den Zufall entscheiden und wähle noch einmal die Tessiner Nummer. Ich warte auf das bekannte Pfeifen des Faxgerätes, als plötzlich ein Klicken in der Leitung zu vernehmen ist: «Pronto».

SM

Weisst du, eigentlich gehöre ich nicht zur Gruppe der Schweizer Bergsteigerinnen. Als ich am Bahnsteig auf dich wartete, sagte ich zu mir: «Was mache ich hier mit der alten Schweiz, zu der ich doch nicht gehöre.» Meine Eltern kamen zufällig nach Lugano. Sie flohen aus dem Spanischen Bürgerkrieg. Mein Vater war Deutscher, meine Mutter Alt-Österreicherin. Der Vater meines Vaters war Generaldirektor der Hanomag. Er wünschte sich einen Sohn, der Ingenieurwissenschaften studiert. Der wollte aber nichts davon wissen. Da hat mein Grossvater gesagt: «Kümmere dich wenigstens um die Lokomotiven, die wir in der ganzen Welt verkaufen.» Mein Vater, der ein Bohémien war, dachte, dass es sich in Spanien bestimmt gut leben lässt. So ist er nach Madrid gezogen. Kurz darauf begann der Bürgerkrieg, während dem er meine Mutter kennenlernte. Sie war in Pula geboren. Die Stadt gehörte damals zu Alt-Österreich, ist dann italienisch und später jugoslawisch geworden. Heute ist sie kroatisch. Mein Grossvater mütterlicherseits war bei der österreichischen Marine. Er ist einer der wenigen Soldaten, die den Angriff auf die *Viribus Unitis*, das berühmte österreichische Schiff, überlebt haben. Nach dem Ersten Weltkrieg hätte er sich für Italien entscheiden können, aber als Militärangehöriger wäre das einem Verrat gleichgekommen. Er optierte also für Österreich, und so sind meine Grosseltern nach Wien gezogen. Dort ist meine Mutter aufgewachsen, und dort hat sie Germanistik und Geschichte studiert. Ihr Doktorvater, der berühmte Geschichtsprofessor Alfons Dopsch, hat ihr eine Stelle als Lektorin an der Universität von Madrid vermittelt. So ist meine Mutter nach Spanien gekommen, mitten hinein in den Bürgerkrieg. Meine Eltern lernten sich kennen und beschlossen, sich in Sicherheit zu bringen. Sie zogen in die Schweiz, wo etwas Geld angelegt war. Auf meiner Geburtsanzeige steht noch: «Madrid – zurzeit Lugano».

Ich habe Glück gehabt: Von beiden Eltern habe ich das Beste gekriegt. Die Wanderlust gab mir mein Vater. Von meiner Mutter habe ich eine gewisse Schwermütigkeit. Das wiegt sich irgendwie auf. Meine Mutter hat die Natur sehr geliebt, sie hat viel gezeichnet und Gedichte geschrieben. In dem Sinn fühle ich mich ihr nahe. Ich habe sie aber erst später verstanden. Erst als Erwachsene habe ich begriffen, dass hinter einer Mutter eine Frau steht.

1939 brach der Zweite Weltkrieg aus. Die Behörden fragten uns, was wir in der Schweiz machen würden. «Wir warten, bis der Krieg fertig ist», antworteten meine Eltern. Wir durften bleiben, aber mein Vater und meine Mutter erhielten keine Arbeitsbewilligung und mussten mit dem Geld auskommen, das da war. Ihr Vermögen wurde von der Bank beschlagnahmt. Nur das Nötigste durften wir monatlich abheben. Da mein Vater keine Aufenthaltsbewilligung bekam, war meine Mutter mit vier kleinen Kindern alleine. Er blieb im Ausland und durfte immer nur für zwei Monate zu uns kommen. Für ihn, der diese Wanderlust hatte, war das vielleicht sogar das Richtige. Aber für meine Mutter war es schwer. Ich kann mich jetzt noch an die Briefe des Fremdenamts erinnern: «Die Aufenthaltsbewilligung wird bis zum Ende des Schuljahres der Kinder erneuert. Danach muss man sehen.» Unsere Mutter kam jeweils weinend von diesen Ämtern zurück, weil sie nicht wusste, was sie machen sollte. Das Vermögen wurde währenddessen immer kleiner. Unsere Eltern haben gut verstecken können, dass sie grosse Schwierigkeiten hatten, auch in ihrer Beziehung. Wir Kinder haben es nur indirekt mitgekriegt: dass der Vater nie da war, dass die Polizei ins Haus kam, dass wir immer Angst haben mussten. Nicht vor den Leuten fürchteten wir uns, aber vor der Polizei, die uns jederzeit wegschicken konnte. Wenn ich heute höre, dass eine Frau mit Kindern an irgendeiner Grenze festgehalten wird, muss ich an meine Mutter denken. Das ist zu tragisch, so etwas. Das sollte es im 21. Jahrhundert nicht mehr geben.

SM

Ich dachte lange: Mit der Schweiz will ich nicht viel zu tun haben. Ich bin hier Gast, ich anerkenne das. Wenn ich hier bin, fühle ich mich irgendwie als Fremde. Halte ich mich ausserhalb Europas auf, bin ich Europäerin. Das merke ich, weil ich eine europäische Kultur habe. Wenn mich jemand fragt, was ich eigentlich bin, dann sage ich immer etwas anderes. Ich gehöre zu mehreren Orten. Mein Mann und ich haben mehrmals erwogen, nach Chile zu ziehen. Aber dann haben wir gemerkt, dass das auch nicht das Richtige ist. Richtig ist eben, dass wir nirgends ganz und doch überall ein bisschen hinpassen.

Für mich bedeutete die Schweiz Arbeit und Geld, aber die Leute, die mich wirklich aufgenommen haben, waren Italiener. Seien es die Arbeiter hier in Lugano, die alle Fremde waren wie ich, oder mein Mann Gino Buscaini, der ebenfalls Italiener war. Mit ihm habe ich eine sehr glückliche Ehe-Seilschaft geführt, vierzig Jahre lang. Am Berg waren wir eine Seilschaft und auch im täglichen Leben.

Nach dem Gymnasium bin ich in eine Kaufmännische Schule gegangen. Ich wollte schnell unabhängig werden. Dadurch bin ich in einen Beruf hineingeschlittert, der gar nicht zu mir passte. In die Arbeitswelt gegangen bin ich als Reaktion gegen meine Familie, in der man nur über Kultur sprach und in der jemand ohne Doktortitel überhaupt nicht dazugehörte. Das fand ich schwierig, obwohl ich heute einsehe, wie viel ich meinen Eltern diesbezüglich verdanke. Ich habe dann in einer Giesserei und später jahrelang auf dem Bau gearbeitet. Das Büroleben war nichts für mich. Also habe ich gesagt: «Brauchen Sie nicht jemanden auf dem Bau?» – «Wenn Sie arbeiten können, dann probieren Sie es halt», hiess es. Sechs Monate jährlich auf dem Bau, um mit dem Ersparten in die Berge zu gehen, das war aber auch nicht das Wahre. Später habe ich die eidgenössische Matura nachgeholt und in Mailand Geologie studiert.

Mein echtes Leben war immer das Bergsteigen. Es hat mich gerettet. Durch das Bergsteigen fand ich eine Betätigung, die zu mir passte. Besonders zwischen 1956 und 1980 bestieg ich trotz Arbeit und Studium Hunderte von Bergen im Alpenraum, schwierige und leichte, im Sommer und im Winter, von der Badile-Nordostwand zum Aiguille-Noire-Südgrat und zur Cassin-Route an der Westlichen Zinne, zu den Eiswänden der Aiguille de Triolet und des Piz Roseg. Besonders den Dolomiten war ich zugetan, wo damals die Wiederholungen der «Vorkriegssechser», der klassischen Routen aus den 1930er-Jahren, die grosse Herausforderung darstellten. In der Civetta-Gruppe haben wir fast alles erklettert, was damals als extrem galt: die Torre-Trieste-Südwand, alle Führen, das heisst alle Routen auf der Torre Venezia, die Andrich-Route an der Punta Civetta, die historische Solleder-Führe durch die Nordwestwand der Civetta oder 1962 auch die Vinatzer-Route an der Marmolada. Einige Touren habe ich geführt, zum Beispiel die Monte-Agner-Nordkante. Kurz und gut, meine Tourenliste wies bald tausend Einträge auf. Es sind die Jahre gewesen, die mich zur Lebensbergsteigerin machten. Früher hätte man gesagt: Sie ist den Bergen verfallen.

Wie ich zum Bergsteigen gekommen bin? Durch Bücher. Bei uns im Haus standen fünftausend deutsche Bücher. Und mein Bergsteigen wurzelt zum Teil auch in ihnen. «Warum liest Silvia nur Sven Hedin und Karl May?», fragten sich meine Eltern. Hedins «Transhimalaja» habe ich verschlungen. «Wenn ich gross bin, will ich so etwas unternehmen», sagte ich mir. So weit ist es nicht gekommen, aber das Bergsteigen hat mir zu einem Leben verholfen, das einer ähnlichen Linie folgte. Wenn ich am Meer geboren wäre, wäre ich vielleicht in die See gestochen. Es hätte nicht unbedingt der Berg sein müssen. Aber hier gab es nun einmal Berge.

SM

Abstieg nach einer Erstbesteigung in Patagonien.
San Lorenzo Sur (heute: Cumbre Gino Buscaini), 1986.

Klettern am Lovers Leap, Kalifornien, 1988.

Drei Bergsteigerinnengenerationen: Loulou Boulaz,
Silvia Metzeltin und Nicole Niquille (v. l.) am Berg-
filmfestival in Les Diablerets, 1986.

Als ich vierzehn oder fünfzehn Jahre alt war, tat ich mich mit zwei gleichaltrigen Mädchen zusammen, die eine bergsteigende Mutter hatten. Sie kamen aus Mailand, verbrachten aber den Sommer hier. Ich habe ein altes Hanfseil gestohlen. Karabiner haben wir der Feuerwehr abgekauft. Wir sind auf die Fahrräder gestiegen und klettern gegangen. Schön war das. Ich war an der Kaufmännischen Schule, von der ich eigentlich nichts wissen wollte. Die anderen hatten ähnlich schwierige Familiensituationen. Also wurde das Bergsteigen für uns zum grossen Erlebnis. Obwohl wir nur hier auf diesen Grasbergen unterwegs waren. Wie ich klettern gelernt habe? Ich habe mir ein Buch gekauft und gelernt, wie man sich anseilt. Die Technik wollte ich können. Das genügte mir. Auf diese Weise habe ich das Bergsteigen gelernt. Und aus diesem Grund bin ich stets gegen Bergsteigerschulen angegangen. Ich fand immer: «Eine Leidenschaft, die kann man nicht lernen.»

Ob das Bergsteigen auf den Alltag vorbereitet, wie oft gesagt wird? Das finde ich fraglich. Nach einer extremen Tour fühlt man sich stärker, mutiger und fähiger, Entscheidungen zu treffen. Das schon. Engagiertes Bergsteigen prägt einen Menschen. Und man lernt früh, wie schnell das Leben vergeht, wenn Freunde nicht vom Berg zurückkommen. Was mir beim Bergsteigen gefallen hat, das ist der Sinn einer Seilschaft. Dass man sich zusammentut, um etwas zu erreichen. «Können wir das? Wir raufen uns durch!» Andererseits war mir das Prinzip des Wettkampfs eher fremd. Zu guter Letzt gehe ich lieber mit einer anderen Frau zusammen auf den Gipfel, Hand in Hand, als gegen sie anzutreten. Deshalb habe ich mich gegen die Expeditionsteilnahme auf den K2 entschieden, die mir Karl Herrligkoffer angeboten hatte. Als ich verstand, warum ich diese Unternehmung bezahlt bekommen hätte, sagte ich ab. Es ging darum, wer die erste Frau auf dem K2 sein würde. Herrligkoffer wollte mich, weil man eine Expedition mit einem Kampf zwischen zwei Frauen besser verkaufen konnte. Und einen solchen Kampf gegen Wanda Rutkiewicz ging ich nicht ein. Darauf bin ich noch heute stolz.

Unsere erste Patagonien-Expedition fand 1967/68 statt. Damals hatte ich mir gesagt: «Mein Leben muss anders werden.» Gino, der bei der italienischen Luftwaffe arbeitete, kündigte seine Anstellung. Wir alle haben unsere Arbeit zurückgelassen und sind mit dem Schiff von Genua nach Argentinien gefahren. Sechzehn Tage verbrachten wir auf dem Frachter. Wir waren zu fünft, und niemand von uns wollte je wieder zurück. Für diese Reise habe ich alles aufgegeben. Das hat mich gezeichnet. Wir sind zwar von Patagonien zurückgekehrt, aber niemand von uns fünf hat danach wieder dasselbe gemacht. Wir sind aus dem normalen Leben, dem Angestelltenleben, ausgestiegen und haben einfach versucht, vom Bergsteigen im weitesten Sinn zu leben. Ohne uns verkaufen und ohne Sponsoren suchen zu müssen. Es war ein Risiko, das wir auf uns nahmen. Ob wir das fertigbringen würden, war unklar. Aber meinem Mann und mir ist es gelungen, gerade weil wir zu zweit waren und eine Ehe-Seilschaft bildeten.

Nach dieser Reise begannen wir, ganz einfach zu leben. Wir haben die Zweizimmerwohnung gemietet, in der ich noch immer lebe. Wir sind mit sehr wenig Geld ausgekommen. Wenn man sich mit dreissig entscheidet, das Leben total zu ändern, muss man einen Preis dafür bezahlen. Aber es hat sich gelohnt. Und der materielle Preis interessierte mich nicht, Gott sei Dank. Mein Mann hat die Verantwortung für alle offiziellen Alpenführer des Italienischen Alpenclubs übernommen. Ich sagte zu ihm: «Steig ruhig in diese Arbeit ein. Ich helfe dir, so viel ich kann.» Mir fiel das Schreiben leicht. Er war ein sehr guter Kartenzeichner. Wir haben immer gut zusammengearbeitet. Gemeinsam haben wir auch andere Bücher verfasst, über Patagonien oder die Dolomiten. Zudem habe ich lange als freie Journalistin für das Tessiner Radio gearbeitet. Und bis heute bin ich an der Universität Insubria in Varese tätig.

Patagonien hatten wir uns mit Hilfe von Büchern ausgesucht. Wichtig war uns, dass man frei hinreisen durfte. Auch die Schiffsreise hat uns gelockt. Was unser bergsteigerisches Ziel war? Damals gab es in der Fitz-Roy-Gruppe noch einiges zu besteigen. Den Cerro Torre haben wir gleich weggelassen. Den Torre Egger nahmen wir anfänglich in den Blick. Als wir ihn gesehen hatten, beschlossen wir, es lieber bleiben zu lassen. Wir haben dann einen sehr schönen Berg in dieser Gruppe als Erste bestiegen, einen Berg, der irgendwie symbolisch für uns ist, die Aguja Saint-Exupéry. Wenn ich daran denke: Um mir Mut zu machen, habe ich in meinem Tagebuch eine Seite von Antoine de Saint-Exupérys «Terre des hommes» abgeschrieben. Darin beschreibt er, der sich dieses Leben als Flieger und Abenteurer ausgesucht hat, wie er am Morgen früh zum Flugplatz fährt. Im Bus neben ihm sind nur Leute, die von traurigen Sachen sprechen, von Krankheiten und vom schweren Alltag. Er weiss aber, dass er zu seinem Abenteuer aufbricht. Er muss nicht diese Art des Lebens führen, er hat ein anderes Leben. Ich habe mir das aufgeschrieben, ohne zu wissen, dass wir gerade den Berg mit seinem Namen besteigen würden. Und was mich besonders freut: Die Route, die wir eröffnet haben, wird noch heute begangen, weil sie eine so schöne Linie hat.

Manchmal zogen wir einfach mit dem Auto los. Ungewöhnlich waren solche Unternehmungen – wir nannten sie «Kundfahrten» – für uns nicht. Wir waren vielleicht die letzte Bergvagabundengeneration. Die erlebten Abenteuer blieben unter uns, in unserem Milieu, das von der Öffentlichkeit weder abhängig war, noch dort nach Anerkennung suchte. Anerkennung zählte *inter pares*. So kamen wir meist auf eigene Faust in den Bergen der Welt herum. In den 1970er-Jahren sind Gino und ich mit dem Auto von hier aus in den Himalaja gefahren. Das war eine tolle Reise. Drei Monate waren wir unterwegs. Ladakh war erst seit kurzem offen für Touristen. Wir bestiegen ohne Bewilligung und als Erste die formschönen Sechstausender Z2 und Z8. Durch den Iran konnte man am Vorabend der Revolution gerade noch reisen. Wir haben zwischendurch das Auto stehen gelassen und zahlreiche Berge bestiegen, auch unbekannte, namenlose Berge. Wunderbar, das war ein richtiges

Abenteuer. Erst wollten wir noch um Erlaubnis bitten, aber als wir gesehen haben, was man dafür alles machen musste, liessen wir das fallen. Als Frau war diese Reise keine einfache Unternehmung. Ganz Afghanistan, von Herat durch Kabul und auf den Khaiberpass, habe ich oben auf dem Gepäckträger durchquert, versteckt zwischen den Reservepneus. Als Frau durfte man sich damals nicht zeigen. Aber es war wunderbar, man schaute runter und sah alles vorbeiziehen. Nur wenn wir Diesel tanken mussten, stieg ich runter, weil ich inzwischen die Zahlen auf Farsi beherrschte und mein Mann nicht.

Politisch aktiv war ich nie direkt. Als Bergsteigerin ist man doch anarchistisch! Aber ich habe mich über das Bergsteigen in die Politik eingemischt. Zum Beispiel durch die UIAA, die *Union Internationale des Associations d'Alpinisme*, bei der ich jahrelang für den Italienischen Alpenclub Delegierte war und mich natürlich einmal mehr für die Freiheit und die Frauen eingesetzt habe. Das hat beides nicht funktioniert. Das mit der Freiheit auf keinen Fall, obwohl man mir für meinen Einsatz 1996 den *King Albert Mountain Award* verliehen hat. Was ich unter Einsatz für die Freiheit verstehe? Dass man frei auf Berge steigen kann und sie nicht mieten muss. Denn die *Royalties*, die man für die Besteigung bestimmter Berge bezahlt, sind nichts anderes als eine Miete. Und die geht nie in die Taschen der armen Leute. Ein paar Brösel davon vielleicht, aber mehr nicht. Ich habe immer gesagt: Wenn die Schweiz für das Matterhorn keine Miete verlangt, ist es, weil verstanden wurde, dass man das Geld trotzdem macht. Man darf und soll den Leuten etwas bieten, und dafür sollen sie auch bezahlen. Aber wenn du auf einen Berg steigst und lieber draussen biwakierst, als in ein Hotel zu gehen, soll das möglich sein. Ausserdem: Wenn einer das Geld für die *Royalties* ausgegeben hat, dann will er unbedingt auf den Gipfel. Dann ist es ihm egal, ob hinter ihm jemand stirbt.

Darum fördern die *Royalties* ein unethisches Bergsteigen. Mit dieser Position war ich alleine auf weiter Flur. Mehrere bekannte Extrembergsteiger standen auf der anderen Seite. Deren Theorie war: Beim Leistungsbergsteigen ist jeder auf sich selbst gestellt, und fertig. Man muss nicht auf den anderen achten. Mir gefällt das nicht. In einer Ehe-Seilschaft hat man sich natürlich besonders lieb und passt aufeinander auf. Aber eigentlich sollte jede Seilschaft von der Sorge um die andere Person getragen sein.

Durch die Arbeit meines Mannes sind wir viel in den Bergen herumgekommen. Er hat acht Führer geschrieben, von den Julischen Alpen bis zum Mont Blanc. Dadurch hielten wir uns immer längere Zeit in den Gebieten auf, über die er arbeitete. Meine Doktorarbeit in Geologie habe ich in den Karnischen Alpen gemacht, weil wir in der Zeit gerade den Führer der Julischen Alpen bearbeitet haben. Welche Berge mir am besten gefallen? Mein Mann, der künstlerisch sehr begabt war, sah eher die Form eines Berges. Ich liebe die besondere Stimmung, die von gewissen Bergen ausgeht, insbesondere von Berggruppen. Ich finde die Julischen Alpen schön, weil sie abgelegen sind. Mir gefallen auch jene Tessiner Berge, die wild geblieben, die eher Berge für Jäger als für Bergsteiger sind.

Ob ich das Matterhorn kenne? Ich mache keine Pilgerfahrten! Weder für die Kirche noch am Berg. Wir machten uns immer eher auf die Suche nach ausgefallenen Kletterorten. Das sind oft Orte, die jetzt Mode sind, aber wo früher niemand hinging. Das Bergsteigen für die Arbeit war allerdings etwas ganz anderes als das Bergsteigen für die Tourenliste. Nach so vielen Jahren, in denen wir für diese Bücher Kletterrouten erfassen mussten, kann ich keine Routenbeschreibungen mehr sehen. Heute schaue ich mir irgendeine Felswand an und frage mich: «Wie könnte man da rauf?» Ich will nicht mehr wissen, wie schwer eine Route ist, ob sie ein 6c ist oder nicht. Am Anfang haben mich solche Fragen schon beschäftigt. In den 1970er-Jahren wollte ich etwas erreichen. Ich war niemand auf dieser Welt. Einzig im Bergsteigen war das anders. Darum wollte ich schwierige Sachen unternehmen. Ich hatte meine Liste, und ich habe sie abgehakt. Da waren alle Sechser mit dabei, weil es eben die grossen Touren waren, die mich herausgefordert haben. Damals war das richtig. Ich stehe dazu. Aber nachher war klar: Ein Sechser mehr oder weniger, darauf kommt es nicht an. Sobald das Bergsteigen zur Arbeit wurde, war es eine Arbeit, und damit fertig.

Bevor ich meinen Mann traf, ging ich oft mit Frauen in die Berge. Und jetzt, nach seinem Tod vor acht Jahren, bin ich wieder oft mit Frauen unterwegs. Weil ich mich mit ihnen irgendwie besser verstehe. Wärst du ein Mann gewesen, der mich für ein Interview angefragt hätte, hätte ich dir abgesagt. Zu einer Frau verspüre ich eine gewisse Solidarität. Und ich glaube auch, dass man sich auf einer bestimmten Ebene besser verstehen kann. Normalerweise fühle ich mich zwar mit Männern wohler. Ich bin schliesslich in einer Männerwelt gross geworden: Beim Bergsteigen, auf dem Bau, im Geologiestudium war ich unter Männern. Wenn ich mich zwischen Hausfrauen und Arbeitern entscheiden muss, dann entscheide ich mich für Letztere – die Arbeiter sind mir vertrauter. Aber die wenigen Frauen – es sind leider nie mehr als zehn Prozent –, die herausragen, die sind «besser». Besser in Anführungszeichen. Mit denen verstehe ich mich, auch wenn sie viel jünger sind. Warum das so ist? Ich glaube, dass wir alle eine gewisse Rolle im Leben spielen. Gänzlich wir selbst sind wir wahrscheinlich nie. Aber unter Frauen sind die Rollen weniger vorgegeben. Man spielt sich ein, und jede macht, was zu ihr passt. Einem Mann musst du erst beweisen, dass du auch etwas kannst, bevor eine gute menschliche Beziehung entstehen kann.

Mein Einsatz für Frauen kam daher, dass ich mich als Frau benachteiligt fühlte. Da dachte ich mir: Was ich für mich mache, das mache ich auch für andere Frauen.

SM

Comodoro Rivadavia, Argentinien, 1968

El Mocho in Patagonien. Dahinter der Gipfel des Cerro Torre.

Erst glaubte ich, ich tue es für alle Frauen. Das stimmt aber nicht, weil wir nicht alle gleich sind. Man kämpft nicht für alle Frauen. Aber vielleicht für diejenigen, die ähnlich sind oder ähnliche Probleme haben. Beim Bergsteigen habe ich das schnell gemerkt. Zu einem politischen Verständnis der Geschlechterfrage bin ich erst viel später gekommen. Dass ich als Frau für die Arbeit weniger bezahlt werde als ein Mann, dagegen komme ich sowieso nicht an, dachte ich erst. Zudem war mir die Lohnungleichheit im Beruf egal, weil ich das Bergsteigen hatte. Das war meine echte Welt. Als ich auch dort als Frau auf Schwierigkeiten gestossen bin, musste etwas geschehen. Das Problem lag nicht bei der Anerkennung unter Gleichen. Es lag auf der nationalen Club-Ebene. Das entscheidende Erlebnis hatte ich in Triest, wo ich mich oft bei Freunden aufhielt. Die sozialen Schichten, die Arbeiter und Studenten, waren in dieser Stadt bunt zusammengewürfelt. Niemand hatte Lust, besonders viel zu arbeiten. Dafür ging man in die Berge. Fantastisch. Das passte zu mir. Im dortigen Alpenclub fühlte ich mich gut aufgenommen. Für das fünfzigjährige Jubiläum der Sektion bot uns der Präsident an, eine Expedition durchzuführen. Das war 1967. «Wunderbar», sagten wir. «Das organisieren wir gerne.» Wir begannen mit der Planung unserer Reise nach Patagonien. Da fand der Zentralausschuss in Mailand, der uns das Geld hätte geben sollen: «Es kann sich nicht um eine ordentliche Expedition handeln, weil eine Frau dabei ist.» Der Präsident der Sektion in Triest hat daraufhin persönlich das Geld für mich ausgelegt. Das werde ich nie vergessen.

Dazu kam die Sache mit dem Italienischen Akademischen Alpenclub. Das ist ein Eliteclub, in den man nur hineinkommt, wenn man gewisse Touren gemacht hat. In seinen Statuten stand nicht, dass Frauen nicht aufgenommen würden. Wir haben uns dann 1966 zu zweit um die Aufnahme beworben, Bianca di Beaco aus Triest, eine sehr gute Bergsteigerin, und ich. Natürlich hatten wir eine tolle Tourenliste vorzuweisen. Daraufhin hiess es: «Wir müssen die Möglichkeit, dass Frauen zu uns kommen, ausschliessen.» Es wurde eine Versammlung mit Advokaten einberufen, und alle waren gegen uns. Schliesslich wurde explizit ins Reglement des Italienischen Akademischen Alpenclubs geschrieben, dass Frauen nicht beitreten dürften. Danach wollte ich von diesem Club nichts mehr wissen. Er wurde übrigens später eine Sektion des Italienischen Alpenclubs. Und da war klar: In allen Sektionen dürfen Frauen Mitglied werden, also auch in dieser.

Am Berg selber habe ich kaum diskriminierende Erfahrungen gemacht. Vor allem in Italien nicht. Ich war da mit einfachen und unvoreingenommenen Menschen zusammen. Anfänglich war ich vor allem in Frauenseilschaften unterwegs. Da konnten wir machen, was wir wollten. Zwei Jahre lang kletterte ich mit Maria Antonia Sironi aus Varese, die dann die Frau des berühmten Kurt Diemberger geworden ist. Mit ihr habe ich schöne Touren unternommen. 1958 haben wir zusammen die Schleierkante und 1959 die Nordwand der Tour Ronde im Mont-Blanc-Gebiet gemacht. Wir waren oft zusammen unterwegs. Bis sie sich in diesen Diemberger verliebte und ich wieder keine Seilpartnerin mehr hatte.

Meinen Mann lernte ich 1958 zufällig an der Badilekante kennen. Wir waren zu dritt unterwegs und sahen diese beiden Bergsteiger aus Varese. Da dachte ich mir: «Was klettern die so langsam?» Oben haben wir ein bisschen miteinander geredet und uns dann fast zufällig wieder in Varese getroffen. Mein Mann wurde in diesen Jahren für seine schwierigen Alleingänge bekannt. Er hat die erste Alleinbegehung der Bonatti-Route am Grand Capucin gemacht. Am Anfang unserer Beziehung war es mir wichtig, die Dinge zu trennen: Der Mann ist das eine, und mein Bergsteigen ist etwas anderes. Das ging eine Weile lang gut. Gino machte seine Alleinbegehungen, und ich war mit meinen Seilpartnerinnen unterwegs. Aber natürlich hat es nicht lange gedauert, bis wir zusammen zu klettern begannen.

In die Schweiz kamen wir selten zum Bergsteigen. Denn wenn mein Mann italienisch sprach, wurde es schwierig. Und wenn ich hochdeutsch sprach, ging es erst recht nicht. In der Nacht, bevor wir den Biancograt bestiegen haben, schliefen wir draussen. Wir durften nicht in der Tschiervahütte übernachten. Der damalige Hüttenwart wollte von Italienern und Deutschen nichts wissen: Die Tschiervahütte war für die Schweizer da. Auch in der Albignahütte war es so. Das machte ich nicht mit: «Wenn sie uns nicht wollen, dann gehen wir halt nicht in die Schweiz. Berge gibt es ja genug.»

Auch als ich früher in den Bergen bei Lugano herumkletterte, kamen die guten Schweizer mit ihrer Bergsteigerschule und fanden: «Was die da tut, das darf man nicht machen.» Dass ich mit Turnschuhen kletterte zum Beispiel. Natürlich habe ich Dinge getan, die man nicht hätte tun sollen. Aber wenn ich jetzt einen jungen Menschen sehe, der alleine am Berg herumklettert, sage ich zu ihm: «Ich habe ein Seil. Komm mit mir.» Ich sage nicht: «Das darf man nicht. Die Eltern passen nicht auf diese Kinder auf.» Darin liegt der Unterschied.

Dass ich beim Bergsteigen doch noch mit der Schweiz zu tun hatte, verdanke ich dem *Rendez-Vous Hautes Montagnes*. Wir trafen uns 1968 in Engelberg, während alle Universitäten in Flammen standen. Und weisst du was: Das ist die einzige 68er-Bewegung, die durchgehalten hat! Denn es gibt sie immer noch. Die Baronin von Reznicek, die das Treffen organisierte, hatte journalistisch ein Flair für das Bergsteigen. Auch wenn sie selber keine Extrembergsteigerin war, hat sie zu Recht festgestellt, dass sich viele der damaligen Spitzenbergsteigerinnen nicht kannten. Es war deshalb eine sehr glückliche Idee, uns zusammenzubringen. Wir schulden ihr dafür alle Dank. Am Treffen in Engelberg lernte ich Helma Schimke oder Gaby Steiger kennen, mit denen ich mich befreundete. Und gerade auch der Kontakt mit der älteren Generation, der Generation von Loulou Boulaz und Jeanne Franco, kam durch das RHM zustande. Auf diese Weise ist ein Netzwerk entstanden. Ich sage immer: «Wir haben als Bergsteigerinnen etwas geschafft, was die Politiker nicht fertigbringen. Wir haben uns über die Grenzen hinweg miteinander verbunden.»

Wir trafen uns daraufhin oft bei Jeanne Franco, die in Chamonix lebte. Ihr Haus war immer für Bergsteigerinnen offen. Mein Mann arbeitete damals mit den Franzosen zusammen am Mont-Blanc-Führer. Auf diese Weise hielten wir uns öfters in Chamonix auf. Das war für mich eine sehr reiche Zeit. Diese älteren Bergsteigerinnen waren damals noch jung, jünger als ich heute. Man konnte mit ihnen feministische Gespräche führen, denn all diese Frauen hatte einiges durchgemacht im Leben. Dadurch habe ich viele Dinge verstanden, die mit uns als Frauen zu tun hatten. Obwohl diese Bergsteigerinnen nur wenig über ihre eigenen Schwierigkeiten gesprochen haben. Der Generationenunterschied war in dieser Hinsicht deutlich spürbar. Manchmal habe ich durch das, was die eine mir von der anderen berichtete, mehr erfahren, als durch das, was sie mir direkt aus ihrem Leben erzählte.

Loulou Boulaz war eine sehr selbständige Person. Lange Jahre war sie mit Pierre Bonnant zusammen, einem bekannten Schweizer Bergsteiger. Sie waren nicht verheiratet, und Loulou hat immer alleine gewohnt. Wenn irgendetwas zwischen ihnen vorfiel, sagte sie zu ihm: «Auf der Haustüre steht Boulaz.» Für eine Frau mit Jahrgang 1908 war das schon stark. 1952 überlebten die beiden einen schweren Wettersturz am Walkerpfeiler. Loulou verlor zwei Zehen, und Pierre trug schwere Erfrierungen davon. Er ist hinterher nur noch selten in die Berge gegangen. Loulou hingegen hat das Bergsteigen nicht aufgegeben. Das war wohl mit ein Grund für die Trennung der beiden. Später gab er zu, dass er viel von ihr gelernt hatte, gerade auch politisch. Für mich zeigt diese Geschichte, dass die Frauen dieser Generation, die wirklich ausserordentliche Frauen waren, ein Zeichen gesetzt haben. Auch wenn es die Männer oftmals noch nicht verkraften konnten, dass diese Frauen so tüchtig waren, haben sie sie zuletzt und vielleicht im Geheimen doch bewundert und anerkannt.

Loulou war als junger Mensch irgendwie anarchistisch. Sie stand sehr links. Ihre Mutter verlor ihre Stelle als Volksschullehrerin durch die Heirat mit einem Arbeiter. Heiratete damals eine Lehrerin, wurde sie sofort entlassen. Loulous Mutter hat daraufhin ein Bistro eröffnet. Diese Kindheit hat Loulou politisch geprägt. Später arbeitete sie als Übersetzerin in Bern. Während des Krieges wurde sie weggeschickt, weil sie zu links war. Sie kam dann zum BIT, dem *Bureau International du Travail*, nach Genf, wo sie bis zur Pensionierung arbeitete. In Frankreich hätte Loulou eine tolle politische Karriere machen können. Mit ihr sprach man ständig über Politik. Aber als Schweizerin ohne Stimmrecht besass sie diese Möglichkeit nicht. Sie konnte ihre politische Seite nie richtig ausleben.

Die Alpinistinnen in den 1930er-Jahren waren die einzigen Frauen in der ganzen Bergsteigergeschichte, die den Wettkampf um die grossen Wände mitgemacht haben. Gleich wie die Männer. Loulou Boulaz, Paula Wiesinger und Mary Varale, das sind die einzigen drei Frauen, die voll mit dabei waren. Raymond Lambert, mit dem Loulou oft unterwegs war, arbeitete übrigens als Gärtner und musste immer erst seine Arbeit fertig machen. Sie organisierte in der Zwischenzeit alles, damit man ihnen die Wand nicht wegschnappen würde... Das waren schon Geschichten. Loulou ist anfänglich oft mit Frauen geklettert. Im Mont Blanc hat sie viele Touren mit Lucie Durand unternommen. Diese hat dann einen Mann geheiratet, der sie nicht mehr in die Berge liess. Loulou erzählte mir, wie ungewöhnlich es in den 1930er-Jahren war, als Frauenseilschaft in schwierigen Routen unterwegs zu sein. Sogar Männer, die sie mit eigenen Augen gesehen hatten, behaupteten daraufhin, dass das nicht stimmen konnte.

Fast niemand von dieser älteren Bergsteigerinnengeneration hat etwas Schriftliches hinterlassen. Darum ist es gut, dass du das aufschreibst. Rette, was man noch retten kann. Auch wenn es durch einen anderen Menschen übertragen wird, wie die Geschichten von Loulou Boulaz, die ich dir erzählt habe. Zu Helma Schimke sagte ich einmal: «Helma, bei deinen Büchern musste ich zwischen den Zeilen lesen.» Bei vielen Büchern von Bergsteigerinnen ist das der Fall. Bei dem wenigen, was die Frauen geschrieben haben, muss man erst noch zwischen den Zeilen lesen. Ich habe einmal auf Italienisch über dieses Schreiben der Frauen geschrieben. Und ich kam zum Schluss: Da fehlt zu viel. Es fehlt zum Beispiel die Beziehung zur Männerwelt. Die Frauen wagen es nicht richtig auszudrücken, schwarz auf weiss, was für Probleme es mit dem Mann gab: privat, im Alltag, beim Klettern. Erst wenn du diesen Menschen kennenlernst, sagst du: «Jetzt verstehe ich, was hier angedeutet ist.» Aber dem Text ist es nicht zu entnehmen. Das stellt ein Problem dar. Denn falls jemand eine richtige Geschichtsschreibung des Frauenbergsteigens verfassen möchte, fehlt zu viel. Ich glaube, dass ich die Erste meiner Generation bin, die die Sachen so beschreibt, wie sie sie erlebt hat. Ausgenommen ist der englischsprachige Raum, in dem es solche Bücher schon länger gibt. Vielleicht gelang mir das, weil es in meinem Fall einfach war. Ich hatte keine Probleme mit Männern oder Kindern. Für viele Bergsteigerinnen war der Umgang mit ihrem Partner oder der Alltag mit Kindern nicht einfach. Aber so etwas zuzugeben und darüber zu schreiben, das war für die Frauen meiner Generation fast unmöglich.

Manchmal denke ich: Vielleicht hätte ich meine berufliche Karriere weitergeführt, wäre ich nicht zum Bergsteigen gekommen. Aber wenn es im Leben eine Entscheidung zu treffen gab, dann habe ich mich immer fürs Bergsteigen entschieden. Immer. Das gehörte zu mir. Ob ich heute als junger Mensch so zum Bergsteigen stehen würde, wie ich es früher tat, das weiss ich nicht. Ich bin zwar gerne mit jungen Bergsteigern zusammen. Ich gehe in die Kletterhalle und klettere auf den Plastikgriffen. Das gefällt mir. Ich habe Interesse für die jungen Leute. Aber ich merke, dass das Klettern heute etwas anderes ist. Was den jungen Leuten vielleicht fehlt, das ist die Abenteuerlust. Die ist nicht mehr da. Oder vielleicht sehe ich sie nicht. Es ist eher das Sportliche da, was ja schön ist, was ich anerkenne und bei dem ich selber mitmache. Nur: Es ist ein bisschen wenig. Klettern kann mehr sein als das.

Das Bergsteigen hat den Vorteil, dass man es auf so viele Weisen betreiben, dass man es im Lauf des Lebens ändern, dass man aufhören und wieder einsteigen kann. Gerade durch das Sportklettern hat sich für die Frauen viel geöffnet. Wenn ich jetzt in den Klettergärten sehe, dass Mann und Frau zusammen klettern und die Kinder unten spielen, dann ist das etwas ganz anderes als das, was wir erlebt haben. Als die Frau weinend in der Hütte zurückblieb, weil der Mann irgendwo in den Bergen war und nicht zurückkam. Da gab es wirkliche Tragödien. Das hat sich geändert. Und zwar gerade durch das Sportklettern, das in gewissen Kreisen so verpönt ist. Es ist zwar nicht das Bergsteigen, das ich erlebt habe, das grosse Abenteuer. Aber das braucht jemand, der eine Familie hat, auch nicht. All das andere, das Naturerlebnis, die Freude an der Bewegung, das Erlernen der Technik, ist mit dabei. Und weisst du, das heroische Bergsteigen, das ist sowieso vorbei.

Heute bin ich oft alleine unterwegs. Seit dem Tod meines Mannes bin ich zu dem zurückgekehrt, was ich vor meiner Ehe-Seilschaft hatte, dass ich auf mich selbst gestellt bin. Aber es ist nicht einfach, sich das Leben wieder alleine einzuteilen. Wir waren so gut eingespielt, Gino und ich. Nicht nur am Berg, sondern auch im täglichen Leben. Ich habe mir immer gedacht, dass wir einmal am Berg abstürzen. Zusammen. Nicht dass einer alleine zurückbleibt. Aber damit muss ich mich abfinden.

An unsere erste Kletterei kann ich mich nicht erinnern, aber an unsere erste schwierige Tour schon. Wir haben uns in der Monte-Pelmo-Nordwand in den Dolomiten verstiegen und sind vier Tage drin geblieben. Wir stiegen nachmittags in die Wand ein, weil wir am Samstagmorgen noch arbeiten mussten. Irgendwie haben wir den Ausstieg nicht erwischt und standen plötzlich vor einem Kamin. Wir dachten: «Gehen wir ein bisschen rechts raus.» Dadurch haben wir uns in der grossen Wand verloren und sind schlussendlich ganz woanders ausgestiegen. Was wir dabeihatten? Nichts. Aber es geht eben. Man kann schon viel aushalten. Wenn du denkst, was die Leute im Krieg durchgestanden haben. In der Agner-Nordwand sind wir nach einem Wettersturz fünf Tage hängen geblieben. Da waren so viele Gewitter, dass wir nicht mehr rauskamen. Wir waren mitten in dieser tausendfünfhundert Meter hohen Wand. Wir haben immer gerne biwakiert, das hat uns nichts ausgemacht. Es regnete, also hatten wir zu trinken, aber zu essen hatten wir nichts. Als der Regen ein bisschen aufgehört hat, sind wir weiter – durch Wasserfälle, in einer schwierigen Wand. Wir hatten zu wenig Material, um uns abzuseilen. Gino war in solchen Situationen gut, ganz solide. Er kletterte durch die Wasserfälle, durch alles. Ich auch, ein deutscher Dickschädel kommt überall durch. Was man im Biwak tut, während des Wartens? Man spricht, man schläft. Man ist zusammen, weisst du. Unser Glück ist immer gewesen, dass niemand auf uns wartete. «Wir sind da», sagten wir uns, «und das Unwetter wird schon irgendwann aufhören.» Verzweifelt sind wir eigentlich nie. Du bist zusammen, du bist eine Seilschaft, das ist das Leben, das du dir ausgesucht hast. Du hast gewusst, dass es schwierig werden kann. Es war unser Leben, und das alles gehörte mit dazu.

Das Gespräch mit Silvia Metzeltin, Jahrgang 1938, fand am 25. Mai 2010 in Lugano statt.

Zur Geschichte des Frauenbergsteigens
– ein Nachwort

Sie seien als bergsteigende Frauen auf keine Schwierigkeiten gestossen, antworten einige meiner Gesprächspartnerinnen auf die Frage, ob sie gegen Vorurteile ankämpfen mussten. Oft zeigt sich im Lauf des Gesprächs, dass sie sich als Frauen dennoch anders im Hochgebirge bewegen mussten als Männer: Sie waren anderen Kleidervorschriften unterworfen, steckten ihr Hobby wegen der Kinder (im Unterschied zu den Männern) häufig zurück, sahen ihre alpinistischen Fähigkeiten öfters als nötig unter Beweis gestellt oder bildeten, insbesondere als Spitzenbergsteigerinnen, eine kleine Minderheit in einem von Männern dominierten Feld. Welcher Zusammenhang besteht denn zwischen Geschlechtszugehörigkeit und Alpinismus? Gilt nicht einfach, dass bergsteigen soll, wer Spass daran hat und sich entsprechend betätigt? Ein Streifzug durch die Geschichte zeigt, dass dem nicht so ist.

Frauen sind von Anfang an dabei

«Vouloir c'est pouvoir» steht an einem Herbsttag im Jahre 1838 auf dem Gipfel des Mont Blanc.[1] In den Schnee eingeritzt hat diesen Spruch Henriette D'Angeville, eine französische Adelige. Ein halbes Jahrhundert nach der Erstbesteigung im Jahre 1786 erklimmt sie als erste Frau den höchsten Berg Europas. Angeblich. Denn sie selbst berichtet in ihren Aufzeichnungen von einer anderen Frau, die bereits dreissig Jahre vorher auf dem Gipfel gestanden sei: Die einheimische Marie Paradis, die vermutlich als Magd oder Dienstmädchen gearbeitet hat, besteigt den Berg bereits 1808. Nach ihrer erfolgreichen Tat soll Paradis eine Teestube in Les Pèlerins eröffnet und interessierten Touristen von ihren Erlebnissen auf dem Mont Blanc berichtet haben.[2] Das Beispiel der Mont-Blanc-Besteigung durch die beiden unterschiedlichen Frauen macht deutlich: Bereits von Anbeginn des modernen Bergsteigens sind Frauen unterwegs. Und: Nicht nur städtische Adelige und Bürgerfrauen, sondern auch einheimische und weniger vermögende Frauen betätigen sich als Bergsteigerinnen.

Als um 1850 vermehrt die sportlichen Aspekte des Bergsteigens in den Vordergrund treten, sind Frauen ebenfalls mit von der Partie. Die international anerkannte Bergsteigerin Elizabeth Main führt über sechsundzwanzig Erstbesteigungen durch, die meisten davon in Norwegen. In den Alpen besteigt sie als Erste die La Vierge, eine Felsnadel im Glacier du Géant, und den Ostgipfel des Bishorns.[3] Im Jahr 1898 überschreitet sie in einer Zweierseilschaft mit Evelyne McDonnell den Piz Palü. Diese Beispiele zeigen: Die Anwesenheit von Frauen gilt in Bergsteigerkreisen bis zum Ende des 19. Jahrhunderts zwar als ungewöhnlich. Anlass, ihnen das Bergsteigen zu verbieten, gibt es aber nicht. Kletternde Frauen sind seltene Ausnahmen, die man gewähren lässt.

Die gesellschaftlichen Umbrüche, die den kletterfreudigen Frauen grössere Hindernisse in den Weg legen, ereignen sich um 1900. Die Idee von den Bergen als Erholungsraum, in dem man sich vom hektischen Leben in der Stadt zurückziehen und die ursprüngliche Schönheit der Natur geniessen kann, wird von immer mehr Menschen geteilt. Einst exquisites Hobby des Bürgertums, wird das Bergsteigen nun vermehrt von anderen Schichten in Anspruch genommen. Nach dem Zweiten Weltkrieg entwickelt es sich gar zum populären Breitensport. Die elitären Kreise des Bürgertums, die den Alpinismus für sich reklamiert haben, geraten dadurch unter Druck. Umso bedrohlicher ist, dass sich nicht nur die Klassen-, sondern auch die Geschlechtergrenzen aufweichen: Bergsteigende Frauen werden immer zahlreicher. Unter konservativen Kräften wächst darum das Bedürfnis nach Abgrenzung. Der hochalpine Raum soll ein Ort bleiben, an dem bürgerliche Männer unter sich sein und sich miteinander messen können.[4]

Diese Entwicklung spiegelt sich auch in der Geschichte des Schweizer Alpen-Clubs (SAC), der 1863 ins Leben gerufen worden ist. Die Geschlechterfrage bleibt in der ersten Zeit nach der Gründung ungeregelt: In einigen Sektionen gibt es weibliche Mitglieder, in anderen nicht.[5] Obwohl seit 1879 immer wieder die Frage auf den Tisch kommt, «ob mit den statuarisch genannten ‹Schweizern› und ‹Bewohnern der Schweiz› auch Frauen gemeint sein könnten»,[6] wird die Regelung des strittigen Punkts jahrelang hinausgeschoben. Erst 1907 wird entschieden, fortan keine Frauen mehr als Mitglieder des SAC zuzulassen.[7] Als Reaktion darauf wird 1918 in Montreux der Schweizer Frauen-Alpenclub (SFAC) gegründet, der nach dem Vorbild des SAC föderalistisch organisiert ist. Vierzig Jahr später, auf dem Höhepunkt seiner Entwicklung, umfasst der SFAC rund fünfzig Sektionen in der ganzen Schweiz.[8] Er stellt einen zentralen Ort für Frauen dar, die ihr Interesse für das Bergsteigen verfolgen und gemeinsam umsetzen wollen. Mit dem SAC sucht der SFAC einerseits den Kontakt auf Augenhöhe. Andererseits ist er auf die Unterstützung des SAC angewiesen, beispielsweise um verbilligten Zugang zu den Übernachtungsmöglichkeiten in den Hütten, aber auch um die notwendige gesellschaftliche Anerkennung zu erhalten. Er wird deshalb durch ein «positionnement ‹de compromis› entre émancipation et conformisme»[9] charakterisiert. Dieses Dilemma hat sich im Selbstverständnis der SFAC-Frauen niedergeschlagen: «Einmal zeigten sie auf, dass Frauen Gleiches zu leisten vermochten wie Männer, dann wieder stellten sie sich als schwächere kleine Schwestern dar.»[10] Das Ungleichgewicht zwischen beiden Clubs drückt sich nicht zuletzt in deren Namen aus: Der SAC steht nach wie vor als «allgemeiner» Alpenclub da, während der SFAC als «Frauenclub» markiert ist. Richtigerweise hätte sich der SAC nach dem Ausschluss der Frauen 1907 nämlich in SMAC umbenennen müssen: Schweizer Männer-Alpenclub…

An der Wende zum letzten Jahrhundert nimmt das Bergsteigen auch dezidiert militärische und nationalistische Züge an. Diese Tendenzen haben sich schon vorher abgezeichnet. Denn als sich ab Mitte des 19. Jahrhunderts neben den Engländern zunehmend Angehörige anderer Länder bergsteigerisch betätigen, verwandeln sich die Alpen in eine Arena für nationale Wettkämpfe. Besonders hoch im Kurs stehen Erstbesteigungen. Nachdem alle Gipfel der Alpen erklommen sind, gelten am Anfang des 20. Jahrhunderts die schwierigen Nordwände der Alpen und später Winterbegehungen oder die fernen Berge des Himalajas als Herausforderungen, mit denen sich Bergsteiger patriotische Lorbeeren verdienen können. Während des Zweiten Weltkriegs nimmt die nationalistische Bedeutung der Berge zu. Im Rahmen der Geistigen Landesverteidigung und der Réduit-Politik wird das Bild der Schweiz als Alpenfestung zu einem wichtigen nationalen Symbol und der starke und naturverbundene Bergführer zum Idealbild des wehrhaften Schweizers.[11] Für Bergsteigerinnen ist diese Verbindung von Militarismus, Patriotismus und Alpinismus nicht von Vorteil. Denn das Bild des heroischen und wehrhaften Schweizer Bergsteigers ist männlich besetzt. Die Frau hat ihm zur Seite zu stehen. Will sie seinen Platz einnehmen und selbst Berge besteigen, dann fällt sie aus dem Rahmen. Das zeigt sich ganz handfest bei der Frage, wer zum Bergführerberuf zugelassen wird: Bis in die frühen 1980er-Jahre ist die Zulassung zur Bergführerausbildung in der Schweiz an die militärische Diensttauglichkeit gekoppelt. Frauen bleibt der Zugang zur Ausbildung verwehrt. Erst 1986 erlangt Nicole Niquille als erste Frau das Schweizer Diplom als Bergführerin.[12]

Bergsteigende Männer sind die Regel,
Frauen die Ausnahme

Aber es sind nicht nur offizielle Verbote, welche die Frauen im 20. Jahrhundert vom Bergsteigen abhalten. Frauen verfügen oftmals nicht über eigene oder nur über eingeschränkte finanzielle Mittel. Sie sind für die Kinder zuständig und damit lange Jahre an Haus und Herd gebunden. Zudem kommen die gesellschaftlichen Vorstellungen dessen, was «weiblich» und was «männlich» ist, Alpinistinnen nicht selten in die Quere. Das zeigt sich auch in den vorliegenden Interviews. Obwohl sie eine hervorragende Bergsteigerin war, konnte sich Anna Gerber, die zum Zeitpunkt unseres Gesprächs 91-jährig ist, nicht vorstellen, mit einem Mann am Seil vorauszusteigen. Die 74-jährige Heidi Schelbert ist zwar im Vorstieg geklettert, musste dabei aber erfahren, dass ihr Seilpartner grossem Spott ausgesetzt war. Dies zeigt, dass die gesellschaftlichen Geschlechternormen nicht nur Frauen eingeschränkt haben. Auch Männer bekamen es zu spüren, wenn sie sich den vorherrschenden Rollenbildern widersetzt haben. Zudem war das Geschlecht nicht das einzige Ausschlusskriterium in Bergsteigerkreisen. Wie Silvia Metzeltin erzählt, fand in bestimmten Berghütten kein Einlass, wer die «falsche» Sprache sprach oder die «falsche» Nationalität besass. Beim Expeditionstourismus in den Himalaja, in die Anden oder andere Regionen der Welt kommen weitere Unterschiede zum Tragen. Die strengen Hierarchien zwischen europäischen Bergsteigern und lokalen Sherpas oder Trägern lassen sich nicht nur auf ökonomische Ungleichheiten zurückführen. Oft sind sie auch in kolonialen Vorurteilen begründet.

Weil das Bergsteigen männlich besetzt ist, gelten bergsteigende Frauen als Ausnahmen: Gemäss der vorherrschenden Denkweise stellen Männlichkeit und Bergsteigen nämlich keine Gegensätze dar, Weiblichkeit und Alpinismus hingegen schon. Das zeigt sich beispielhaft in einem Fernsehinterview der *Télévision Suisse Romande*. Nachdem Yvette Vaucher 1966 mit ihrem Mann die erste Direktbegehung der Nordwand der Dent Blanche unternommen hat, wird sie von einem Fernsehjournalisten gefragt: «Finden Sie nicht, dass die Vollbringung einer solchen Heldentat für eine Frau eine aussergewöhnliche Sache ist?»[13] – «Ja – für einen Mann ebenfalls», antwortet die Bergsteigerin. Die Ironie des Schicksals will es, dass sie dem Journalisten putzmunter Rede und Antwort steht, während ihr Mann im Spital wegen gravierender Erfrierungen behandelt wird. Mit ihrer Antwort versucht Yvette Vaucher, die Frage des Journalisten von der Frage nach ihrer Geschlechtszugehörigkeit wegzurücken: Für jeden Menschen stellt eine solche Erstbegehung eine grosse Sache dar. Die Frage des Journalisten zeigt aber: Bergsteigende Frauen werden oft in erster Linie als Angehörige ihres Geschlechts wahrgenommen. Sie gelten als Ausnahmen, als Exotinnen und manchmal als Kuriositäten – nicht selten hat dies zur Folge, dass ihre alpinistischen Leistungen damit aus dem Blickfeld geraten.

Das ist etwa der Fall bei einer Expedition auf den Cho Oyu 1959, an der neben männlichen und weiblichen Sherpas neun europäische Bergsteigerinnen teilnehmen, darunter auch die Schweizerin Loulou Boulaz. Die Unternehmung endet dramatisch. In einer Lawine auf fast achttausend Metern sterben mehrere Personen, darunter die Expeditionsleiterin Claude Kogan. Die Medienreaktionen sind voller Unverständnis und Hohn. Das deutsche Nachrichtenmagazin «Der Spiegel» berichtet unter dem Titel «Es den Männern zeigen» über die gescheiterte Unternehmung der «Hochgebirgs-Amazonen».[14] Auch hier wird die Bedeutung des Geschlechterunterschieds deutlich: Eine Männer-Expedition mit tödlichem Ausgang wäre vielleicht ebenfalls zum Anlass geworden, den Sinn solcher Unternehmungen in Frage zu stellen. Im vorliegenden Fall fehlt es aber an Anerkennung für die alpinistischen Leistungen der Teilnehmerinnen, die allesamt Spitzenbergsteigerinnen sind. Die Expedition wird als lächerlich dargestellt, die Alpinistinnen als schlecht vorbereitet und von einem einzigen, niederen Motiv getrieben: Es den Männern zu zeigen. Tatsächlich ist die Leiterin der Expedition, Claude Kogan, eine der erfahrensten Bergsteigerinnen ihrer Zeit. Auch mit dem Cho Oyu ist sie vertraut: Gemeinsam mit Raymond Lambert hat sie bereits 1954 den Versuch unternommen, den damals noch unbestiegenen Berg zu erklimmen.[15]

Für das Frauenbergsteigen im 20. Jahrhundert ist auch von Belang, dass Bergsteigerinnen oft vermittelt wird, sie könnten «vermännlichen» – eine Argumentation, die aus anderen Zusammenhängen bekannt ist, beispielsweise aus der Debatte zum Frauenstimmrecht. Frauen wurde damals angedroht, die Beschäftigung mit Politik würde sie zu reizlosen und bärbeissigen Mannweibern machen. In ähnlicher Weise geistert das Bild der vermännlichten Bergsteigerin als Schreckgespenst durch die alpine Berichterstattung. Er habe erwartet, eine maskuline Frau ohne Grazie zu treffen, schreibt ein Journalist 1970 nach einer Begegnung mit Yvette Vaucher. Erstaunlicherweise sähe er sich einer Frau gegenüber, die schön, zierlich und charmant sei.[16] Diese Bemerkungen sind typisch: Erst wird unterstellt, eine Bergsteigerin müsse männlich sein. Entspricht sie wider Erwarten dem gängigen Weiblichkeitsideal, gibt das Anlass zu Verwunderung und Erleichterung.

Die Vorstellung, Alpinismus und Frausein würden sich schlecht vertragen, geht in der Schweizer Nachkriegszeit nicht spurlos an den Bergsteigerinnen vorbei. Vermutlich hat die Angst, etwas zu tun, was sich nicht schickt, viele Frauen daran gehindert, die Wanderwege zu verlassen und zur Abwechslung einmal eine einladende Felswand zu erklettern. Diejenigen, die sich trotz gesellschaftlichen Hindernissen dem Bergsteigen zuwenden, müssen ihre Passion nicht selten rechtfertigen. Zudem wird der Vorwurf, kletternde Frauen seien keine richtigen

Frauen, nicht nur von der Aussenwelt an die Bergsteigerinnen herangetragen. Viele Alpinistinnen kämpften auch gegen eigene Vorurteile. Das zeigte sich in einem 1967 erschienenen Buch über europäische Bergsteigerinnen. Die Autorin, Felicitas von Reznicek, dokumentiert die alpinistischen Leistungen von Frauen mit viel Begeisterung und akribischer Recherchearbeit. Dennoch steckt ihr Buch voller Beteuerungen, die Alpinistinnen seien trotz dem Bergsteigen «richtige Frauen» geblieben. Über die legendäre Eleonore Noll-Hasenclever schreibt sie beispielsweise: «Auch sie war der hundertprozentige Beweis gegen die merkwürdige Vorstellung vieler Männer, dass Bergsteigerinnen wenig wohlriechende, grobknochige, reizlose Mannweiber sein müssen, wenn sie etwas leisten wollen.»[17] Die beiden widerstreitenden Tendenzen, die in Rezniceks Buch spürbar sind, haben vermutlich das Leben vieler Bergsteigerinnen im 20. Jahrhundert geprägt. Auf der einen Seite besteht der Wunsch, sich mit der gleichen Selbstverständlichkeit dem Bergsteigen widmen zu können wie die Männer. Und auf der anderen Seite ist die Angst, genau dafür sanktioniert zu werden. Einige Frauen reagieren allerdings mit grosser Gelassenheit auf die «Gefahr», sie könnten durch das Bergsteigen ihre Weiblichkeit verlieren. Denn: Was ist schlecht daran? Warum soll eine Frau nicht sogenannt «männliche» Dinge tun, das heisst Hosen tragen, kräftig zupacken oder die Leitung einer Bergtour übernehmen? Nicht wenige Alpinistinnen irritieren durch ihr selbstbewusstes androgynes Auftreten, dass sie weder dem einen noch dem anderen Geschlecht zuordenbar macht. So versucht Loulou Boulaz nicht, «durch ein betont weibliches Äusseres darauf hinzuweisen, dass der Leistungssport sie nicht ‹vermännlicht› habe. Im Gegenteil, sie inszenierte sich viel eher als ‹neutrale› Persönlichkeit, deren Geschlecht keine Rolle spielen sollte.»[18]

Schliesslich ist neben den Einschränkungen, die bergsteigende Frauen erfahren, auch zu bedenken, welchen Zwängen *männliche* Bergsteiger ausgesetzt sind. Kletterinnen, schreibt Silvia Metzeltin, stossen zwar auf ungleich grössere gesellschaftliche Hindernisse als Männer. Überwinden sie diese, dann können sie sich aber «innerlich bestimmt freier entfalten als die Männer, die doch durch Militärdienst und Leistungsdruck in allen Gebieten mehr zurechtgesägt und -gebogen werden als wir. Wir müssen manchmal gar nicht erst ‹aussteigen›, wir sind sowieso schon draussen.»[19]

Alpinistische Frauenräume – der SFAC und das RHM

Weil bergsteigende Frauen in der Schweiz lange Zeit nicht die Regel darstellen, müssen sie Freiräume finden, in denen sie sich mit grosser Selbstverständlichkeit bewegen können. Dies geschieht auf ganz unterschiedliche und manchmal sogar gegensätzliche Weise: Anna Gerber tat sich mit männlichen Bergsteigern zusammen, die sie als Alpinistin voll anerkannten. Frauengruppen hat sie gemieden und sogar als hinderlich erlebt. Auch Yvette Vaucher zog es vor, mit männlichen Kletterern unterwegs zu sein. Andere Bergsteigerinnen suchten und schätzten die Selbstverständlichkeit, die durch einen frauenspezifischen Kontext geschaffen wurde. Viele Bergsteigerinnen fanden im SFAC ein Umfeld, in dem ihre Begeisterung für den Alpinismus unterstützt und gefördert wurde. Wie Pauline Lumpert erzählt, ermöglichte es die Gründung des SFAC Schwyz den jungen, bergbegeisterten Frauen, dem Klettern in einem organisierten Rahmen nachzugehen. Marianne Winklers Erzählungen zeigen, dass im SFAC Zürich auch schwere Touren ohne Bergführer durchgeführt wurden. Und Heidi Schelbert beschreibt, dass der SFAC der Ausbildung und Schulung von Frauen grosse Bedeutung eingeräumt hatte.

Eine ganz andere Vereinigung bergsteigender Frauen wird fünfzig Jahre nach dem SFAC ins Leben gerufen: 1968 findet mit der Gründung des *Rendez-Vous Hautes Montagnes* (RHM) in Engelberg der erfolgreiche Versuch statt, Bergsteigerinnen über die Landesgrenzen hinweg zu vernetzen. Organisiert wird das Treffen von Felicitas von Reznicek, die mit ihrem 1967 erschienenen Buch «Von der Krinoline zum sechsten Grad» ein wichtiges Dokument für das Frauenbergsteigen geschaffen hat. Frauen, so suggeriert der Titel, haben die hinderlichen Reifröcke abgelegt und klettern mittlerweile Routen in der (damals) höchsten Schwierigkeitsstufe. Im Mai 1968 finden siebzig Alpinistinnen den Weg zum ersten RHM, das seither in regelmässigen Abständen durchgeführt wird.[20] Die Treffen sind nicht nur bedeutsam, weil sie ein internationales Frauennetzwerk im Bereich des Bergsteigens etabliert haben. Durch diese werden auch, wie Silvia Metzeltin erzählt, Verbindungen zwischen den unterschiedlichen Generationen von Bergsteigerinnen geschaffen.

Neben den institutionalisierten Möglichkeiten des SFAC, des RHM oder der Naturfreunde (die im Unterschied zum SAC Frauen nie ausgeschlossen haben) gehen Frauen in der Schweizer Nachkriegszeit auch individuell in die Berge. Sie sind, wie Ruth Bättig oder Elsbeth Köng es taten, mit Bergführern unterwegs, mit denen sie nicht selten eine langjährige Freundschaft verbindet. Andere suchen sich geeignete Bergkameraden oder Seilpartnerinnen und gehen auf eigene Faust los. Insbesondere Extrembergsteigerinnen und Ausnahmekletterinnen, die sich an die schwierigsten Wände wagen, müssen in den 1960er- und 1970er-Jahren eigene Wege finden, um in der männerdominierten Bergsteigerwelt bestehen zu können. Spitzenalpinistinnen wie Silvia Metzeltin, Heidi

Schelbert, Ruth Steinmann-Hess oder Yvette Vaucher unternehmen ihre anspruchsvollsten Touren zumeist mit männlichen Seilpartnern, sind aber auch mit Frauen unterwegs. Vielleicht zeichnet sich in ihren Biografien ein Umbruch ab: Waren sie selbst in ihren jungen Jahren noch auf männliche Unterstützung angewiesen, können sie als erfahrene Bergsteigerinnen zu Mentorinnen für die nachkommende Frauengeneration werden.

Nicht in Stein gemeisselt...

Trotz dem eisigen Wind, der Alpinistinnen lange entgegenblies, zeigen die Erzählungen in diesem Buch auf eindrückliche Weise, dass gesellschaftliche Konventionen nicht in Stein gemeisselt sind. Zahlreiche Männer ignorierten den vorherrschenden Zeitgeist und betätigten sich als Mentoren und Kletterpartner von Frauen. Marianne Winkler erzählt vom Bergführer, der sich in den 1950er-Jahren über die jungen Mädchen freute, die so gut kletterten. Erika Bumann begleitete ihren Vater, einen Saaser Bergführer, in den 1940er-Jahren regelmässig auf seine Touren. Und Charlotte Godels Verlobter fand in den 1930er-Jahren, dass sie selbstverständlich mit auf den Titlis steigen solle, wenn ihr das Bergsteigen Spass mache. Zudem werden in den Interviews auch Differenzen zwischen Stadt und Land sichtbar. Saas-Fee ist während Erika Bumanns Kindheit ein wichtiger Sommer-Touristenort. Die Dorfbewohner sind durch die Anwesenheit englischer und deutscher Bergsteigerinnen bestens mit weiblichen Alpinistinnen vertraut. Dadurch ist das Walliser Dorf, zu dem bis 1951 keine Fahrstrasse führt, Mitte des 20. Jahrhunderts in Sachen Frauenbergsteigen womöglich offener als die urbanen Zentren der Schweiz.

Dass Regeln flexibel ausgelegt werden können, zeigt sich auch in Bezug auf die Weigerung des SAC, Frauen aufzunehmen. Auf dem Papier bleibt der Alpenclub diesbezüglich bis Ende der 1970er-Jahre unerschütterlich. Aber die Praxis ist flexibler als die Clubvorschriften: So ist Martha Liebich jahrelang mit dem SAC Einsiedeln unterwegs, ohne je einen Jahresbeitrag zu bezahlen, wie sie augenzwinkernd bemerkt. Auch für Irma Egler ist klar, dass sie sich nach ihrer Rückkehr ins Unterengadin der dortigen SAC-Sektion anschliessen kann. Und Ruth Steinmann-Hess berichtet, dass die beiden Clubs in Engelberg, der SAC und der SFAC, ihre Touren und Versammlungen offiziell getrennt durchgeführt und inoffiziell aufeinander abgestimmt haben.

Aus den Erzählungen wird aber auch deutlich, dass der Zusammenschluss von SFAC und SAC für Bergsteigerinnen nicht nur von Vorteil ist. Zwar wird der unsägliche Entscheid des SAC, Frauen auszuschliessen, mit der Fusion von 1979 endlich Geschichte. Zugleich droht dem

Frauenbergsteigen mit der Auflösung der frauenfreundlichen Strukturen des SFAC ein Verlust. Die Sektionen des SFAC gehen unterschiedlich mit dieser Herausforderung um. An den meisten Orten schliessen sich SAC und SFAC neu zu einem Club zusammen. Manche Frauenorte bleiben dabei erhalten: So erzählt Pauline Lumpert, dass der Frauenhock des ehemaligen SFAC Schwyz bist heute weitergeführt wird. Und Elsbeth Köng berichtet, dass die Frauen des ehemaligen SFAC sich noch immer regelmässig an Weihnachten treffen. Der SFAC Zürich hingegen wählt einen anderen Weg. Er fusioniert nicht mit dem lokalen SAC, sondern wird zur Sektion Baldern, die 1981 für männliche Mitglieder geöffnet wird. Damit kann die starke Präsenz von Frauen (auch in den Leitungsfunktionen) erhalten und die «selbstbewusste und eigenständige Bergsteigerinnentradition»[21] des Clubs weitergeführt werden.

Mittlerweile hat auch der Zentralverband des SAC erkannt, dass die Chancengleichheit von Frauen und Männern ein zentrales Thema für den Verein darstellt. Im Mai 2010 sind 34 Prozent der Mitglieder Frauen, wobei der Frauenanteil prozentual stärker zunimmt als derjenige der Männer.[22] Eine vom SAC in Auftrag gegebene Studie aus dem Jahre 2007 stellt trotz dem wachsenden Frauenanteil einen grossen Handlungsbedarf in Sachen Gleichstellung fest. Denn viele Funktionen im Club werden gemäss der klassischen Rollenteilung ausgeführt: Männer übernehmen öfters Vorstands- und Leitungsfunktionen und agieren beispielsweise als Sektionspräsidenten oder Tourenleiter, während Frauen eher administrative und unterstützende Aufgaben ausführen.[23] Dies geht, so stellt der Bericht fest, nicht zuletzt auf die lange Geschichte der Ungleichbehandlung von Frauen und Männern, sowohl im Club als auch in der Gesellschaft, zurück.[24]

Spurensicherung

Viele Kapitel des Schweizer Frauenbergsteigens sind noch nicht geschrieben. Zum Beispiel die Geschichte der wenigen Spitzenalpinistinnen, die in den 1930er- und 1940er-Jahren unterwegs waren. Zu ihnen gehört die Zürcherin Leni Merk, ein «vollwertiges Mitglied der Gruppe um Wörndle, Huss, Rein und Gerecht, die sich der Nacherschliessung des Windgällengebiets widmete».[25] Und ganz sicher gehört Loulou Boulaz dazu, die «grande dame» des Schweizer Alpinismus. Mit grosser Selbstverständlichkeit wagt sich die 1908 Geborene an die schwierigsten alpinen Herausforderungen der damaligen Zeit. Zusammen mit Pierre Bonnant unternimmt sie 1937 einen Versuch an der noch unbestiegenen Eiger-Nordwand. Wie die Geschichte des Alpinismus wohl umgeschrieben werden müsste, fragt Tanja Wirz, hätten

Boulaz und Bonnant die Erstbegehung der Eiger-Nordwand nicht wegen eines Wetterumsturzes abbrechen müssen. Wie hätte die Öffentlichkeit reagiert, wäre das damals grösste alpinistische Problem von einer Frau und einem Mann gemeinsam gelöst worden?[26]

Obwohl Loulou Boulaz Journalistin war, hat sie ihre Erfahrungen als Bergsteigerin kaum je festgehalten. In der Online-Enzyklopädie Wikipedia, die so etwas wie einen Gradmesser der aktuellen populären Erinnerung darstellt, findet sich nur ein ganz kurzer und unvollständiger Eintrag über sie.[27] Dass das Leben einer so wichtigen Pionierin des Bergsteigens derart schlecht dokumentiert ist, weist auf ein zentrales Problem hin: Bergsteigerinnen haben oftmals wenig Spuren hinterlassen.

Ein gutes Beispiel dafür, wie ihre Geschichten verschwinden und nur durch Glück wieder zum Vorschein kommen, ist die «Schweizerische Cordillera-Blanca-Expedition» in den peruanischen Anden. Als im August 1965 in der Schweizer Presse erste Erfolge der Expedition vermeldet werden, ist von sechs männlichen Teilnehmern die Rede. Zehn Jahre später erscheint in Basel ein kleines Bändchen mit dem Titel «Mein Sechstausender steht in Peru».[28] Es beinhaltet die Briefe, die Gaby Steiger während der Expedition für ihre Angehörigen verfasst hat. Die Autorin ist Insidern als hervorragende Kletterin bekannt. Gemeinsam mit ihrem Mann Geny hat sie insbesondere an ihrem Hausberg, den Churfirsten, zahlreiche neue Routen erschlossen.[29] Das schmale Bändchen von Gaby Steiger erzählt eine andere Geschichte der Expedition als diejenige, welche in der Presse kolportiert worden ist. Demnach waren neben den sechs Männern auch vier Frauen mit von der Partie. Und das nicht nur als Bodenpersonal: Bei der Besteigung des höchsten Berges der Expedition, des Sechstausenders Ranrapalca, stehen Gaby und Geny Steiger nach der Eröffnung einer neuen Route als Erste auf dem Gipfel. Kurz darauf erreicht mit Lotty Spoerry eine weitere Frau die Bergspitze. Nicht die Medien hätten die Namen der Teilnehmerinnen unterschlagen, erzählt mir Gaby Steiger im Gespräch, sie wurden von den Expeditionsleitern gar nie der Öffentlichkeit kommuniziert. Diese Geschichte zeigt zwei Dinge: zum einen, dass die Beteiligung von Frauen an alpinistischen Unternehmungen zuweilen schlichtweg ignoriert worden ist. Und zum anderen, dass ihre Versionen dieser Geschichte oftmals nicht zugänglich werden. Nur einem glücklichen Zufall ist es zu verdanken, dass der Leiter des kleinen Verlags auf Gaby Steigers Aufzeichnungen aufmerksam wurde und sie herausgebracht hat.

Noch zwei Jahrzehnte später sieht sich Ruth Steinmann-Hess grossen Schwierigkeiten ausgesetzt, als sie ihre Erfahrungen als Bergsteigerin veröffentlichen will.[30] In ihrem Buch beschreibt sie neben ihren alpinistischen Erlebnissen auch, wie sie als Mutter von drei Kindern zu einer Zeit zum Expeditionsbergsteigen gekommen ist, als man «es als Hausfrau und Mutter kaum [wagte], eigene Interessen zu haben oder diese gar zu verwirklichen».[31] Das sei kein richtiges Bergbuch, antworten die auf Bergliteratur spezialisierten Verlage der Autorin, als sie Ende der 1990er-Jahre einen Publikationsort für ihr Manuskript sucht. Dabei würde man gerade die persönlichen Geschichten von Bergsteigerinnen benötigen, meint Silvia Metzeltin, um die Geschichte des Frauenbergsteigens verstehen und sie eines Tages in aller Ausführlichkeit schreiben zu können.

Porträts als Gemeinschaftswerke

Im Zeitraum von zwei Jahren habe ich dreizehn Bergsteigerinnen interviewt. Die älteste ist 1908 geboren, die jüngste 1938. Für meine Suche nach Gesprächspartnerinnen waren zwei Kriterien massgebend: Die Alpinistin musste zum einen mindestens siebzig Jahre alt und zum anderen mit Seil und Pickel in den Bergen unterwegs gewesen sein. Die ersten Kontakte erhielt ich durch die Präsidentin des SAC Baldern, Susanne Schefer. Bald schon verselbständigte sich der Suchprozess: Nicht selten waren es zufällige Begegnungen, die mich auf die Spur einer Bergsteigerin brachten. Erhielt ich einen interessanten Hinweis, dann rief ich die Frau an und schilderte ihr mein Anliegen. Weckte dieses Vorgespräch auf beiden Seiten Interesse, machten wir ein Treffen ab. Das nachfolgende Gespräch, das zwischen eineinhalb und vier Stunden dauerte, orientierte sich an einer Reihe von Fragen, die ich allen Frauen stellte. Darüber hinaus war ich offen für alles, was zur Sprache kam. Oft blätterten wir beim Gespräch in Fotoalben und Tourenberichten. Zu Hause wurden die aufgezeichneten Interviews von mir transkribiert und in einen zusammenhängenden Text überführt.

Die Porträts in diesem Buch sind allesamt in der Ich-Form verfasst. Sie wirken so, als würde uns eine Person gegenübersitzen und ihre Geschichte erzählen. Das ist eine ansprechende Form des Erzählens, weil sie authentisch wirkt. Dabei bleibt aber vieles ausgeblendet. Denn ein Gespräch hängt niemals nur an einer Person. Auch diejenige, die zuhört, lenkt den Dialog in eine bestimmte Richtung. Für gewisse Geschichten hat sie ein offenes Ohr, andere überhört sie. Sie hakt bei Dingen nach, die der Erzählerin unbedeutend scheinen, oder wechselt das Thema bei einer Geschichte, die dieser wichtig wäre. Beim Schreiben macht sich der Einfluss, den ich als Autorin habe, erneut bemerkbar: Einerseits habe ich versucht, mich möglichst an den Wortlaut der Aufzeichnungen zu halten. Andererseits mussten Passagen ausgelassen, Informationen eingefügt, Überleitungen gemacht, ein Verlauf hergestellt und das Sprunghafte der mündlichen Rede begradigt werden. Transkribieren heisst zudem auch übersetzen: Elf Gespräche habe ich vom Schweizerdeutschen und eines vom Französischen ins Hochdeutsche übertragen, eines fand auf Hochdeutsch statt. Um den Rhythmus und die Färbung der gesprochenen Sprache mitschwingen zu lassen, habe ich einzelne Wörter in der Originalsprache stehen lassen und oft Helvetismen verwendet. Wechselte die gegenseitige Anrede im Verlauf des Gesprächs vom «Sie» zum «Du», dann entschied ich mich für jene Form, die während des Gesprächs länger verwendet wurde.

Nachdem ich eine erste Version des Porträts erstellt hatte, sandte ich es an die Gesprächspartnerin. Mit Ausnahme einer anonym porträtierten Bergsteigerin haben alle ihren Text gelesen und kommentiert. Manche Passagen wurden gestrichen, andere umgeschrieben, weitere eingefügt. Die Endfassung des Porträts ist derart in einem gemeinsamen Aushandlungsprozess festgelegt worden.

Parallel zu meinen Textporträts entstanden die fotografischen Porträts von Véronique Hoegger. Meist kurze Zeit nach meinem Interview hat sie die Bergsteigerin an ihrem Wohnort aufgesucht und fotografiert. Das Material für die Bildseiten schliesslich stammt aus den Fotoalben und Diasammlungen der porträtieren Frauen.

1. Wirz, Gipfelstürmerinnen, 37.
2. Ebd., 32.
3. Anker, Die Erste sein, 42f.
4. Vgl. dazu auch Günther, Alpine Quergänge.
5. Wirz, Gipfelstürmerinnen, 152f.
6. Ebd., 159.
7. Ebd., 165.
8. Ebd., 185.
9. Le Comte / Porrini, La ‹question des femmes›, 60.
10. Wirz, Gipfelstürmerinnen, 193f.
11. Hungerbühler, Hegemoniale Maskulinität im Bergführerberuf, 124f.
12. Im Jahr 2009 sind von den 1515 Mitgliedern des Schweizer Bergführerverbandes nur 25 Frauen. Das entspricht einem Anteil von 1,65 Prozent. Vgl. Hungerbühler, Hegemoniale Maskulinität im Bergführerberuf, 121.
13. TSR Fernsehinterview vom 16. Juli 1966. http://archives.tsr.ch/player/integrale-mcar660716 vom 23. März 2010.
14. Der Spiegel, 28.10.1959, 78.
15. Reznicek, Von der Krinoline zum sechsten Grad, 84.
16. Hofer, Renato: «Yvette Vaucher: Une Femme sur l'Everest», in: L'illustré, 3.12.1970.
17. Reznicek, Von der Krinoline zum sechsten Grad, 38.
18. Wirz, Gipfelstürmerinnen, 272.
19. Metzeltin, Von Angeville bis Zuzana, 15.
20. Vgl. http://www.rhm-climbing.org vom 18. Juni 2010.
21. Vgl. Homepage der Sektion Baldern, http://www.sac-baldern.ch vom 18. Juni 2010.
22. Per 31. Mai 2010 sind 44 179 Frauen und 86 092 Männer Mitglieder des SAC. Im Jahr 2005 betrug die Frauenquote noch 30 Prozent.
23. Amstutz / Lack, SAC-Genderanalyse 2007, 11, 15.
24. Ebd., 24.
25. Schelbert, Heidi: Nachruf auf Leni Merk, in: Mitteilungsblatt der Sektion Baldern, Januar 2010. Weitere Angaben zu Leni Merk finden sich im Wikipedia-Eintrag zu ihrem damaligen Kletterpartner Hans Rein, http://de.wikipedia.org/wiki/Hans_Rein vom 18. Juni 2010.
26. Wirz, Gipfelstürmerinnen, 272.
27. Vgl. http://fr.wikipedia.org/wiki/Loulou_Boulaz vom 18. Juni 2010.
28. Vgl. Steiger, Mein Sechstausender.
29. Gaby Steiger wird in Rezniceks Buch ausführlich dargestellt. Ein neueres Porträt findet sich bei Zopfi, Churfirsten.
30. Vgl. Steinmann-Hess, Abenteurerin.
31. Ebd., [Vorwort, ohne Seitenangabe].

Amstutz, Nathalie und Carmen Lack: SAC-Genderanalyse 2007, unveröffentlichte Studie, Olten 2007.

Anker, Daniel: «Die Erste sein – Elizabeth Main schreibt Alpinismusgeschichte», in: Anker, Daniel et al. (Hg.): Elizabeth Main (1861–1934). Alpinistin, Fotografin, Schriftstellerin, Luzern 2003, 41–48.

Günther, Dagmar: Alpine Quergänge. Kulturgeschichte des bürgerlichen Alpinismus (1870–1930), Frankfurt a. M. / New York 1998.

Hungerbühler, Andrea: «Hegemoniale Maskulinität im Bergführerberuf? Empirische Befunde und theoretische Implikationen», in: Binswanger, Christa et al. (Hg.): Gender Scripts. Widerspenstige Aneignungen von Geschlechternormen, Frankfurt a. M. / New York 2009, 119–141.

Le Comte, Elodie und Andrea Porrini: «La ‹question des femmes› au sein du Club Alpin Suisse et la création du Club Suisse des Femmes Alpinistes (1863–1930), in: Ottogalli-Mazzacavallo, Cécile und Jean Saint-Martin (Hg.): Femmes et hommes dans les sports de montagne. Au-delà des différences, Grenoble 2009, 43–61.

Metzeltin, Silvia: «Von Angeville bis Zuzana. Gedanken zur Entwicklung des Frauenbergsteigens», in: Der Bergsteiger, April 1983.

Reznicek, Felicitas: Von der Krinoline zum sechsten Grad, Salzburg / Stuttgart 1967.

Steiger, Gaby: Mein Sechstausender steht in Peru: Tagebuchbriefe von der Schweizerischen Cordillera-Blanca-Expedition 1965, Bern 1975.

Steinmann-Hess, Ruth: Abenteurerin zwischen Null und Achttausend, Tamins 1999.

Wirz, Tanja: Gipfelstürmerinnen. Eine Geschlechtergeschichte des Alpinismus in der Schweiz 1840–1940, Baden 2007.

Zopfi, Emil: «Pioniere und Partner: Die Walenstadter Bergführerpaare», in: Ders. (Hg.): Churfirsten. Über die sieben Berge, Zürich 2006, 74–79.

Dank

Unzählige Personen haben mir bei der Arbeit an diesem Buch geholfen. Sie haben mich, bei zufälligen Gesprächen genauso wie bei systematischen Recherchen, auf potenzielle Gesprächspartnerinnen aufmerksam gemacht. Sie haben nachgefragt, telefoniert, vorgespurt und mich mit Adressen versorgt. Ihnen allen danke ich von ganzem Herzen.

Dieses Buch hätte nicht realisiert werden können ohne die grosszügige Unterstützung von Geldgebern. Ich danke hierfür der Berta Hess-Cohn Stiftung, der Ernst Göhner Stiftung, der Ricola AG, dem Schweizer Alpen-Club SAC, der Victorinox AG und der Swisslos & Kulturförderung Graubünden.

Ein grosser Dank geht an Patrizia Giossi, Franzi Schärer und Susanne Schefer vom SAC Baldern, die mich zu diesem Projekt angestiftet und es mit grossem Elan begleitet haben. Christoph Keller danke ich für journalistische und Andrea Hungerbühler für wissenschaftliche Anregungen. Mein Dank geht weiter an Käthi und Daniel Flühmann, die alle Bergnamen im Manuskript überprüft haben. Bruno Meier und Renata Coray vom Verlag hier + jetzt, Valentin Hindermann, Marco Walser und Maike Hamacher vom Grafikbüro Elektrosmog, und insbesondere Véronique Hoegger bin ich dankbar dafür, dass die Arbeit an diesem Buch zu einem kollektiven Projekt geworden ist, und das mit grossem Gewinn. Ein besonderer Dank geht an Anelis Kaiser und unsere kleine Tochter Hannah Cecilia. An Erstere für ein offenes Ohr und hilfreiche Tipps im richtigen Moment. An Letztere dafür, dass sie da ist, und für wohltuende Ablenkungen – gerade auch im falschen Moment.

Am allermeisten aber danke ich meinen Gesprächspartnerinnen dafür, dass sie mir ihre Geschichten anvertraut haben. Ihre Erzählungen haben mir die Berge und das Bergsteigen auf ganz neue Weise erschlossen – und weit mehr als das. Sie haben meinen Blick auf ein ganzes Jahrhundert zugleich erweitert und geschärft.

Bildnachweis / Impressum

Umschlag: Gaby Steiger beim Klettern in den Engelhörnern, 1970. Foto von Heidi Schelbert.

Die Porträtfotografien stammen von Véronique Hoegger, freischaffende Fotografin in Zürich.

Weitere Fotografinnen und Fotografen sind:
Gino Buscaini: 324, 325, 334, 335
Michel Darbellay: 220
Wendula von Meran: 155
Karl Meuser: 74 unten, 234 unten
Albin Schelbert: 55
Gaby Steiger: 54 oben
Ruth Steinmann: 148, 149
Michel Vaucher: 221 unten

Mit Beiträgen haben das Buchprojekt unterstützt:
Ernst Göhner Stiftung
Ricola AG
Schweizer Alpen-Club SAC
Victorinox AG
SWISSLOS / Kulturförderung, Kanton Graubünden

Gedruckt mit Unterstützung
der Berta Hess-Cohn Stiftung, Basel

Dieses Buch ist nach den neuen Rechtschreibregeln verfasst.

Lektorat: Renata Coray, hier + jetzt

Gestaltung und Satz:
Elektrosmog, Hindermann & Walser, Zürich
in Zusammenarbeit mit Maike Hamacher

Bildverarbeitung: Humm dtp, Matzingen

© 2010 hier + jetzt, Verlag für Kultur und Geschichte GmbH, Baden
2. Auflage 2011
www.hierundjetzt.ch
ISBN 978-3-03919-153-6